KB141995

지식 창업자

지식 창업자

2016년 5월 27일 초판 1쇄 | 2016년 6월 22일 5쇄 발행
지은이 · 박준기, 김도욱, 박용범

펴낸이 · 김상현, 최세현
책임편집 · 김형필, 허주현, 조아라 | 디자인 · 霖design

마케팅 · 권금숙, 김명래, 양봉호, 최의범, 임지윤, 조히라
경영지원 · 김현우, 강신우 | 해외기획 · 우정민
펴낸곳 · (주)쌤앤파커스 | 출판신고 · 2006년 9월 25일 제406-2012-000063호
주소 · 경기도 파주시 회동길 174 파주출판도시
전화 · 031-960-4800 | 팩스 · 031-960-4806 | 이메일 · info@smpk.kr

ⓒ 박준기, 김도욱, 박용범 (저작권자와 맺은 특약에 따라 검인을 생략합니다)
ISBN 978-89-6570-329-7 (03320)

쌤앤파커스(Sam&Parkers)는 독자 여러분의 책에 관한 아이디어와 원고 투고를 설레는 마음으로 기다리고 있습니다. 책으로 엮기를 원하는 아이디어가 있으신 분은 이메일 book@smpk.kr로 간단한 개요와 취지, 연락처 등을 보내주세요. 머뭇거리지 말고 문을 두드리세요. 길이 열립니다.

지식 창업자
infopreneur

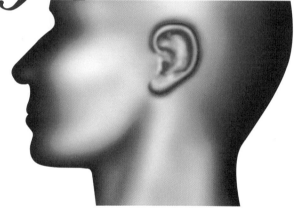

박준기 · 김도욱 · 박용범 지음

쌤앤파커스

"여기, 레지나 하틀리 Regina Hartley 라는 사람이 있다. 그녀는 UPS라는 다국적 배송업체에서 25년간 근무해온 평범한 직장인이다. 그녀는 다섯 형제 중 넷째로 뉴욕 브루클린의 빈민가에서 자랐다. 홀어머니 아래에서 자라며, 집도 차도 세탁기도 가져본 적이 없고, 심지어 전화기도 없었던 전형적인 '흙수저' 집안 출신이었다. 그랬던 그녀가 유명해진 것은 단 하나의 동영상 때문이었다."

기술, 경험, 심지어 취미조차
당신만의 자본이다

인기 예능 프로그램 '마이 리틀 텔레비전'에 박명수가 나왔다. 그러나 '웃음 사망꾼'이 되어버렸다. 큰 인기를 누리고 있는 '무한도전'의 멤버로서 기대를 모았지만, 시청자들에게 '노잼'이라는 평과 함께 외면받은 것이다. 처음부터 시청자와의 코드를 잘 맞추지 못했고, 무리수를 두면서까지 웃음을 만들려고 했지만 끝내는 허둥지둥 끝나버렸다. 리얼 환경에서 시청자들과 교감한다는 게 그만큼 어려운 것이리라.

반면, 얼굴도 잘 몰랐던 아프리카TV의 스타들은 이런 환경을 있는 그대로 즐기고 있다. 누구보다 게임을 재미있게 설명하는 '대도서관'은 해박한 게임 지식과 더불어 관객의 궁금증과 반응에 물 흐르듯 자신을 잘 맞춘다. 아프리카TV나 유튜브에는 어디서도 본 적

없는 보통 사람들로 넘쳐난다. 누군가는 캐논 연주곡 하나로 수백만 명의 팬을 만들기도 하고, 누군가는 독특한 음악이나 음향 효과로 유명인이 되기도 한다. 놀라운 건 인기와 비례해 수입이 엄청나다는 사실이다.

23년 동안 로봇을 만드는 데 집중했다는 김도영 씨. '능력자들'이라는 예능에 출연한 그는 1,000종의 종이 로봇을 가지고 있다고 한다. 놀랍게도 그의 모든 종이 로봇들은 A4용지만을 재료로, 특별한 설계도 없이 제작되었다. 로봇이 너무 좋아서 애니메이션을 전공했고, 초소형 로봇부터 사람의 키만 한 종이 로봇을 제작하기도 했다. 놀라운 것은 재료만 종이라는 것 말고 실제 로봇이 아닐까 의심이 들 만큼 정교하다는 점이다. 그는 명실상부한 진짜 로봇 '덕후'다. 누군가는 덕후를 학위가 없는 특정 분야의 해박한 전문가라고 정의했는데, 거기에 딱 맞는 사람이다. 취미가 인생을 바꿨고, 그의 작품은 예술의 경지에까지 올랐다. 김도영 씨는 자신을 그저 평범한 우리 이웃일 뿐이라고 밝힌다.

과거에는 '덕후'에 대한 부정적인 인식이 강했다. 하지만 다양한 미디어가 발달하고 개인 경험과 지식이 중요한 지금은 새로운 분야에서 자신만의 콘텐츠를 가지고 있는 지식인으로 존중되고 있다. 남다른 깊이의 취미생활을 가진 이들의 '덕후 문화'가 새로운 현상이 되고 있는 것이다.

인공지능에 대한 관심이 집중된 요즈음, 알파고와 싸웠던 이세돌이 가진 경쟁력은 뭘까 하는 것으로 논쟁을 벌인 적이 있다. 바둑만을 대상으로 한다면 이세돌은 앞으로도 계속 질 수밖에 없다는 것이라는 데 대부분 동의했다. 한편으로는 바둑을 두는 목적이 승패에만 있는 것이 아니라는 데에도 모두가 동의했다. 수학적이고 자동화된 것에는 감성적 요소가 없다. 김도영 씨가 종이 로봇에 해박하다고 해도, 컴퓨터로 만들어낸 종이 로봇에 비하면 종류가 다양하지도 디테일하지 않을 수도 있다. 대도서관이 게임을 아무리 맛깔나게 설명한다고 해도 컴퓨터 시뮬레이션을 당해낼 재간은 없다. 결국 우리가 원하는 것은 사람과의 감성적 교류다. 그것도 우리 주변 어디서나 볼 수 있는 평범한 우리들의 이웃을 통해서다.

평범한 사람들이 주목받는 세상, 리얼리티가 돈이 되는 세상. 그 현상을 가능하게 한 것이 ICT Information Communication Technology 라는 것이다. 앨빈 토플러가 이야기했듯이 IT로 인해 힘의 관계는 조직에서 개인으로 급격하게 넘어오고 있다. 대기업과 같은 조직은 점차 개인이 강조되는 조직 형태로 변화하고 있다. 아이러니하게도 이제는 대기업도 스타트업과 같이 작고, 개인에게 집중되는 조직 형태를 도입해야만 그 조직을 유지할 수 있는 시대가 되었다.

대기업, 중소기업 할 것 없이 구조조정한다고 난리다. IMF 때보다 더 힘들다고 여기저기 걱정이 많다. 남의 이야기가 아니다. 만약 우리가 지금 다니는 회사에서 정리해고를 당한다면, 무엇을 할 수 있을까? 역시나 나를 버린 회사를 욕하며 다른 회사를 찾거나, 아니면 퇴직금으로 해본 적도 없는 식당이나 카페를 차리는 것 말고는 딱히 머릿속에 떠오르지 않을 것이다. 그러나 그 길은 이미 수많은 사람들이 실패를 반복했던 길, 그 이상 그 이하도 아니다.

어느 회사도 나의 미래를 책임져주지 않는다. 그런데 왜 회사에서만 무언가를 찾으려 하고 있는가? 회사는 결국 유한할 수밖에 없다. 단언컨대 내 생명줄은 회사보다는 길다. 결국은 나 자신에게 집중해야 한다. 내가 가진 보잘것없어 보이는 밑천에서 경쟁력을 확보해야 한다. 뭐가 있을까? 어떤 방법이 있을까? 생각만 하지 말고 일단 뛰어보자. 이미 나보다 먼저 이 세상의 평범한 개인들이 비범한 능력으로 사람들에게 감동을 주고 있지 않은가! 그렇다. 결국 개인들이 가진 지식과 경험에서 만들어낸 콘텐츠에 답이 있다.

우리는 다양한 분석을 위해서, 가급적이면 국내보다 해외의 성공 사례를 찾기 시작했다. 나만의 지식과 정보만을 가지고 성공한 사람들은 누굴까? 그들은 도대체 어떤 사람들일까? 우리는 수백 개의 사례를 분석했고 그중에 32개 팀을 찾아냈다. 전화와 이메일을 통해 직접 연락했으며, 그들이 걸어왔던 과정을 추적했다. 놀라운 것은 그들 대다수는 스스로 매우 행복한 사람으로 여기고 있었다는 점이다. 또한 그들은 자기 자신을 당당하게 '지식 창업자'라고 부르고 있었다. 이 책에서는 지식 창업자의 5가지 특성을 기준으로, Part 1, 2,

3에서 전체적인 형태를 분석하고, Part 4, 5, 6, 7, 8에서 지식 창업자의 특성들을 하나씩 짚어볼 것이다. 그 과정에서 지식 창업자들의 생생한 목소리를 전달하고자 노력했다.

성공한 지식 창업자들의 이야기는 우리 개개인이 가진 가능성에 대한 이야기다. 누구나 매우 적은 자본으로도 오직 자신의 지식과 경험으로 충분히 성공할 수 있다는 점과 더불어 누군가에게 긍정적인 가치를 공유할 수 있다는 점에서 지식 창업자에 대한 이야기를 살펴보고, 시도해보는 것은 매우 흥분되고 재미있는 일이었다. 우리가 느꼈던 그 감정 그대로, 이 책을 읽는 독자들께서도 스스로의 재능을 과소평가하지 말고, 새로운 세상의 기회를 부여잡을 수 있기를 권해본다.

2016년 어느 봄날 광화문에서
박준기, 김도욱, 박용범

CONTENTS

CHAPTER 1

지식 창업자의 시대,
당신은 지식인이다

"회사가 없어져도, 퇴직을 한다 해도 창의적인 지식을 가진 사람에게는 언제든 기회가 존재한다. iMBC의 손광승 전 대표도 임원으로 퇴직한 이후 무엇을 할 것인가에 대한 고민으로 불안감에 시달렸다. 하지만 그에게는 소중하게 간직해오던 12권의 업무수첩이 있었다. 그 안에는 직장생활 때의 경험과 실수, 회의 도중 스쳤던 아이디어, 책을 읽다 메모해두었던 인상 깊은 구절이 빼곡히 채워져 있었다."

모나리자에서 TED까지

1452년 4월 피렌체에서 유명한 공증인의 사생아로 태어난 레오나르도 다빈치 Leonardo da Vinci . 그는 채 스무 점이 안 되는 그림을 남긴 '파트타임' 화가였지만, 우리는 그를 르네상스를 대표하는 위대한 화가로 평가한다. 그러나 그의 지식 자산은 모나리자의 미소보다 더 심오하고 방대하다.

다빈치는 15세기의 표준어였던 라틴어를 제대로 배우지 못했다. 오늘날로 따지면 영어를 공부하지 못한 것과 같았다. 그 당시 지식인에게 이는 매우 치명적인 약점이었다. 대다수의 학술 서적이 라틴어로 되어 있었기 때문에 체계적인 공부를 하고 싶어도 할 수 없었다. 그러나 다빈치는 정상적인 교육을 받지 못한 것에 절망하거나 매몰되지 않았다. 이는 오히려 그가 새로운 사고를 가지는 기회가 되었다. 다빈치는 궁금증이 생겨날 때면 단지 고대서적이나 성경에서만 답을 구하려 하지 않았다. 당시는 모든 것이 성경의 원리대로 이루어진다고 믿던 시대였다. 성경 이외에서 정보를 얻거나 다른 생각을 품는다는 건 매우 위험한 시도로 간주되었다. 그럼에도 그는 지식이 감각과 경험을 통해서 축적되는 것이라 믿었다.

다빈치는 그의 아이디어와 지식을 1만 3,000여 개의 스케치와 도형의 형태로 노트에 남겼다. 그 스케치에는 인체에 관한 것을 비롯해 오늘날의 개념으로 낙하산, 비행기, 전차, 잠수함, 증기기관, 습도계 등 당시에는 상상할 수 없던 것들이 담겨 있다. 다빈치는 다양한 분야의 정보를 연결하고 융합해서 무수히 많은 설계도를 만들어냈고, 그것을 현실화하려 했다. 그 안에는 심지어 500년 전에 생각했던 것이라 믿기 어려운 로봇의 설계도도 있다.* 그에게 다양한 지식을 탐구한다는 건 열정과 흥미에서 비롯되었겠지만, 지식은 그가 화가로서 높은 경쟁력을 가질 수 있게 한 원동력이었다. 1489년에는 인체와 말의 해부학적 연구를 담은 논문을 쓰기도 했는데, 다빈치의 업적 중 매우 정교하고 놀라운 것으로 손꼽히는 해부학 연구는 그의 작품들에 생동감을 넣어주었다. 다빈치가 그려놓은 설계도는 현재까지도 전부 풀어내지 못할 정도로, 다빈치는 역사상 가장 위대한 지식 창조자 중 한 명이다.

* EBS '다큐 오늘', '로봇을 꿈꾼 천재, 레오나르도 다빈치', 2015년 1월 12일.

이탈리아에 레오나르도 다빈치가 있었다면 조선에는 다산 정약용이 있었다. 다산은 수원 화성을 설계하고 기중기와 배다리, 유형거를 제작했던 토목학자이자 공학자였다. 또한《아방강역고我邦疆域考》와《대동수경大東水經》을 펴낸 지리학자이며《마과회통麻科會通》을 쓴 의학자였다. 그뿐만 아니라 목민관의 치민에 대한 책인《목민심서牧民心書》, 판결과 형벌 등 법체계를 연구한《흠흠신서欽欽新書》그리고 국가 경제 제도에 대한 준칙을 논한《경세유표經世遺表》등 행정가, 법률가 그리고 경제학자이기도 했다. 다산은 현실에 도움이 되는 경세치용經世致用의 실학에 집중하고 직접 경험한 것을 중시하는 경험주의자의 면모를 유감없이 보여주었다. 그의 저작은 500여 권을 넘어서지만 아직까지 그중 절반 정도만 번역되어 있을 정도로 그 규모와 내용이 방대하다. 놀라운 것은 이 저작의 대부분이 18년간 유배생활에서 쓰여졌다는 점이다. 아무리 유배 중이라 시간이 많다 해도, 500권의 책을 쓴다는 것은 기적에 가까운 일이다. 그는 왜 그렇게 열심히 글을 썼을까? 그의 저술을 정리한 문집《여유당전서與猶堂全書》에는 이런 말이 있다. "내 책이 후세에 전해지지 않으면, 후세 사람들은 사헌부(검찰청)의 보고서나 재판 서류를 근거로 나를 평가할 것이다." 이 말인즉슨 지금은 죄인으로 유배되어 있으나, 스스로 지식을 어떻게 만들고 남기는가에 따라 역사가 재평가해줄 것이라는 확신이 다산에게는 있었던 것으로 보인다. 다산에게 지식을 정리하고 남기는 것은 역사적 평가에서 승리하기 위한 투쟁이기도 했고, 지식을 가치 있게 활용하면서, 더 긴 미래를 바라보게 하는 전략적 도구이기도 했다.

다빈치와 다산의 공통점은 다양한 분야의 지식을 통섭·융합해 새로운 지식으로 연결한 지식 창조자라는 점이다. 그러나 이들이 활동하던 그 당시, 다빈치와 다산의 지식은 사회를 앞서 나간 급진적 사고였으며 일부는 사회 체제에 반동하는 지식이었을 뿐이다. 따라서 그 활용 폭이 좁은 지역에 한정될 수밖에 없었다. 묻혀 있던 그들의 지식이 본격적으로 연구되고 재조명된 것은 불과 최근에 이르러서다. 수백 년 전의 지식이지만 그 놀라운 혜안과 깊이로 인해 현대까지도 계속 재평가를 받고 있는 것이다. 그렇다면 오늘날 지식 창조자들의 모습은 과거와 어떻게 다를까?

오늘날의 지식 창조자들은 새로운 산업의 원동력이자 중심으로 자리 잡고 있다. 래리 페이지Larry Page는 스탠퍼드 대학교에서 만난 세르게이 브린Sergey Brin과 함께 구글의 창업주가 되었다. 스탠퍼드에서 박사 과정을 진행 중이던 페이지와 브린은 막 태동한 월드와이드웹WWW의 가치에 주목했고, 어떻게 하면 방대한 월드와이드웹 속에서 사용자에게 의미 있는 웹 페이지를 찾아낼 수 있을지 연구했다. 사실 페이지가 처음부터 웹 페이지에 가치를 매기는 작업에 매진한 것은 아니다. 페이지는 모든 월드와이드웹을 백업하고 정돈(인덱싱)하는 방법에 대해 연구했으나 혼자서 하기에는 규모가 너무 방대했다. 페이지는 결국 자신의 아이디어보다 친구 브린의 아이디어인 웹 페이지에 가치를 매기는 방법에 대해서 같이 연구하기 시작했다. 그들은 기존 논문을 찾고 활용하는 방법에 대한 뚜렷한 지식을 가지고 있었다. 좋은 논문을 평가할 때, 가장 중요한 것이 인용 횟수라는 점에 주목했다. 가치 있는 웹은 더 많은 웹 페이지와 연결(인용)되어 있을 것이라 생각했고, 이것을 기반으로 구글을 만들어냈다.

페이지는 다른 한편으로 2005년 앤디 루빈Andy Rubin과 만나 그의 아이디어인 '안드로이드 운영체제'를 5,000만 달러에 인수했다. 모바일 연결망을 위해서 안드로이드(앤디 루빈은 모바일 OS를 개발해 모바일 업계에 공짜로 공급하겠다는 아이디어로 안드로이드를 창업했다)가 매우 중요한 자원이 될 거라 확신했던 것이다. 그는 새로운 지식을 만들어내기 위해 구글의 지주회사인 알파벳Alphabet을 세웠다. 캐시 카우는 그대로 구글이 가지고 있고, 무인 자동차와 같이 사람들의 상상력을 자극하지만 아무런 수익을 올리지 못하는 종류의 사업은 아예 알파벳으로 집중했다. 무인 자동차뿐 아니라 바이오테크, 에너지 사업, 우주여행, 인공지능, 도시 계획 등 알파벳이 관여하는 분야는 더 무궁무진하다. 페이지의 연구실을 빠져나온 IT 지식은 전 세계 수십억 명이 사용하는 검색엔진과 수억 개의 스마트폰에 내장된 안드로이드를 만들었다. 오늘날 지식의 위력은 이만큼이나 성장했다.

보통 사람들이 꿈꾸기에 지식 창조자들이 너무 거창하게 느껴진다고? 아니 그렇지 않다. 지금부터 우리와 조금 더 가까운 얘기를 꺼내보자. 레지나 하틀리Regina Hartley라는 사람이 있다. 그녀는 UPS라는 다국적 배송업체에서 25년간 근무해온 평범한 직장인이다. 그녀는 다섯 형제 중 넷째로 뉴욕 브루클린의 빈민가에서 자랐다. 홀어머니

아래에서 자라며 집도 차도, 세탁기도 가져본 적이 없고, 심지어 전화기도 없었던 전형적인 '흙수저' 집안 출신이었다. 그랬던 그녀가 유명해진 것은 단 하나의 동영상* 때문이었다. 하틀리는 자신이 맡아온 HR 부서의 업무 속에서 축적한 지식을 TED^{Technology, Entertainment, Design}에서 공유했고, 단숨에 100만 조회 수를 넘어섰다. 그녀는 오랫동안 HR 업무를 하면서 얻은 자신만의 경험을 통해서 '스펙' 중심의 채용 기준을 '역경' 중심으로 바꿔야 한다고 주장했다. 그녀는, 완벽한 이력서를 가진 아이비리그 대학 출신과 평범한 대학에서 다양하고 독특한 경험을 쌓은 지원자 중에 기회를 주어야 하는 경우라면, "열정과 목적의식을 비밀 병기로 갖고 있는 과소평가된 선수를 고르세요. 역경을 극복한 사람을 고용하세요."라고 이야기했고, 이에 수많은 사람들이 폭발적으로 호응했다. 하틀리는 본인 스스로가 역경을 겪으며 살아온 사람으로서, 가장 어두운 곳에서 성공한 사람이야말로 끊임없이 변화를 겪는 업무 현장에서 견뎌낼 수 있는 내공을 갖고 있다는 걸 잘 알고 있었다. 그렇기에 그녀의 주장이 엄청난 설득력을 가질 수 있었던 것이다.

이처럼 개인이 가진 지식은 이제 개인 한 사람만의 것이 아닌 세상을 바꾸는 원동력이 되었다. 1984년부터 시작된 TED는 'Ideas Worth Spreading(퍼뜨릴 만한 아이디어)'라는 슬로건 아래 기술, 오락,

---

* https://www.ted.com/talks/regina_hartley_why_the_best_hire_might_not_have_the_perfect_resume?language=ko

디자인 분야에서 활약하고 있는 사람들이 18분 동안 자신의 지식을 공유하는 장이 되었다. 뇌종양을 앓은 적 있는 하버드 출신 뇌 과학자의 죽음과 해탈에 대한 이야기, 왜 독서를 꼭 해야 하는지를 설명하는 봉사단체 직원의 이야기, 스팸 메일에 대처하는 방법을 설명하는 코미디언의 이야기, 인공지능[AI]의 아버지 마빈 민스키[Marvin Lee Minsky]가 말하는 인공지능 이야기에서부터, MIT 미디어랩의 니콜라스 네그로폰테[Nicholas Negroponte]가 개발도상국 어린이들을 위해 만든 100달러짜리 컴퓨터 이야기, 트위터[Twitter]의 창업자 에반 윌리엄스[Evan Williams]가 들려주는 인터넷 이야기 등이 TED를 통해 공유되고 있다.

우리가 매 순간 보게 되는 스마트폰 속 운영체제와 그 안에 있는 수많은 앱[app]은 누군가의 아이디어와 지식을 통해서 만들어졌다. 한두 명의 경험과 지식이 새로운 소프트웨어를 탄생시키고 이것이 새로운 산업을 만들어낸 것이다. 매일 만나는 동료 중에도 우리 주변을 변화시키고 이롭게 할 지식을 가진 사람이 존재한다. 현대의 지식 창조자들은 전문 지식을 갖춘 학자나 지식을 바탕으로 대기업을 이룬 사람만 있는 게 아니다. 평범하게 자신의 자리에서 하루하루 열심히 생활해온 직장인, 학생과 같은 보통 사람들도 있다. 세상의 변화는 바로 이런 평범한 이웃들의 지식으로 채워져가고 있는 것이다.

우리는 모두 '지식인'이다

네이버에서 '배구 토스하는 법'을 검색하면 맨 처음 보이는 것이 '지식iN' 서비스다. 2007년에 누군가 똑같은 질문을 했고, 거기에 수많은 사람들의 답변이 달려 있다. 유사한 질문과 답변만 305건이 달려 있다. 이런 질문도 해야 하나 싶은 '양말 빨래하는 방법'에는 자그마치 2,637건의 유사 질문과 답변이 달려 있다. 세상의 거의 모든 질문이 여기에 다 있는 게 아닌가 싶을 정도다.

웹사이트가 누구에게나 폭넓게 활용되면서 '지식인 마케팅'이 유행한 적이 있다. 네이버의 묻고 답하기 서비스인 '지식iN'을 활용한 마케팅을 말한다. '지식iN' 서비스는 네이버에 가입한 유저라면 누구든지 사용할 수 있는데, 간단하게 질문자가 궁금한 사항을 올리면 답을 아는 누군가가 답변을 달고, 여러 답변 중에 가장 마음에 드는 글을 질문자가 채택하는 식으로 운영된다. 이때 질문자에게 채택된 답변자는 내공(포인트의 일종)이라는 것을 얻게 되는데, 내공이 쌓이면 특정 분야의 '전문가' 등급을 얻게 된다. '지식인 마케팅'이 효과를 볼 수 있었던 요인 중 가장 큰 것은 지식인에 대한 대중의 절대적인 신뢰에 있다. '지식iN' 마케팅은 이를 바탕으로 여러 가지 상품을 추천하거나 활용 방법을 소개함으로써 간접광고 효과를 기대할 수 있다. 쉽게 말해 '웹상의 구전효과word of mouth'를 기대한 것이다. 실제로 특정 상품에 대한 질문이 올라올 경우 해당 상품의 판매자가 전문가인 것처럼 자연스럽게 자신의 상품을 홍보한다. 물론 이는 광고나 홍보를 위한 다양한 마케팅 방법 중 하나로 볼 수 있지만, 재미있는 사실은 이곳에서 답변을 달 수 있는 누구나 '지식iN'에 참여할 수 있다는 것이다. 중학생이든 박사학위를 가진 사람이든 관계없이 질문에 가장 잘 답변해줄 수 있는 사람이라면 지식인이 될 수 있다.

엄청난 양의 정보와 지식들을 너무나 쉽게 접할 수 있게 되면서, 다양한 유형의 지식인이 등장하게 되었다. 네이버의 '지식 iN' 서비스나 블로그에서 사람들의 궁금증을 풀어주는 사람들부터, 팟캐스트, TED, 유튜브를 통해서 자신의 지식을 공유하고 강연하는 사람들까지, 창조적인 지식 활동을 영위하는 그들은 모두가 지식 창조자이며 지식인이다.

물론 아직까지 체계적인 연구와 학술 활동으로 지적 산물을 창조하고 혁신하며 거대 담론을 형성하는 것을 교수나 학자와 같은 '학술적 의미의 지식인들'의 고유한 영역으로 보는 시선도 있다. 하지만 이제는 평범한 이웃들도 경제 이론이나 사회적 담론이 더 거대한 이슈에 적극적으로 참여하며 영향력을 행사하고 있다. 그렇기에 '학술적 의미의 지식인들'의 정의 또한 변화하는 중이다.

그렇다면 우리는 지식인이 될 수 있을까? 누군가에게 필요한 정보나 지식을 공유할 수 있을까? 결론부터 말하자면 '그렇다'. 지식을 터득할 수 있는 능력은 누구나 가지고 있다. 우리는 구석기 시대부터 현대에 이르기까지, 새로운 것을 발견하고 경험한 지식을 미래 자손에 대대로 전수하면서 어느 종에 비해서도 빠르게 진화해왔다. 인류가 살아가기 위해 터득한 모든 것을 문자나 그림의 형태로 기록하거나 구전함으로써, 우리는 스스로 지식인이 되었다. 이는 인류 보편적 속성이다. 서울대 출신이거나 하버드 MBA 학위가 없어도, 교수가 아니어도, 우리가 지식인일 수밖에 없는 이유다.

현재 평범한 한국인의 삶은 생존을 위한 지식 습득의 전쟁터 한복판에 있다. 한국의 대학 진학률은 평균 70%를 상회하고 있다. 영국 65%, 일본 50%, 독일 40%와 비교해보면 큰 배움[大學]을 얻는 사람들이 절대적으로 많다. 한국인들은 초등학교 때부터 대학 준비를 위해서 머릿속에 많은 양의 지식과 정보를 넣어야 한다. 중고등학

TED 강연 모습. 지식을 가진 사람이라면 누구나 18분의 주인공이 될 수 있다

교 때 수업 시간에 졸면서 암기하다시피 했던 패러데이의 전자기 유도 법칙부터 헤겔의 변증법 같은 정보가 평범한 한국인의 머릿속 어딘가에 차곡차곡 쌓여 있다. 또한 좁은 취업의 문을 뚫기 위해 도서관에서 젊은 날을 보내거나 해외 어학연수를 떠나기도 한다. 심지어 자기소개서 작성을 위해 글쓰기 강의를 듣고, 높은 스펙을 위해 지식을 습득한다. 짧게는 12년, 길게는 20년 가까이 지식 습득을 통해 생존을 위한 전사戰士가 되는 것이다.

　어렵게 잡은 직장에서도 또 다른 배움이 계속된다. 회사 내에서 쓰는 글쓰기나 보고서 그리고 소통 방식은 분명 학교에서 겪었던 것과는 완전히 다르다. 실제 대학 전공과 연계된 직무를 회사에서 맡는다고 하더라도 책 속 내용과 실무는 차이가 많다. 결국 선임 사원에게서 허드렛일부터 실무를 배워나가면서 지식 수준을 넓히게 된다. 슈퍼맨과 같이 많은 일과 어려움을 헤쳐가면서 조직에서 살아남는 법을 배우며, 그 과정에서 노하우를 습득하고, 자신만의 지식을 축적한다. 물론 지식 축적은 직장 생활이 아니더라도 수많은 사회적 관계 속에서도 이루어진다. 지식은 때로 전혀 다른 모습으로 우리 머릿속에 자리 잡게 된다. 하물며 아이를 키울 때조차도 긴급 상황이 발생했을 경우 첫째 아이를 키운 경험이 있다면, 둘째 아이는 좀 더 쉽게 일을 해결할 수 있다. 평범한 전업주부의 아이 키우는 경험도 하나의 훌륭한 지식으로 자리 잡게 되는 것이다. 우리가 가진 지식을 일부러 표출하지 않는다고 하더라도 20~30년 동안의 경험은 지식으로 자리 잡고 몸 어딘가에 DNA처럼 구성되어 있다. 그걸 가진 우리가 지식인이 아니라면 누가 지식인인가.

변화된 게임의 법칙

한국 경제는 현재 구조적 저성장의 늪에 빠져 있다. 사회 진입세대(20~30대)와 퇴직세대(40~50대) 사이에는 일자리를 둘러싼 세대 갈등의 양상까지 나타나고 있다. 기성세대는 늘어난 수명과 노후 준비 부족으로 정년 연장을 당연시하고, 사회생활을 시작하는 청년세대는 일자리를 나누자며 기성세대와 경쟁한다. 하지만 저성장 기조에 경제 전체 파이가 커지지 않는 이상 일자리를 늘리는 것은 쉬운 일이 아니다. 인력시장에서 하루 벌이를 하는 가장들이 늘어나고 학비와 생활비를 벌기 위한 청년층의 비정규직 일자리 양상이 지속되고 있다. 사회구조의 이러한 변화는 개인이나 기업 모두에게 생존을 위협하는 요인이지만 한편으로는 새로운 가치를 창출할 수 있는 기회가 된다. 게임의 룰이 변화되는 것을 빠르게 파악해서 적응해야만 생존할 수 있는 것이다. 즉 게임 체인저game changer가 되기 위한 핵심 요소를 파악해야 한다.

한국의 평범한 사람들은 좋은 대학을 나와 사법시험이나, 행정고시를 통과해서 고위관료로 성장하는 것을 가장 좋은 길이라고 생각했다. 그렇지 않으면 자신의 직장에서 체력과 열정으로 하루에 12시간씩 일을 하면서 버텨내야 했다. 우리시대 50대들은 그렇게 성장했고, 한국사회는 급성장했다. 한국의 연간 근로시간은 1990년에 2,677시간(주당 49.6시간)에서 2014년에는 2,163시간(주당 40시간)으로 500시간이 줄어들었지만, OECD 평균이 겨우 1,770시간(주당 32.8시간)인 것을 감안하면 우리는 아직도 뼈 빠지게 일해 돈을 벌고 있다.

한국 기업이 경쟁력을 만들어낸 과정도 그 안을 채웠던 사람들과 비슷하다. 한국은 철강, 조선, 화학, 기계, 반도체, 휴대폰에서 일본회사들과 어깨를 나란히 하거나 이미 그들을 넘어섰다. 제조업의 핵심 경쟁력은 가격 경쟁력에 있다. 이를 위해 우리 기업은 끊임없는 원가 절감을 위한 인건비 절감 사업 모델이거나 동일한 인력을 기반으로 높은 생산성을 가지는 사업 모델로 변화하고 있다. 하지만 경쟁력 있는 제조기술과 낮은 인건비를 가진 중국, 베트남, 인도에 있는 회사들과의 경쟁에는 한계가 있다. 따라서, 상당수 기업들이 낮은 인건비가 존재하는 곳으로 공장이 옮겨가고 있다. 삼성전자는 최첨단 반도체 공장을 중국 시안에 지었으며, 포스코는 최첨단 기술인 파이넥스 공법을 사용하는 공장을 중국 충칭에 짓는다. 이제 고용 없는 성장 혹은 고용도 성장도 없는 기업들만 넘치게 되었다.

마이크로소프트는 제로 코스트 사업이다. 윈도우즈는 대부분의 PC에 장착된 운영체제이고 MS오피스는 많은 사람들이 사용하는 문서, 자료 분석 솔루션이다. 구매도 인터넷에서 인증코드만 넣어 다운받으면 끝이다. 애플은 아이폰, 아이패드를 직접 생산하지 않는다. 중요한 기술과 아이디어만 만들고, 한국, 일본, 대만, 중국의 IT 제조업체들이 열심히 만들어서 전 세계에 판매한다. 워런 버핏은 미국식 자본주의의 극한을 보여준다. 그는 자신의 생각과 투자 원칙에 맞게 전 세계 기업에 투자해서 돈을 벌었다. 세계 초일류 부자들은 더 이상 제조업을 하지 않는다. 지식을 기반으로 한 자본가인 셈이다.

앞으로 기술의 진보는 더 많은 영역에서 첨단 자동화를 가속화할 것이다. 데이터 과학, 인공지능, 첨단 자동화의 새로운 시대는 새로운 기술들을 통해 인간의 고유 영역으로 여겨졌던 지성과 인지 능력을 요구하는 활동에 점점 더 많이 적용되고 있다. 그로 인해 인류는 방대한 양의 정보를 처리하고 더욱 복잡한 문제를 해결할 수 있을 때, 그 가치를 인정받게 될 것이다. 이는 토머스 프리드먼Thomas Friedman이 말한 '평평한 세계'와는 본질적으로 다르다. 이 경제구조에서 승자가 되려면 더 이상 인건비와 자본만 가지고는 경쟁할 수 없게 되었다. 기술을 통한 자동화는 인건비와 자본의 효과를 일정 부문 무력화하기 때문이다. 따라서 디지털 경제라는 체계에서 지식에 기반한 아이디어와 지식은 매우 희귀한rare 투입 자원이 될 수밖에 없다. 자동화와 자본에 추가된 뛰어난 아이디어를 제공하는 소수가 엄청난 보상을 받게 된다.

2014년 구글의 네스트Nest 인수 사례를 보자. '한낱' 실내온도 조절장치 업체였던 네스트를 무려 3조 4,000억 원(32억 달러)에 인수한 것은 기발한 아이디어가 만들어낸 엄청난 보상의 대표적인 예이다. 네스트는 애플 아이팟의 아버지로 불리는 토니 파델Tony Fadell과 매트 로저스Matt Rogers가 2010년 창업한 회사로, 애플 출신들이 주축이 됐다는 점에서 설립 초기부터 주목받았다. 손바닥 크기 둥근 형태의 온도 조절장치인 '네스트 서모스탯Nest thermostat'이 주력 제품이다. 그렇다면 구글은 도대체 왜 온도조절기 회사를 인수했을까? 네스트의 제품 안에 답이 있다. 네스트 서모스탯은 단순한 온도조절기가 아니다. 지능과 통신기능이 더해진 스마트한 컨트롤러다. 산뜻한 외형에 컬러 액정 표시창은 마치 스마트폰의 화면과 같아서 기존 온도조절기와 비교 자체가 안 될 정도다. 네스트의 잠재력은 바로 이런 혁신적인 제품과 아이디어에 있다. IT 업체들이 그동안 각종 신기기를 가지고 스마트홈 시장을 두드려왔

지만 이렇다 할 호응을 얻지 못한 반면에, 네스트는 사람들이 쉽게 이해하면서도 효용을 볼 수 있는 혁신적 모델을 만들어낸 것이다. 중요한 사실은 네스트 제품에 결코 새로운 기술이 적용된 것이 없다는 점이다. 애플의 아이폰이 그

심플하고 직관적인 스마트 컨트롤러
네스트 서모스탯

러했듯이 누구나 사용할 수 있는 기술을 새로운 관점에서 창조적으로 재융합한 결과물에 불과하다. 이와 같은 창의적인 아이디어를 가진 기업을 구글은 시장의 평가액보다 10배인 32억 달러를 주고 샀다. 이처럼 디지털 경제는 본질적으로 아이디어를 가진 집단과 개인을 더욱 중요한 자원으로 바라보고 있으며, 그 추세는 더욱 강해질 것이다.

이런 상황에서 개인들은 기업보다 더 빠르게 생존 전략을 모색해야 한다. 물리적인 하드웨어가 아니라 눈에 잡히지 않은 소프트웨어가 훌륭해야 하고, 아날로그냐 디지털이냐의 현상에 집착하지 말고 그 안에 들어갈 지식을 무엇으로 채울지부터 근본적으로 고민해야 한다. 이제 생존은 지식에 기반을 둔 융합에서 나오고, 융합은 사람과 사람의 연결을 통해 확대되어간다. 지식이 게임의 법칙을 바꾸고 있다. 산업혁명과 교통혁명이 어우러져 산업화와 생산경제 시대를 만들었지만 정보화 혁명은 지식 중심 사회를 열었다. 우리가 사는 현재는 명실상부한 지식 우위의 시대다. 특히, 충분한 지식과 창의적인 아이디어만 가지고 있으면 개미가 코끼리를 밀어 절벽에 떨어뜨리고 고양이가 호랑이를 이기는 시대다. 자본의 관점에서는 현세대의 최고의 부를 이룬 빌 게이츠, 스티브 잡스, 워런 버핏과 같은 자본가資本家들이 실제로는 지식 자본가로서의 지본가智本家라는 것이다. 그들의 공통점은 지식을 기반으로 돈을 번 사람들이라는 점을 명심해야 한다.

2000년 중반에만 해도 북유럽 강국인 핀란드는 국내총생산^{GDP}의 4분의 1가량을 노키아가 담당할 만큼 하나의 기업에 의존하고 있었다. 그러다 2007년 이후 노키아가 스마트폰 경쟁에서 삼성과 애플에 밀리면서 상황은 급변했다. 15년 만에 첫 영업 적자를 기록한 노키아는 바닥으로 추락했다. 노키아가 파산하고 그 많은 직원들은 자의반 타의반 직장을 잃어버렸다. 그런데 이 위기를 기회로 바꾼 건 창의적이고 지식 집약적인 노키아의 직원들이었다. 노키아 퇴직자들이 세운 신생 기업이 몇 년 동안 300여 개에 달했다. '로비오'와 '욜라'를 주인공으로 한 앵그리버드^{Angry Birds}를 탄생시킨 로비오^{Rovio}, 클래시 오브 클랜^{Clash of Clans}이라는 단일 모바일 게임만으로 매출 1조 원을 돌파한 게임 회사 '슈퍼셀^{Supercell}' 등이 이렇게 생긴 기업이라는 건 이미 알려진 사실들이다.

제작비 100만 달러로 100억 달러 이상의 부가가치를 만들어낸 앵그리버드

회사가 없어져도, 퇴직을 한다고 해도 창의적인 지식을 가진 사람에게는 언제든 기회가 존재한다. iMBC의 손광승 전 대표도 임원으로 퇴직한 이후 무엇을 할 것인가에 대한 고민과 100세 시대에 대한 막연한 불안감에 시달렸다. 하지만 그에게는 소중하게 간직해오던 12권의 업무수첩이 있었다. 그의 업무수첩에는 직장생활 때의 경험과 실수, 회의 도중 스쳤던 아이디어, 책을 읽다 메모해두었던 인상 깊은 구절이 빼곡히 채워져 있었다. 이 업무수첩은 그가 창업을 결심하는 데 큰 힘이 되었다.[*]

레고켐바이오사이어스라는 바이오 회사를 이끌고 있는 김용주 대표도 마찬가지다. 그는 창업하기에 앞서 다년간의 연구 경험을 보유한 LG생명과학의 신약연구소장 출신이다. 그는 연구소 시절 같이 고생했던 핵심 인력들과 함께 회사를 시작했다. 김 대표는 23년 동안 몸담았던 회사에서 퇴직했고, 자신이 보유하고 있던 전문성과 지식을 기반으로 회사를 창업했다. 그는 지금도 과거의 지식과 경험을 자산으로 회사를 운영하고 있다.[**] 디지털 경제 체제에서는 개인의 근본적인 경쟁력이 자신의 경험과 지식을 통해 축적한 전문성 그리고 창의적 아이디어에서 시작된다.

---

[*] http://mediaspider.joins.com/?art_id=A15031155852
[**] http://www.hellodd.com/news/article.html?no=15865

행동하지 않는 지식은 죽은 지식이다

지식 창업자들은 지식인에만 머물러 있지 않고 창업이라는 행동에 나선다. 그들은 지식으로 새로운 부가가치가 있는 사업 모델을 적극적으로 확대시킨다. 여기에는 하나의 원리가 있다. 연세대 임춘성 교수는 그의 저서 《매개하라Go-Between》에서 정보와 정보, 지식과 지식같이 둘 사이의 양편의 관계를 맺어주는 사람인 매개자mediator가 비즈니스의 궁극적인 승자의 모습이라고 설명한다. 지식이 필요한 고객과 다양한 사회현상, 문제해결, 미디어, 정보, 특허와 같은 콘텐츠를 연결해주는 지식 필터(매개자의 한 형태)가 지식 창업자인 셈이다. 지식으로 일하는 방식을 혁신하고, 새로운 제품과 서비스를 만들고, 고객에게 새로운 가치를 제공하는 사람들, 바로 우리다. 우리는 일을 통해서 지식을 습득하고, 끊임없이 노력해서 다양한 부가가치를 창출하고 있다. 그런데 왜 충분한 지식을 가지고 있는 우리는 지식으로 창업을 못하는 것일까?

먼저, 창업 자체에 대한 두려움이 필요 이상으로 크다. 2015년 현대경제연구원의 조사에 따르면 우리나라의 창업 여건이 '나쁜 편'이라는 응답이 85.7%로 매우 높았다. 그 이유로 경기침체 지속(59.2%)이라는 의견이 높았다. 외부 여건이 좋지 않은 상황에서 무리라는 인식이다.(그러나 언제 창업이 어렵지 않은 때가 있었던가!) 실제로 창업을 고려하지 않는 이유로는 '창업하기에 경기가 너무 나빠서'(25.9%), '안정적으로 돈을 벌 수 없어서'(25.4%), '직장이 적성에 맞아서'(20.0%), '실패가 두려워서'(19.7%) 등의 순이었다. 창업에 대한 부정적 인식의 저변에는 '우리나라는 한번 실패하면 재기하기 어려운 사회'라는 점에 공감하는 응답이 70.9%나 되었다. 또한 창업에 적극적으로 나서고자 해도 준비가 제대로 되어 있지 않았다. 실제로 창업교육을 받은 사람이 10명 중 1명(11.9%)에 불과했다. 창업의 방법을 알고 있는 사람도 10명 중 2명(21.0%)에 불과했으며, 창업에 관심을 갖고 있는 사람들조차도 3명 중 1명(33.2%)뿐이었다. 이렇게 낮은 인식과 준비 없는 창업은 실패로 이어지고, 실패는 다시 창업에 대한 부정적인 인식을 심어주면서 악순환이 되고 있는 것이다.

두 번째는 지식으로 창업하는 방법을 모르기 때문이다. 현대경제연구원의 조사에 따르면 창업을 활성화하기 위해 가장 필요한 것은 사업 아이디어를 구체화시켜주는 컨설팅이었다. 조사 결과 응답자의 43.4%가 사업 아이디어를 창업으로 연결할 수 있는 구체적인 정보가 가장 필요하다고 응답했다. 연령별로 보면, 20대가 30.6%, 30대가 45.0%, 40대가 52.0%, 50대 이상이 53.5%로, 나이가 많을수록 다양하고 많은 지식을 가지고 있음에도 사업 아이디어를 구체화하는 것에 어려움을 겪고 있음을 보여준다.

반면에 성공한 지식 창업자들은 창업에 대한 두려움을 덜 느꼈다.

그들은 자신이 잘 알고 있는 지식을 기반으로 창업에 나섰기 때문이다. 오랜 시간 동안 축적했던 데이터, 지식에서 사업 기회를 발굴하고, 직장 혹은 학교에서 창업을 준비하거나 실행했던 것. 지식 창업은 일반 창업과 비교해보면 초기 자금이 크지 않은 편이다. 회사를 다니며 몇 년 동안 자신의 지식을 정리하고 책으로 엮어내는 일부터 했던 구본형은 창업 비용을 단 한 푼도 쓰지 않은 경우다. 그는 대학에서 사학과 경영학을 공부한 뒤, 1980년부터 20년 동안 한국 IBM에서 근무하면서 기획과 실무를 총괄했고, IBM 본사의 말콤 볼드리지^{Malcolm Baldridge} 국제 평가관으로서 아시아 태평양 지역 조직의 경영 혁신과 성과를 컨설팅했다. 회사를 다니면서 준비했던 책 《익숙한 것과의 결별》은 IMF 시절 대량 실업의 환경에서 직장인의 자기혁신을 위한 방향성을 보여준 걸작이었다. 그는 이후에 구본형변화경영연구소를 직접 창업해서 자기계발 분야의 저술가와 강사로, 그리고 다양한 콘텐츠 제작자로서 성공적인 지식 창업자의 길에 들어섰다.

그렇다면 성공적인 지식 창업자에게 필요한 조건은 무엇일까? 먼저 나 스스로 지식 창업자가 될 수 있는지 세 가지 질문에 대한 답변을 해보며 지식 창업자로서 얼마나 준비되어 있는지 살펴보자.

첫 번째, 내가 가진 지식이 무엇인가?

확실히 짚고 가야 할 것은 그냥 알고 있다는 것만으로는 지식이라는 이름을 붙이긴 어렵다는 점이다. 내가 알고 있는 지식의 수십 배에서 수백 배의 방대한 정보는 웹사이트 검색을 통해 쉽게 얻을 수 있다. 예를 들어 주식 투자에 필요한 회사 정보를 찾으려 한다면, 그 회사의 기업개요, 주식정보, 주식에 대한 의견, 산업 전반에 대한 트렌드, 제품의 특징, 판매량, 매출처, 주요 담당자의 연락처 등 수없이 많은 정보가 한두 번의 클릭으로 확인 가능하다. 관련 정보와 콘텐츠만 읽기에도 시간이 모자랄 정도로 많다. 이런 세상에서 일반적인 지식, 책 한 권 정도의 분량도 안 되는 지식만을 가진 제너럴리스트는 환영받을 수가 없다.

하지만 실망할 필요는 없다. 목표를 이루기 위해 해야 할 일이 있다면, '나는 지식을 가지고 있다.' 일에서 필요로 하는 지식, 문제를 해결해내는 지식 그리고 커뮤니케이션에 필요한 지식 등이 바로 그것이다. 또한 나와 비슷한 업무를 하는 사람이 아무리 많다고 해도, 나와 똑같은 경험을 하고 있는 사람은 매우 극소수이거나 거의 없기 때문에 나만의 '전문성'과 '지식'을 이미 보유하고 있는 셈이다. '1만 시간의 법칙'에 따르자면, 동일한 일을 10년만 해도 이미 차고 넘치는 식견을 가지게 된다. 하지만 자신이 보유한 지식의 장점이 무엇인지 잘 모르는 사람이 대다수다. 따라서 내가 일을 통해서 얻는 것을 세분화하고 구분해볼 필요가 있다. 한편 이제 막 사회생활을 시작한 젊은이들이라면 오랜 시간 일을 통해서 얻어온 지식은 없지만, 고정관념에 매어 있지 않은 창의성을 통해 한계를 극복할 수 있다. 경험이 아닌 창조 영역에서의 지식이 전문성이 되는 경우다.

마크 저커버그는 하버드대 재학 당시 만든 '페이스 매시Facemash'라는 프로그램으로 학교를 발칵 뒤집어놓으며 일약 유명인이 되었고, 이후 '하버드 커넥션Harvard Connection'이라는 사이트를 제작하며 구성한 아이디어로 페이스북을 창업했다. 페이스북의 30억 달러(약 3조 원) 인수 제안을 뿌리쳤던 스냅챗Snapchat을 창업한 에반 스피겔Evan Spiegel도 2011년 스탠퍼드대 시절 친구들과 창업했던 것이 지금에 이르렀다. 수없이 많은 20~30대 젊은이들이 짧은 기간이지만 강렬한 경험을 가지고 있다.

한편 다양한 경험과 책 등을 통해 '나만의 콘텐츠'를 가지게 되는 경우도 있다. 《엄마, 일단 가고 봅시다!》의 저자 태원준은 어머니의 환갑잔치를 위해 모아둔 돈을 가만 들여다보다가 '차라리 이 돈으로 엄마와 세계여행을 하는 게 낫겠다.'고 결심한다. 그리고 더 대단한(?) 엄마는 아들의 제안을 덥석 받아들여 300일간의 세계여행을 하고 온다. 태원준은 그의 경험을 책으로 남겼고 베스트셀러 작가의 길을 걸을 수 있었다.

두 번째, 나는 연결의 효과를 누릴 준비가 되어 있는가?

우리는 언젠가부터 전화통화보다 카카오톡으로 사람들과 이야기하는 게 익숙하고, 친구가 어제 뭘 했는지 페이스북을 통해 보게 되는 게 자연스러운 일상이 되어버렸다. 흔히 디지털 세상의 성격을 '공유shared하는 세상'이라고 말한다. 즉 네트워크에 의해 연결되어 서로가 공유되어버린, 어쩌면 공유해야만 하는have to share 세상이 디지털 세상이다. 디지털 세상의 또 다른 특징은 정보가 폭발적으로 확산된다는 점이다. 따라서 먹을거리를 찾는 데 있어서 상호 연결과 협업, 지식과 정보, 인간과 인간 간의 네트워크를 빼놓고는 그 어떤 진전도 없는 시대를 맞게 되었다. 이제 혼자만의 플레이로는 고객을 만족시킬 수 없다. 네트워크를 통해서 복잡한 업무를 해결하게 되고, 아이디어와 영감의 원천이 되는 다양한 자원을 얻을 수 있고, 무엇보다 내가 가진 것을 네트워크를 통해서 거래해야 한다. 이를 통해 새로운 부가가치를 창출할 수 있다. 따라서 내가 어떤 네트워크를 가지고 있는지 그것을 통해 무슨 효과를 가지고 있는지 고민해봐야 한다. 전통적으로 개인이 보유한 네트워크는 대부분 인적 네트워크다. MBA 과정이나 다양한 학회나 협회에서 활동하는 것도 인적 네트워크를 구축하려는 시도의 연장선에 있다. 한국개발연구원이 국내 노동 시장의 인적 네트워크 활용 현황을 검토한 결과, 취업 과정에서의 인적 네트워크 의존도는, 다소 보수적으로 추정해도 대략 60% 안팎으로 추산됐다.* 더욱이 디지털 시장에서의 인적 네트워크는 그 파급효과가 더 크다. 링크드인Linkedin을 통해서 해외 취업에 성공한 사례도 심심치 않게 들려온다. 특히 창업을 시도하는 사람 중 글로벌 진출을 염두에 두었다면 링크드인을 활용하는 것이 필수다. 링크드인은 단순한 소셜 네트워크가 아니다. 국내에 명함 교환 문화가 있다면 해외에는 링크드인 문화가 있을 정도다. 현재 200여 개국

---

* 김영철, 〈제목인적 네트워크(개인의 사회적 자본)의 노동 시장 효과 분석〉, 한국개발연구원, 2010.

에서 3억 명 이상이 사용하고 있는 링크드인은 사진부터 출신 학교, 직장 등 자신의 모든 경력을 작성해놓는, 일종의 프로필 교류 사이트다. 어떤 사람이 어떤 분야에 전문성이 있는지 한눈에 파악할 수 있어 바이어 발굴, 신규 시장 개척, 비즈니스 파트너 물색 등에 적극적으로 활용되고 있다. 지금 이 순간 스스로 온라인과 오프라인에서 네트워크를 제대로 이용하고 있는지 점검해봐야 한다.

세 번째, 나는 무엇을 팔 수 있는가?

'무엇을 판다.'고 하면 일반적으로 눈에 보이는 물리적인 상품을 생각한다. 편의점에서 과자나 음료를 판매하는 것이 가장 먼저 떠오를 것이다. 내가 가진 것 중에 판매할 만한 물건들은 쓰던 컴퓨터나 TV 같은 생활기기 등에 국한될 것이다. 일부는 가내수공업 혹은 농사를 지어 뭔가를 직접 만들어서 판매하는 사람들도 있다. 이렇게 직접 뭔가를 만들어 파는 것은 1차 산업 혹은 2차 산업의 한 형태이다. 최근 귀촌을 선택한 젊은이들에게 디지털 세상은 새로운 부가가치를 만드는 유통채널을 제공한다. 경북 안동의 안동마부용농산영농조합법인(대표 유화성)은 평균 연령 34세의 젊은 농부들이 모인 곳으로 온라인 우엉차 시장 점유율 1위를 기록하고 있다. 마와 우엉을 1차 농산물로 판매할 때는 1kg당 2,200원인데, 가공제품으로 만들어 판매하면 1kg에 2만 1,000원을 받을 수 있고, 온라인을 통한 3차 직거래로 판매할 경우 1kg에 3만 4,000원까지 받을 수 있다.

내가 만들어낸 것에는 지식이 있다. 조금 더 구체적으로 콘텐츠가 있다. 대표적인 콘텐츠 제공자의 삶을 살아가는 사람들은 작가들이다. 특별히 자신의 경험을 책과 글로 만들어 가치를 창조하는 사람들이다. 온라인에서 성공적인 작가로 성장한 사람 중에는 《퇴마록》을 쓴 이우혁이 있다. PC통신을 통해 연재되던 《퇴마록》은 책과 영화로 만들어지면서, 온라인에서 인기 있는 글이 어떻게 상업화가 되는지를 잘 보여주었다. 최근에는 웹툰의 영화화가 급속하게 이루어지고 있다. 2003년 포털 다음을 통해서 시작된 웹툰 서비스는 최근에는 영화의 단골손님이다. 영화와 드라마로 만들어진 《미생》은 사회적 현상으로까지 발전했다. 그뿐만 아니라, 요리를 좋아하거나, 여행을 즐기는 사람들이 만든 블로그와 카페에는 수천 명에서 수만 명의 가입자 혹은 정기 구독자들이 존재한다. 이 같은 경험을 바탕으로 강연을 하는 전문 강사들도 많다.

내가 가진 것들 중에 판매할 수 있는 것은 분명히 있다. 그것은 물건일 수도 있고, 지식일 수도 있다. 다만 아직 발견하지 못했거나, 개발되지도 세련되지도 못했을 따름이다.

올라탈 것인가, 낙오할 것인가

우리가 살고 있는 이 세상은 지금까지 우리가 느껴왔던 것과는 차원이 다른 놀라움으로 채워지고 있다. 20여 년 전만 해도 PC를 들고 다니며, 인터넷으로 통신을 하는 것이 현실화될지 누구도 예측하지 못했다. 손바닥 안에 있는 스마트폰으로 실시간 동영상을 볼 수 있는 세상이 이렇게 빨리 오리라 누가 예상했던가. 이런 식이라면 20년 후, 기계가 사람을 대신해서 일을 하는 만화 같은 일이 벌어질 것이다. '매 순간이 상전벽해桑田碧海'라는 말이 어색하지 않은 시대가 되어 버린 것이다.

2002년 피터 드러커는 《넥스트 소사이어티Next Society》에서 다음 사회는 지식 사회knowledge society일 것이라고 예측한 바 있다. 지식이 가장 중요한 핵심자원이 될 것이며 지식근로자가 노동시장의 지배적 집단이 될 것이라고 예견했다. 그 이후 지식산업의 대표적인 형태인 소프트웨어산업, 게임산업, 미디어산업들은 그 규모가 몇 배로 커졌다. 2015년 〈포브스Forbes〉에서 발표한 부자 순위를 보면 1위는 마이크로소프트의 빌 게이츠(792억 달러), 2위는 텔맥스Telmex의 카를로스 슬림Carlos Slim(771억 달러), 3위는 워런 버핏(727억 달러), 5위는 오라클Oracle의 래리 엘리슨Larry Ellison(543억 달러) 등으로 IT에 의해서 촉진된 산업인 소프트웨어, 금융, 통신과 관련된 자본가들이 부를 지배하고 있다.

〈포브스 코리아〉에서 밝힌 2015년 한국의 100대 부자 리스트를 살펴보면, 재벌그룹을 제외한 30위 이내 부자로 7위가 김범수 다음 카카오 의장, 17위 김정주 NXC 회장, 25위 이해진 네이버 의장, 26위 김택진 엔씨소프트 대표, 29위 이준호 NHN엔터테인먼트 회장 등이 포함되어 있다. 이들 또한 모두 창업으로 부를 이루었으며, 그들 모두가 지식산업 분야의 하나인 게임산업과 인터넷산업에서 성공한 사람들이다. 가히 지식 창업 전성시대라 할 만하다. 기존 삼성, LG, 현대와 같은 재벌가를 제외하고 한국에서 성공이라는 단어를 사용하는 것은 불가능했지만, 오직 지식산업에서 창업했던 사람들만 그들과 어깨를 나란히 하고 있는 것이다.

수천억 원의 재산을 가진 성공한 창업가들만 지식 창업 시대의 주인공은 아니다. 우리 주변에는 다양한 지식 창업자들을 쉽게 찾아볼 수 있다. 이들의 창업은 자신이 가진 지식과 경험을 연결한 것에서 시작되었다.

2015년을 빛낸 스타트업 100개를 살펴보면 흥미롭다.[*] 스타트업 100개 중 대부분이 온라인, 모바일 등 지식 기반의 서비스 기업이다. 하드웨어를 만들거나 고난이도의 기술을 연구하는 기업은 사물인터넷[IoT], 헬스케어, 로봇, 웨어러블의 기업 20여 개 내외에 국한된다. 그 외 80여 개의 기업은 하나의 지식, 혹은 다양한 콘텐츠를 분석하고 가공하는 서비스를 제공하고 있다. 특별히 2015년 스타트업에서는 MCN[Multi Channel Netwok]의 등장을 주목해야 한다. MCN 사업은 향후 미디어산업 개편의 주역으로 떠오르고 있다. 대표적으로 우리가 잘 알고 있는 '마이리틀텔레비전'과 같은 프로그램의 개인 방송 호스트들

---

[*] http://www.demoday.co.kr/top100/2015

이 그 주인공으로, 연예인 못지않은 인기와 수익을 얻고 있는 1인 창작자들이다. 세간에서는 이들의 독특하고 엉뚱한 면을 부각해 좋지 않은 시각으로 바라보기도 하지만, 이들이 만들고 유통시키는 영상들은 기존 미디어의 아성을 공격하며 혁신을 일으키고 있다. 이들이 만드는 콘텐츠도 그들의 경험과 지식에서 시작되었고, 그것을 독특하게 가공함으로써 구독자를 급속도로 늘려갔다.

비단 전문가가 아니어도 좋아하는 분야의 크리에이터로 활동하며 틈새 영역을 늘려가는 창작자들도 꾸준하게 증가하고 있다. 1인 창작자로 분류할 수 있는 양수연 씨는 좋아하는 것을 일로 연결해 성공한 사례다. 대학생 때 유학 준비 중 우연히 찍은 '먹방 여행' 영상이 미래창조과학부 주관의 창의 콘텐츠 크리에이터 공모전에서 상을 받았던 것이다. 그녀는 이를 계기로 준비 중이던 유학을 접고 클레이(찰흙)로 다양한 캐릭터들을 만드는 창작자로 활동하고 있다. 하루 12시간 꼬박 작업에 몰두해야 하지만 취미가 직업이다 보니 스트레스 없이 재미있게 돈을 벌고 있다. 아직까지 유튜브 구독자가 눈에 띄게 많지는 않지만, 탄탄한 콘텐츠로 입소문이 퍼지고 있다.

지식으로 창업할 수 있는 산업은 이 밖에도 다양하다. 그중에는 개인이나 작은 팀이 창업을 시도할 수 있는 분야도 적지 않다. 지식을 가장 창의적으로 활용할 수 있는 영역은 역시 콘텐츠산업이다. 전문적인 칼럼니스트나 작가부터 전문 블로거까지 다양하다. 전문적인 지식 서비스산업은 그 가능성이 무궁무진하다. 전통적인 심리

지식 창업자의 시대, 당신은 지식인이다

서비스라 할 수 있는 사주풀이, 점과 같은 운세 시장의 규모는 이미 4조 원을 넘어섰고, 역술인으로 등록된 사람만 45만 명에 이른다. 실제로 역술 분야는 지식 서비스 분야의 대표적인 성공 사례로 자리매김하고 있는 상황이다. 최근에는 전문적인 심리 서비스를 제공하는 사람 또한 늘고 있다. NLP 심리연구소, 색채심리, 중독심리, 유아심리, 마음치료 연구소 등 다양한 심리 상담을 배우거나 과정을 거친 사람들이 심리 지식을 서비스한다. 급격하게 증가하는 이런 심리 분야도 실제로는 심리 지식뿐만 아니라, 서비스를 하는 사람의 개인적인 경험과 지식의 정도에 따라 차별화가 가능한 영역이다.

자신이 만든 디지털콘텐츠를 통해 강의하는 교육 서비스도 급격하게 증가하고 있다. 다양한 온라인 강의시장, MOOC^{Massive Open Online Course} 전문 강사 등 내가 만든 콘텐츠와 강의 자료를 소비해줄 다양한 플랫폼이 계속 성장하고 있다. '칼슘두유'로 알려진 윤소연 씨도 블로그 구독자가 1만 6,000명이 넘는 유명한 인테리어 파워 블로거로 성공한 케이스다. 결혼 전에는 방송사에서 PD로 근무했지만, 결혼 후 전업주부가 되었다는 그녀가 인테리어, 특히 북유럽 인테리어에 관심을 가지기 시작한 것은 자신의 집을 리모델링하면서였다. 그렇게 시작했던 그녀의 작은 관심은 이제 전문가로 인정받으며 인테리어 책을 출간하기에 이르렀다. 셀프 인테리어를 한 경험을 살려서 '칼슘두유의 인테리어'를 주제로 원데이 클래스 강의에서 방송 출연까지, 전업주부가 아닌 명실상부한 지식 창업자의 길로 들어선 것이다.

지금은 모든 것이 연결된 세상이다. 연결망 위에 움직이는 것들은 전부 데이터, 정보 그리고 지식이다. 우리가 필요에 의해서 소비하는 대부분은 정보와 지식이 된다. 정보와 지식을 만들어내고 연결하는 모든 영역에 지식 창업자들을 위한 비즈니스 기회가 존재한다. 이쯤 되면 지식 창업자의 시대라고 해도 과언은 아닐 것이다.

지식 창업자의 시대, 당신은 지식인이다

CHAPTER 2

당신의 '지식'은
어떻게 '자본'이 되는가

"15년 동안 플라워 숍에서 근무했던 루안 셴번거 Louann Shenberger. 하지만 온몸에 통증이 발생하는 섬유근육통 진단을 받으면서 플로리스트로서 일을 할 수 없게 되었다. 은퇴 후 여가를 보낼 수 있을 만큼의 자금이 없던 상황에서 망연자실해 할 수만은 없었다. 결국 그녀는 자신이 가졌던 웨딩 데커레이션 방법과 꽃 도매상인들에 대한 정보를 활용해 새로운 사업을 결행한다."

알파고, 인간 그리고 지식

알파고^{AlphaGo}가 이세돌을 4:1로 꺾었다. 대국이 시작되기 전만 해도 기계에 불과한 알파고가 세계 초일류 바둑 기사인 이세돌을 이기긴 어려울 것이라는 전망이 대다수였다. 그러나 알파고가 승리했다. 게임은 끝났고 이제 인공지능을 어떻게 바라봐야 하는가에 대한 숙제가 남았다. 일찍부터 바둑은 경우의 수가 세상의 모래보다 많은 10의 170승에 달해 제아무리 슈퍼컴퓨터라 해도 난공불락일 것이라 예측했지만, 컴퓨터 프로그래밍, 즉 알고리즘에 불과한 알파고에 당해버린 것이다. 그렇지 않아도 정보 혁명 이후 수없이 많은 직업들이 사라져버렸는데, 이제는 알파고 혁명으로 인간들이 일할 수 있는 공간이 없어지는 것이 아닐까 하는 걱정을 해야 할 판이다. 그러나 그런 세상은 앞으로 10년, 20년 안에 올 것이다.

알파고는 인공지능이다. 인공지능은 공학적 정의로 '문제를 푸는 기능'이다. 따라서 알고리즘이 있어야 한다. 다양한 규칙^{rule}을 정리해서 만들어 묶어놓은 것이 알고리즘인데, 특정 영역의 문제, 예를 들면 '단어를 입력하면 검색 결과를 보여라.' '음성을 듣고 무슨 말인지 인식하라.'와 같이 문제를 해결하는 방식 등이 그것이다. 인공지능은 머신러닝$^{machine\ learning}$이라는 방법으로 작동한다. 러닝은 학습 방법이다. 즉 인간이 지식을 습득하는 방법과 유사한 과정을 거치게 된다. 특히 알파고가 활용해 유명해진 '딥러닝$^{deep\ learning}$'이라는 기법은 유사한 대상의 데이터를 대량으로 분류하고 정답과 가장 흡사한 내용을 찾아가도록 분류하도록 하는 방법이다. 무수히 많은 고양이 사진을 대조해서 실제 고양이를 찾아가는 것처럼 학습하는 것이다. 기본적으로 대량의 데이터가 있어야 하고, 그것을 비교할 수 있도록 빠른 컴퓨터가 있어야 한다.

지금 우리 사회는 엄청난 속도의 IT 하드웨어와 무수히 많은 데이터가 인터넷에 존재한다. 이 추세가 계속된다면 딥러닝은 훨씬 고도화될 것이고, 우리는 지금보다 강한 알파고를 더 자주 만나게 될 것이다.

인공지능은 알고리즘을 바탕으로 무수한 정보를 통해 학습을 해서 답을 얻어낸다. 여기서 주목할 것은 '무엇을 위한 답인가?' 하는 점이다. 인공지능은 문제를 설정해야만 풀어낼 수 있다. 체스나 바둑의 다음 수순처럼 예측한 변수를 고려해 답을 낸다. 그런데 문제를 정의하지 못하는 치명적 약점이 존재한다. 즉 인간이 무언가 궁금한 것이 있거나, 목표를 스스로 설정하는 것과 달리, 인공지능은 인간이 문제를 정의해주지 않으면 풀 수가 없다. 알파고에 사용된 학습 방법은 꼭 시험을 잘 보기 위해서 학원에서 주입식 교육을 해서 답을 찾아가는 것과 유사하다. 시험은 '잘' 치룰 수 있지만, 왜 공부를 해야 하는지 모르는 것과 같다. 알파고가 우리에게 보여준 우위는 문제를 푸는 방식에서 우위일 수 있으나 어디까지나 선택적 영역에 국한된다. 이는 미래 사회를 살아갈 우리에게 큰 의미가 있는 약점이다.

알파고는 인간이 더 이상 단순한 문제해결 능력보다는 창의적이고 지식에 근거한 직업에 집중해야만 한다는 것을 보여주고 있다. 2015년 BBC 보도에 따르면, 텔레마케터, 요리사, 법률비서, 경리, 단순 판매원, 회계사, 은행원 그리고 지방직 공무원 등 총 15개 직종이 인공지능 때문에 사라질 것이라고 예측했다. 더 나아가 2016년 1월에 출간된 《유엔미래보고서 2045》는 30년 후면 의사, 변호사, 기자, 통·번역가, 세무사, 회계사, 감사, 재무 설계사, 금융 컨설턴트 등의 직업이 인공지능에 의해 사라질 것이라고 전망했다. 이 예측들은 막연히 단순하고 반복적인 업무만 사라질 것이라는 우리의 생각과 달리, 오늘날에도 여전히 사람들이 선망하는 전문직도 인공지능으로부터 안전하지 못하다는 점을 잘 보여준다.

조금 더 구체적으로 살펴보자. 먼저, 요리사는 인공지능을 동반한 로봇으로 대체될 가능성이 비교적 높은 직업으로 꼽혔다. 레시피만 있으면 요리가 가능하기 때문이다. 요리사는 어떻게 생존할 수 있을까? 스타 셰프 김훈이 씨는 최초로 미슐랭^{Michelin} 원 스타를 받은 한식 권위자로 뉴욕 소재 레스토랑 '단지'를 운영하는 인물이다. 최근에는 '마스터 셰프 코리아'의 심사위원을 맡으며 화제가 되기도 했다. 그런 그는 "실력 있는 요리사는 음식의 맛을 보고 그 음식의 맛을 다시 고칠 수 있는 능력이 있어야만 합니다."라고 강조한다. 레시피만으로는 똑같은 맛을 낼 수 있지만, 사람의 입맛에 맞게 변화를 주고, 고객에 따라 다양한 맛을 선사해주는 것이 진짜 요리사라는 것이다. 다양한 경험과 자신만의 독창적인 요리 지식으로 무장되어 있지 않다면, 인공지능은 요리사를 대체할 것이다. 이것은 다른 영역에서도 마찬가지다. 인공지능이 제공할 수 없는 인간만이 할 수 있는 일을 찾아야 하는 것이다.

전문적인 지식을 다루는 변호사와 같은 전문직도 알고리즘의 강력한 공격에는 속수무책일 수밖에 없다. 지금도 사법시험을 패스했다거나 로스쿨을 졸업했다고 안정적인 수입이 보장되지 않는 상황에서, 인공지능은 또 다른 위협이 될 것이다. 변호사는 주로 법조문과 판례들을 해석해서 법률 서비스를 제공하는데, 인공지능은 딥러닝을 통해서 법률 문제에 대한 충분한 대안을 제시할 수 있기 때문이다.

실제로 IBM의 인공지능 '왓슨^{Watson}'이 탑재된 로봇 변호사 '로스^{Ross}'는 음성을 인식해 판례와 승소 확률 등을 미리 알려준다. 미국 법률 자문회사 로스 인텔리전스^{Ross Intelligence}는 왓슨을 기반으로 한 대화형 법률 서비스를 제공하고 있다. 1초에 80조 번 연산하고 책 100만 권 분량의 빅데이터를 분석한다. 그러나 법률 서비스를 필요로 하는 것은 인간이고, 인간은 감정을 가지고 있다. 또한 법률적인 판단을 하는 것도 사람이라는 점에서 경험과 판례를 극복할 수 있는 폭넓은 지식과 전문성을 가진 변호사가 더욱 희소성을 가지게 될 것이다.

의료계에도 비슷한 어려움이 예상된다. 인공지능은 의료 분야에서 가장 활발하게 활용되고 있다. 환자의 의료 정보만 정확히 입력하면 자동으로 처방전까지 내놓는 알고리즘이 이미 의료산업 속으로 깊숙이 파고든 상태다. 아직 진단 의학 분야에 국한돼 있지만 웬만한 의원 진료는 충분히 대체할 수 있는 수준까지 도달했다. IBM의 왓슨은 현재 세계적인 암 전문 병원 MD앤더슨센터에 도입되어 사용되고 있는데, 암 진단율이 82.6%에 달한다. 그러나 병은 증상만으로 모든 것을 알 수가 없다. 명의 허준은 사람의 표정과 걸음걸이 그리고 대화를 통해서 진단했다. 또한 많은 병이 스트레스나 마음에서 온다는 점으로 볼 때 아직도 정신적인 부문의 진단은 쉽게 할 수 없는 영역이다. 현 시대의 명의들도 대부분 환자와의 소통 능력이 뛰어난 것을 보면, 의사들도 오랜 경험과 차별화된 지식을 보유하지 못한다면 살아남을 수 없을 것이다.

많은 부분에서 진화했고 앞으로도 하겠지만, 인공지능은 반복되는 일을 하게 될 것이고 인간은 창의적이고 지식 집약적인 일에서

부를 창출하게 될 것이다. 우리는 이미 빨래를 세탁기에게 맡기고 있으며, 밥은 전기밥솥에게 의탁하고 있다. 그러나 최고의 밥맛은 오랜 경험의 종갓집 며느리를 따라갈 수 없으며, 좋은 옷은 손빨래를 해야만 한다. 인공지능의 시대에는 개인들이 가진 지식이 더욱 빛나게 된다. 오직 인간만이 문제를 정의하고, 질문을 할 수 있으며, 그걸 이해하고 적절한 답을 주는 건 인공지능을 활용하는 인간이기 때문이다.

알파고는 바둑으로 이세돌을 이겼지만 바둑의 가치는 자신만의 바둑 세계관을 가지고 있는 이세돌을 비롯한 인간만이 알 수 있다. 단순한 판매원에서부터 의사까지 지금 어떤 일을 하고 하는 것 못지 않게 그 속에서 경험한 전문성과 나만의 것으로 축적한 지식이 근본적 경쟁력의 원천이 될 것이다.

성공하는 지식의 조건

2007년 아이폰이 등장하던 그때, 전 세계 사람들은 충격에 휩싸였다. 터치스크린을 장착한 전화기에 매우 다양한 소프트웨어를 담고 있는 고급스러운 아이폰의 등장은 충격이었다. 그 당시 휴대폰을 만들며 승승장구하던 노키아, 삼성, LG는 아이폰의 등장을 대수롭게 생각하지 않았다. 2005년 초콜릿폰으로 글로벌 2,000만 대를 판매했던 LG는 최소한 몇 년 더 기존의 휴대폰(일명 피처폰)이 지속될 것이라고 생각했다. 그렇게 잘못된 스마트폰 대응으로 LG는 존재감이 많이 없어진 상태가 되었다. 또한 노키아는 2011년 끝내 파산했다. 다행히도 삼성은 아이폰 출현 이후 빠르게 변화를 시도해 갤럭시 시리즈로 스마트폰 업계에서 애플과 어깨를 나란히 하고 있다. 새로운 제품의 등장은 시장의 변화를 촉진하고, 게임의 방식을 변화시킨다. 이 게임의 패러다임을 바꾼 애플에 대한 평가는 명확하다. 애플은 여전히 강력한 경쟁력을 보유하고 있다.

기업이든 개인이든 경쟁력이 있어야만 시장에서 살아남을 수 있다. 그래서 사업가들은 경쟁력에 대해 끊임없이 고민하게 된다. 그렇다면 경쟁력이란 무엇일까? 경영전략의 대가인 마이클 포터Michael Porter는 《경쟁전략》이라는 책에서 '5Force 프레임워크'를 제안했다. 조직의 경쟁력은 조직이 속해 있는 환경과의 관계로 파악해야 한다고 주장한다. 따라서 포터는 경쟁력이란 환경을 구성하는 기존 경쟁자competitor, 구매자buyer, 공급자supplier, 신규참가자entrant, 대체품substitution와의 힘의 관계로 파악했다. 환경에 따라 조직이 어떻게 포지셔닝positioning하는가가 중요하다. 즉 이익을 낼 수 있는 시장에서 경쟁하면 된다는 것이다. 이런 경쟁력을 확보하기 위한 방법으로 결국 3가지 전략적 선택이 있다. 첫 번째는 제품, 서비스의 비용 우위cost leadership를 확보하는 것이다. 두 번째는 차별화differentiation를 통해서 높은 가격에도 매력이 있어야 한다는 것이다. 마지막으로 집중focus을 통한 전문화의 방법을 제시하고 있다. 지식 창업자들에게 지식은 기업에서 가져야 할 제품 혹은 서비스와 같은 것이다. 포터의 경쟁 이론을 접목해보면, 지식 창업자 입장에서 지식에 대해 어떻게 접근해야 하는지 명확해진다. 내가 보유한 지식이 경쟁 우위를 확보하기 위해서는 차별화와 집중을 바탕으로 비용 우위를 확보할 수 있도록 전략을 수립하면 되는 것이다.

　성공적인 지식 창업자 최재웅 대표는 교육컨설팅 업체인 폴앤마크를 운영하고 있다. 그의 회사는 사업계획도 비즈니스 모델도 없다. 하지만 LG, 삼성, SK 등 대기업에서 교육 프로그램을 지속적으로 운영하고 있고, 지금은 해외에서 전문적인 교육을 진행하고 있다. 놀라운 사실은 그들 자신들을 알리기 위한 특별한 영업조차 하지 않는다는 점이다. 폴앤마크의 성공 비법은 무엇일까? 폴앤마크는 지식을 전달하고 활용하는 회사다. 주로 기업, 대학, 청소년들에게 교육 프로그램을 제공한다. 폴앤마크에서 제공하는 지식 서비스는 기본적으로 창업 초기부터 쌓아온 다른 회사들과는 차별화된 지식 체계를 기반으로 하고 있다. 이 회사만의 독창적인 교육 프로그램을 보유하고 있는 것이다. 또한 지식을 전달하는 강사들을 정직원으로 채용해서 몇 년 동안 반복 훈련시키고 있다. 자신들이 보유한 서비스에 정통한 최고 수준의 전문가들만이 완벽하게 서비스를 제공한다는 확신을 가지고 지속적인 투자를 하고 있는 것이다. 최재운 대표는 시장에서 쉽게 찾을 수 없는 독점적 지식(차별화 전략)과 그것을 전달하는 전문성(집중 전략)을 활용하는 방법만이 폴앤마크의 경쟁력이라고 말한다.

우리가 회사나 학교에서 지식을 활용하는 경험을 하는 경우가 언제일까? 제품 개발, 마케팅 프로젝트 혹은 사업 전략 수립과 같이 소수의 인원으로 팀을 이루는 프로젝트를 참여할 때일 것이다. 서로가 가진 지식으로 한정된 시간 내에 문제를 해결하고 목표를 달성하는 과정을 경험해볼 수 있기 때문이다. 특별히 소프트웨어를 개발하는 프로젝트에는 개인들의 지식이 성과에 많은 영향을 주게 된다. 그 이유는 복잡한 비즈니스 케이스(업무 규칙과 방법들)와 프로세스를 기반으로 소프트웨어의 기능을 만들어야 하기 때문이다. 일반적으로 소프트웨어 개발 프로젝트에 참여하는 사람들은 고객이 가진 다양한 요구사항을 정의하는 전문가들과 이것을 컴퓨터 언어로 개발 및 구현하는 전문가들이 섞여서 일하게 된다. 우리가 사용하는 컴퓨터 프로그램은 거의 대부분 이런 사람들의 참여를 통해서 이루어진다.

연세대 이정우 교수팀은 다양한 유형의 소프트웨어 개발 프로젝트팀을 조사해서 전문성, 커뮤니케이션, 리더십 및 지식 공유, 전달, 활용에 대한 폭넓은 연구를 수행했다. 그중 115개의 소프트웨어 프로젝트에서 조사한 전문성과 지식 공유에 대한 상관관계에 대한 연구는 개인이 어떤 지식을 가져야 하는지를 이해하는 데 도움이 된다. 일반적으로 프로젝트에서 지식을 활용하는 과정은 기본적으로 내가 필요한 지식을 요청inquiry 혹은 교환exchange하고, 내가 보유한 지식과 융합synthesis을 통해서 지식을 창출하거나 활용하게 된다. 이때 지식 교환이 성립되기 위해서는 나에게 필요한 지식을 가진 상대방의 지식이 신뢰할 만한 것인지가 상호간에 담보되어야 한다. 즉 필요로 하는 지식을 가지고 있다는 것을 믿을 수 있어야 내가 보유한 것과 교환이 성립하게 된다. 이정우 교수팀의 연구는 성공적인 프로젝트가 참여자들의 다양한 경험에 의존한 전문성과 특정 분야에 대한 지식 체계에 기반해 있다는 점을 확인해주고 있다.

프로젝트 전문성은 유사한 프로젝트에 참여해본 경험에서 비롯된다. 게임 소프트웨어 개발만 해본 사람이 은행에서 필요로 하는 소프트웨어를 만들려면 많은 시간이 필요한 것과 같은 것이다. 프로젝트에 참여한 개인들의 전문성과 경험이 충분할수록 프로젝트의 성과가 좋았다. 이뿐만 아니라 지식 공유도 활발했다. 프로젝트가 복잡할수록 참여자들의 전문성은 그 중요성이 더해졌다. 그 이유는 특정한 상황에서 문제를 해결한 경험을 가진 전문가들이 매우 드물었기 때문이다. 개인이 어느 정도까지 지식 체계를 보유하고 있는지도 중요했다. 빅데이터 분석 기법에 대한 다양한 지식을 가졌던 젊은 대리 한 명은 경험은 상대적으로 부족했지만 프로젝트 기간 내내 분석 전략에 대한 최고 전문가로서 모든 의사결정에 중요한 영향력을 행사했다. 이처럼 다른 사람으로 대체하기 어려운 지식을 보유한 경우에는 다양한 인센티브를 주고라도 프로젝트에서 서로 데려가려고 혈안이 될 수밖에 없다.

지식을 사용한다는 것은 지식을 통해서 새로운 부가가치를 만드는 과정이다. 따라서 어떤 지식을 보유하고 있어야 하는가는 지식의 성격을 규정하는 것이 된다. 경쟁 이론 관점에서 지식은 차별화가 가능하고 집중화된 지식이어야 경쟁력을 가지게 된다. 또한 지식 교환 이론에서 주장하는 대로 개인이 풍부한 경험으로 전문성을 가지고 있고 대체가 어려운 지식을 보유하고 있다면 지식 교환이 쉽게 이루어진다. 결국 서비스 혹은 제품으로서 지식을 사용해야 하는 지식 창업자는 전문성과 독점적 성격의 지식을 가지고 있어야 한다.

| 전문성 |

부가가치가 있는가

우선 성공적인 경험을 쌓으려면 무엇을 해야 할까? HR 전문가들은 이구동성으로 전문성, 즉 어떤 지식을 가지고 있는지를 먼저 물어본다. 대다수 기업에서 임원급으로 성장하는 사람들에게 전문성은 기본 중에 기본이다. 세계 최고의 기업인 GE는 철저한 성과주의 meritocracy 기반의 회사답게 임원이 되기가 무척 어렵다. GE는 전체 직원 30만 명 중 임원은 5,000명 정도에 불과하다. GE에서 임원이 되려면 GE가 추구하는 핵심가치인 포용성inclusiveness, 넓은 시야 확보 external focus, 명확한 사고clear think, 상상력과 용기imagination and courage, 전문 성expertise 등을 평가받는다. 이 기준에 따라 높은 성과를 가진 대상 중 후보군을 선발해서 임원으로 성장시킨다. 그중 핵심적인 평가 기준이 바로 개인이 보유한 지식과 전문성이다.*

한국의 대기업도 마찬가지다. 매년 말 대기업의 조직 개편에서 임원 인사에 빠짐없이 등장하는 것이 전문성과 리더십 그리고 성과다. 이처럼 한 분야에서 성공한다는 건 특정 영역에서 독보적인 지식과 전문성을 갖추어가는 과정이다.

비즈니스 분야에서 전문성이란 서비스 제공자가 보유하고 있는 특별한 지식의 그룹을 의미한다. 이 지식은 서비스 제공자가 고객에게 필요한 솔루션을 제공할 수 있는 능력으로서 고객에게 적합한 서비스와 높은 가치를 제공할 수 있게 만든다. 즉, 서비스 제공자가 보유한 전문성은 부가가치를 창출하는 수단이며, 이 수단을 가졌다면 전문가라고 볼 수 있다.

전문가가 되기 위해 지식을 쌓는 방법은 다양하다. 첫 번째, 학문적 성취를 통해 전문적인 지식을 습득하는 방법이다. 가장 일반적이고 믿을 만한 방법이다. MBA 코스를 수료하거나, 특정 분야의 박사 학위를 취득해서 전문성을 확보하는 방법이다. 〈파이낸셜타임스〉는 2015년 전 세계 상위 100대 MBA 졸업생 7,800명을 대상으로 설문 조사한 결과, '창업 후 3년 생존율'이 84%를 기록했다고 보도했다.** 이는 일반적인 스타트업(신생 벤처기업)의 3년 생존율보다 높은 수치

---

* http://news.mk.co.kr/v2/economy/view.php?year=2011&no=410991.
** http://www.edaily.co.kr/news/NewsRead.edy?SCD=JH41&newsid=03125846609239688&DCD=A00804&OutLnkChk=Y

로, MBA가 실질적 경영에 필요한 지식을 쌓는 데 유용한 교육을 하고 있다는 증거가 된다.

미국 노동통계청에 따르면 세계에서 가장 기업 친화적이라는 미국 내 스타트업조차도 3년 생존율이 60%를 가까스로 넘는 수준이다. 즉 학위를 통해서 전문적인 지식을 쌓아가는 것이 전문가로 가는 효과적인 방법이 될 수 있다는 점을 잘 보여준다. 한편 박사학위 취득자들 또한 학문적 성과를 바탕으로 다양한 분야에 안착했다. 국내 대표 명문 공대인 카이스트의 2015년 박사 졸업생의 사회 진출 현황 분석 결과에 따르면 7,400명 가운데 45%에 해당하는 3,300명이 산업체에 근무하는 것으로 나타나 그 수가 가장 많았다. 다음으로는 국내외 대학 2,300명(31%), 정부 · 정부출연기관 · 공공기관 1,600여 명(21%) 등의 순이었다. 산업체 근무자 중 10대 대기업 근무자가 48%로 집계, 삼성그룹이 가장 많았고 LG, SK, 현대 · 기아자동차, 포스코계열 순으로 나타났다. 벤처 및 중견기업 근무자는 52%로 나타났다. 특히 벤처기업 근무자 1,700명 중 20%인 340명은 최고경영자로 조사됐다.* 절대적인 기준은 아니지만 학위 취득이 전문가로서의 길을 확보할 수 있는 중요한 도구가 되고 있음을 보여준다.

두 번째는 자격증 취득이다. 학문적 성과와 유사한 면이 있으나, 상대적으로 새로운 직업과 관련된 자격을 취득하는 데 유용한 방법이

---

* http://www.newsis.com/ar_detail/view.html?ar_id=NISX20150212_0013475424&cID=10807&pID=10800

당신의 '지식'은 어떻게 '자본'이 되는가

될 수 있다. 전통적인 방법이 사법고시를 통과해서 얻는 변호사 자격이다. 변호사 자격은 다양한 분야에서 전문성을 인정받는 최상의 자격이다. 19대 국회의원 300명의 직업을 분석한 결과만 봐도 판사·검사·변호사 등 법조인 출신이 43명(14.3%)에 이르는 것으로 나타났다. 10명 중 1명 이상이 법조인으로 채워진 셈이다. 당별로 봐도 전체 의원 중 법조인 출신의 비율이 높게 나타난다. 새누리당과 민주통합당이 각 20명(46.5%), 무소속 2명(4.7%), 진보정의당 1명(2.3%) 순이다. 앞선 국회에서도 법조인 출신은 14대 25명, 15대 41명, 16대 41명, 17대 54명, 18대 59명으로 꾸준히 늘었다. 새누리당의 경우 19대 비례대표 공천에서 법조인 출신을 배제하기로 하면서 비율이 다소 줄었지만 여전히 10% 중반 대를 기록하고 있다.

공인회계사나 변리사 그리고 건축사 등의 자격증 취득자도 여전히 높은 연봉을 받는 직업군으로 자리 잡고 있다. 2014년 국회 자료를 보면 1인당 평균 수입이 가장 높은 직업은 변리사(5억 5,900만 원)였으며 변호사(4억 900만 원)와 관세사(2억 9,600만 원)가 그 다음으로 드러났다. 이어 회계사(2억 8,500만 원)와 세무사(2억 5,400만 원), 법무사(1억 4,700만 원), 건축사(1억 1,900만 원), 감평사(6,900만 원) 순이었다.*

  마지막으로 전문성을 쌓는 가장 일반적인 방법인 꾸준히 '일'을 하는 것이다. 이 책을 읽는 독자들이 가장 주목해야 할 부분이다. 일

---

* http://news.chosun.com/site/data/html_dir/2014/08/21/2014082102142.html

은 자신의 전문적인 지식을 생성하고 고도화시키는 유일한 방법이 기도 하다. 일을 통해 전문가로 대성하게 되면, 우리는 그들을 장인 이라 부른다. TV나 모니터를 얇은 스크린으로 바꿀 수 있게 해준 계 기가 바로 LED 소자의 개발이었다. 이 LED를 만드는 회사 중에서 세계 1위는 일본의 니치아화학공업이라는 회사다. 이 회사 출신인 일본인 나카무라 슈지中村修二는 청색 LED 개발의 공로로 2014년에 노벨상을 수상했다. '일본 기술'의 저변을 보여준 장인정신의 한 모 습이다. 청색 LED의 실용화는 1993년에 이루어진 일로, 그 당시 나 카무라는 회사의 연구원에 불과했다. 1988년 그는 회사와의 담판 끝 에, 연구 소재를 청색 LED로 바꾸고 고가의 실험 장치도 부품을 조 달해 직접 만들었다. 중간에 회사가 '연구 중지'를 통보했지만 응하 지 않고 연구에 매진한 끝에 39세의 나이에 청색 LED 개발의 위업 을 일궈냈다. 하지만 그는 1999년 연구소가 설립돼 소장으로 임명되 면서 회사를 자연스럽게 그만두었다. 연구를 하고 싶었으나 온종일 소장으로서 결재 도장을 찍는 일이 싫어서였다.

　세상을 바꾼 기술은 이처럼 전문성을 가진 개인에 의해서 만들어 진다. 세계적인 명품 또한 대부분 장인에 의해서 나온다. 벤츠와 같 은 자동차, 프라다, 구찌와 같은 의류나 잡화, 스위스 시계는 장인정 신의 정수라고 할 수 있다. 전문성이 극대화된 곳에서는 명품을 만 들어낼 정도로 '일'에 있어 심혈을 기울인다.

　일을 통해서 개인의 전문성은 깊어지고 지속적인 개발이 가능하

당신의 '지식'은 어떻게 '자본'이 되는가

다. 대부분 직장인의 경우에는 경력 속에서 전문성을 높이는 경험을 하게 된다. 기업 회계, 전략 수립, 마케팅 업무를 경험하고, 사업기획이나 전략기획을 수행하면서 훌륭한 경력을 가진 기획자가 된다. 한편 연구원이라면 자신의 연구 분야에서 어떤 연구를 수행했는지가 자신의 경력이 된다. 이렇게 하나하나 경력을 쌓고 경험을 축적해가는 과정이 개인의 전문성을 만들어가는 과정이다.

| 디지털 시대의 경쟁력 |
독점적 지식을 가졌는가

낚시를 생각하면 자연스럽게 떠오르는 인물이 있다. "나는 고기를 낚는 것이 아니라 세월을 낚는다."고 했던 주周나라 재상을 지낸 강태공姜太公이다. 그는 주나라 문왕文王에게 발탁되어 은殷나라를 물리치고 주나라가 천하를 제패할 수 있도록 놀라운 정치력을 발휘했다. 하지만 더욱 놀라운 점은 그가 처음 재상으로 임명되어 뜻을 펼친 시기가 그의 나이 80세가 되었을 때였다는 점이다. 그 전까지 그는 한가로이 낚시를 하거나 여관에서 손님맞이 심부름을 하며 지냈다. 심지어는 소를 잡는 백정 일까지 했다. 그러던 그가 어떻게 일국의 재상이 될 수 있었을까? 그의 성공 스토리에는 여러 가지 의견이 있지만, 공통적으로 긴 세월 공부를 통해 쌓아올린 지식과 정보력을 꼽는다.

강태공에게 낚시는 단지 사색을 위해서, 또는 누군가를 기다리기 위해서 했던 것이 아니었다. 요즘같이 소셜 네트워크나 웹사이트에서 누구든 자신의 생각을 자유롭게 표명할 수 없던 시절에 낚시는 단순한 취미가 아니었다. 낚시터는 수많은 백성들의 오가는 말들을 직접 들을 수 있는 교류의 공간이었다. 강태공은 낚시를 하며 사람들의 말에서 세상 돌아가는 정보를 얻고, 자신의 경륜과 지혜를 담아 선정을 펼치기 위해 무엇이 필요한지 구상했으며, 민심을 체감하고 이를 현실 정치에 어떻게 반영할지 고민했다. 낚시는 강태공이 가진 정보력이자, 경쟁력의 원천이었다. 여기에 천하를 다스릴 수 있는 지혜를 얻기 위한 끊임없는 공부가 더해지며, 강태공은 최고의 인재가 될 수 있었다.

강태공은 최고의 정치가이자 전략가가 되기 위해 1만 시간 그 이상을 준비했지만, 우리 역시 그에 못지않은 시간을 공부에 투자하고 있다. 교육열이 남다른 한국 사회에서 초, 중, 고등학교를 거쳐 대학교를 성공적으로 졸업했다면, 그리고 이를 바탕으로 10~20년 넘게 회사생활을 충실히 했던 사람이라면 적어도 해당 분야에서는 전문가라고 칭할 수 있다. 취업으로 직무를 얻고, 개인적인 경험과 사회적인 관계가 쌓이게 되면 자신만의 지식이 생겨나며, 여기에 정보력과 경험치가 결합될 때 독점적 지식이 완성되는 것이다. 이 방식이야말로 실질적인 경쟁력이며, 많은 성공 사례들이 이를 증명하고 있다.

현대기아차, 쌍용차뿐 아니라 포드, GM 등 세계 메이저 자동차회사의 자동화 생산설비를 공급하고 있는 주식회사 PR의 박건일 대표는 12년간 현대자동차 엔진생산기술 파트에서 근무한 경험을 바탕으로 2000년에 회사를 설립했다. 어릴 적부터 그림 그리는 것을 좋아했던 박 대표는 재능을 살려 기계공고 제도과에 입학, 설계라는 분야에 눈을 뜨기 시작했다. 대학에서도 기계공학을 전공하고 중견기업과 대기업에서 금형설계, 특수공구설계 파트에서 근무하며 경력을 쌓았는데 이러한 전문성과 기술에 대한 자신감을 바탕으로 창업에 성공했다. 박 대표에게 직업적 경험과 지식은 새로운 사업의 기회가 됐으며, 이를 기술과 연계해 현재의 성공을 이룰 수 있었다.[*]

2000년 국내 최초로 화장품 로드샵을 탄생시키며, 창업 4년 만에 매출 1,000억을 돌파한 미샤의 서영필 대표도 비슷하다.[**] 그는 성균관대 화학공학과 출신으로 피죤 중앙연구소에 입사해 4년 동안 화장품을 연구했다. 그러던 중 '내가 생각한 대로 제품을 만들어보고 싶다.'는 뜻을 품고 1993년 말 퇴사하고 방향제 사업에 뛰어들었다. 그러나 만들 줄만 알고 팔 줄은 몰랐던 서 대표의 첫 도전은 유통의 중요성을 경험으로 남긴 채 실패했다. 그러나 그는 포기하지 않고 화장품 사업에 도전했다. 원가 1,000원짜리 화장품에 만 원의 가격을 붙여 매장에서 80% 할인해 2,000원에 파는 전략으로 조금

---

[*] http://www.fnnews.com/news/201309160344240340
[**] http://www.hankyung.com/news/app/newsview.php?aid=201307162196q&intype=1

씩 성공의 기미가 보이는 듯했다. 하지만 제품에 가격을 붙이지 못하는 오픈 프라이스 제도가 도입되면서 이마저도 오래가지 못했다. 연달아 고배를 마신 뒤 1996년 엘트리라는 회사를 세우고 잎스라는 브랜드를 다시 론칭했다. 당시 불던 인터넷 열풍을 타고 제품 소개를 위한 잎스 브랜드 사이트를 열면서 서 대표는 온라인 마케팅에 눈을 뜨게 된다. 화장품의 품질 대비 가격 경쟁력이 전부라고 생각했던 그는 이를 계기로 브랜드 정체성의 중요성을 깨달았고, 결국 국내 최초로 매장을 '문화 공간'으로 탈바꿈하면서 큰 성공을 거두었다. 여기서 주의 깊게 봐야 할 점은 서 대표가 첫 사업 아이템으로 잡았던 방향제가 아닌 원래 잘 알던 화장품으로 성공했다는 점이다. 비록 마케팅 방식에 변화를 준 것이 일차적인 성공 요인이었지만,

미샤 캐나다 토론토 1호점 오픈 당시 모습

그가 가장 잘 아는 화장품이었기에 다양한 시도가 가능했고, 그리고 그 바탕 위에서 성공할 수 있었다고 보는 것이 타당하다. PR의 박건일 대표나 미샤의 서영일 대표 이 두 사람에게, 자동차 생산설비 혹은 화장품에 대한 오랜 식견과 경험이 없었다면, 유통과 마케팅에서 또 다른 진화가 불가능했을지도 모른다.

독점적 지식을 활용해 새로운 형태로 사업 기반을 만들어낸 사례는 이밖에도 많다.* 세계적인 브랜드에서부터 국내 유명 브랜드에 이르기까지 각양각색의 커피 전문점이 넘쳐나는 테이크아웃 음료 시장에서 전통적인 한방차 오가다를 창업해 성공한 최승윤 대표의 사례는 자신의 독점적 지식을 재해석한 케이스다. 최 대표가 창업에 처음 나선 것은 대학교 시절이었다. 그는 친구들과 창업한 디자인 회사 CI에서 발로 뛰며 사업을 배웠고, 많은 대화를 나누며 고객에게 의미를 주기 위해 최선을 다했다. 평소 따끈한 한방차를 물처럼 마셨던 그는 테이크아웃처럼 마실 수 있는 한방차 아이템에 매력을 느껴 창업을 하게 된다. 한방차는 테이크아웃이 안 된다고 생각했던 수많은 사람들의 편견을 뒤로 하고 고객을 만족시키기 위해 노력했던 경험과 마케팅 전략을 바탕으로 눈에 띄는 성과를 만들어냈다. 현재 오가다는 국내외 합쳐 51개 매장을 운영하는 성공적인 프랜차이즈 기업으로 성장했으며, 해마다 연매출 50%씩 성장하고 있다.

---

* http://www.newsshare.co.kr/sub_read.html?uid=29709

이처럼 자신만이 가진 독점적 지식이 꼭 무언가 배우고 학습하는 것만은 아니다. 최승윤 대표의 성공은, 체득한 경험이나 노력이 쌓이면 지식의 자산이 되고, 새로운 형태의 도전을 시도하는 발판이 되어준다는 것을 잘 보여준다.

강남구 삼성동에 위치한 떡 카페 자이소의 훈남 형제 CEO 박호성, 박경민의 사례 또한 살기 위해 배운 지식이 자신들만의 아이디어를 만나 성공한 경우다.* 이들 형제는 고등학교를 졸업하고 공부에 뜻이 없어 외삼촌이 운영하는 떡 공장에서 일을 시작했고, 할 수 있는 게 없었기에 더욱 절실하게 일을 배웠다. 하지만 전통적인 떡을 고수하기보다는 일본에서 맛본 주먹밥에서 영감을 얻어 자신들만의 젊은 감각으로 새로운 형태의 떡을 만들기 시작했다. 다른 떡 체인점들과의 차별화를 위해 독특한 느낌의 떡을 만들어냈고, 현재는 온라인 쇼핑몰에서만 1년에 20억 원 매출을 올리고 있다. 그런 이들에게 지식은 배움을 위해서도 아니며, 직업을 위해서도 아닌 단지 스스로 독립해 먹고 살기 위한 방편으로 쌓은 것이지만, 여기에 자신만의 감각과 아이디어로 독점화시켰다.

취미로 시작해서 전문가보다 뛰어난 것을 만들어낸 사람도 있다. 2010년 《어둠의 변호사》를 시작으로 장편소설 7권을 출간한 추리

---

* http://mbn.mk.co.kr/pages/news/newsView.php?category=mbn00007&news_seq_no=1127166

소설가 도진기의 본업은 현직 부장판사이다. 마흔이 넘은 나이에 일본 추리소설을 접한 계기로 시작했던 글쓰기가 이제는 제2의 직업이 되었고, 더욱이 척박한 한국 추리소설 시장의 스타 작가로서 견고하게 자리매김하기까지 했다.*

취미 생활에서 지식을 독점화한 경우는 이뿐만이 아니다. 지방의 조선소에서 근무하던 김 아무개 씨(45)는 출퇴근 시간에 항상 두꺼운 미적분 책을 가지고 다녔다. 점심시간이나 휴식시간마다 미적분 문제를 푸는 것이 그의 낙이자 취미 생활이었기 때문이다. 그러던 어느 날 서울의 한 수학학원에서 그에게 연락을 해왔다. 학원에서 아이들에게 미적분을 가르치는 강사로 그를 초빙하고 싶다는 것이었다. 이것이 인연이 되어 그는 현재 서울에서 미적분을 가르치는 인기 강사로 활동하고 있다. 흔히 취미를 사업 아이템으로 섣불리 창업을 하면 열에 아홉은 실패한다고 말한다. 오히려 자신이 즐겼던 취미가 일이 되면서 흥미를 잃는 경우도 많다. 하지만 취미의 즐거움이 업으로 이어진다면 그 또한 제2의 인생을 사는 즐거움이 아닐까 싶다.

취미에서 새로운 가치를 만들고 자신만의 지식을 만들어낸 사례는 퇴직 이후 제2의 인생을 만들어주기도 한다. 29년간 은행에서 근무하면서 지점장까지 올라간 민찬기 씨(58)는 2003년 여름, IMF 외

---

* http://ch.yes24.com/Article/View/27747

환위기 여파로 실적이 나빠진 은행에서 구조조정을 당했다. 번번이 재취업에 실패한 그는 5~6년간의 방황 끝에 자신이 20년 넘게 취미로 즐겨온 운동에서 답을 찾았다. 자신만의 노하우를 녹인 운동법을 개발한 것이다. 주로 앉아서 근무하는 은행 업무의 특성상 생활 속에서 짬짬이 운동하던 방법을 사업화해 운동처방연구소를 설립하고 사업 아이템으로 확장했다.

2006년 육군 소령으로 예편한 김옥성 씨(53)도 군 시절 취미 생활로 시작한 풍란 재배를 창업으로 연결해 풍란 전문점 대표로 제2의 인생을 살고 있다. 돌에 붙어 자라는 석부작의 강한 생명력에 매료된 그는 석부작 동호회에 가입해 취미를 전문가 수준으로 끌어올렸다. 김 씨는 고객관리를 위해 심리상담자격증을 취득하고 우리나라보다 앞서 있는 일본의 난 분야를 공부하기 위해 일본어까지 배울 만큼 열정을 기울였다. 그런 준비 끝에 창업 첫 달에만 2,000만 원에 가까운 수익을 올릴 수 있었다.*

지식을 얻는 방법이 꼭 누군가에게 배우거나 경험하는 것만 있는 것은 아니다. 세상을 지혜롭게 다스리기 위한 강태공의 전략도 지식이며, 살기 위해 배운 떡을 만드는 방법도 지식이다. 또한 다양한 일을 하며 얻은 경험의 집합도 지식이며, 취미 생활을 통해 얻은 마니아 성향도 지식이다. 하지만 수많은 정보가 넘치고 수요와 공급의

---

* http://www.hankyung.com/news/app/newsview.php?aid=2006070696321

곡선이 시도 때도 없이 변화하는 디지털 시대에 진정한 경쟁력은 지식의 순도가 아닌 독점화다. 나만이 알고 있는 지식, 경험 그리고 아이디어가 부를 창출하는 원천이 된다.

1 나만의 아이디어 지켜내기
특허 출원 방법

특허는 고유의 아이디어를 보호하고 경쟁자를 따돌릴 수 있는 훌륭한 무기이자 그 자체만으로 훌륭한 자산이 된다. 일반적으로 특허라고 하면 발명을 생각할 수 있지만, 방법과 과정 그리고 시스템만으로도 특허를 받을 수 있다.

지식 창업자가 가진 아이디어만으로도 특허 출원은 가능하다. 단 실제 자신의 아이디어를 바로 구현할 수 있을 만큼의 구체성과 실행 가능한 기술적 바탕이 있어야 한다. 또한 구조나 목적 그리고 효과에 대해 세부적인 내용이 드러나 있어야 하며, 아이디어의 차별성과 상세한 설명이 있어야만 특허 출원에 성공할 수 있다. 대표적인 특허 형태는 컴퓨터와 통신기술 그리고 사업 아이디어가 결합된 형태의 영업 방법business method 특허와 컴퓨터 데이터 처리나 보안, 멀티미디어 등의 기술을 바탕으로 개발된 소프트웨어 특허 등이 있다.

지적재산권의 범주는 특허를 포함해 실용신안, 디자인, 상표 등이며, 특허법을 통해 보호받는다. 보호받을 수 있는 권리 기간은 각각 특허 20년, 실용신안 10년, 디자인 20년, 상표 10년으로 정해져 있다. 특허는 흔히 기술적 발명이나 기구, 제품 또는 제조공법, 화학이나 의학 물질, 비즈니스 방법 등에 대해 출원하는 것을 말한다. 실용신안은 특허보다 구성이 간단하고 기술 수준이 조금 낮으며 실용적인 기술을 바탕으로 한 물건의 발명에 한정한다. 디자인은 물품이 가진 모양과 형상에 대한 것이

특허청에서 운영 중인 출원 사이트

며 상표는 상호나 상품 또는 서비스의 이름이나 로고가 출원 대상이 된다.

특허출원은 특허청에서 운영하는 출원 사이트^{www.patent.go.kr}에서 누구나 전자 특허출원이 가능하다.

특허출원 절차

1 선행기술조사: 자신이 출원하고자 하는 아이템과 동일 또는 유사한 것이 있는지 사전 조사^{특허 무료 검색: http://www.kipris.or.kr/khome/main.jsp}.

2 출원인 코드 부여 신청: 특허청^{www.patent.go.kr}에서 출원 신청을 위한 자신만의 고유번호를 발급받기 위해 사용자 등록 신청.

3 인증서 사용 등록: 온라인 출원 및 전자문서 교환을 위한 공인인증서 등록.

4 문서 작성 S/W 설치: 출원서 작성 전에 문서^{명세서, 보정서, 의견서 등} 작성을 위한 특허 문서 작성기^{NK-Editor}를 설치.

5 명세서/서식 작성: 특허 문서 작성기를 실행하여 명세서, 보정서^{도면} 등을 상세 작성.

6 온라인 제출: 작성한 전자문서를 출원 사이트나 문서 작성기를 통해 제출하고 접수번호, 출원번호, 심판번호를 부여받음.

7 제출 결과 조회: 특허 출원 문서의 처리결과와 진행 상태를 확인.

CHAPTER 3

어떤 지식 창업자가
성공하는가

"미국의 짐 넬슨 Jim Nelson 은 이미 2001년에 처음 저글링 관련 기술과 지식을 통해 지식 창업자로서 사업을 시작했다. 그는 웹사이트를 통한 사업을 고민하던 중 자신이 가장 잘 알고 즐길 수 있는 취미인 저글링을 사업 아이템으로 생각해냈다. 저글링이 무슨 지식일까 생각할 수 있지만 짐은 저글링 사업을 틈새 시장으로 확신했다. 현재 저글링 관련 상품들을 모아서 판매하는 사이트를 추가 개설하며 전 세계 곳곳으로 활동 범위를 넓히고 있으며, 저글링에 관한 세계 최대 정보 사이트로 성장했다."

———————————

| 지식 창업자 |

사소한 것에도 가치를 불어넣는 사람

디지털 시대 게임의 룰은 독점적 지식을 가진 개인이 네트워크를 만나 폭발적인 부를 만들어내는 방향으로 발전하고 있다. 우리 주변에서도 이런 현상을 어렵지 않게 찾아볼 수 있다. 맛깔나게 게임을 대신해주는 남자, 게임 분야에서 욕설과 비속어를 배제한 재치 있는 해설을 통해 두터운 고정팬층을 보유한 인기 방송자키[BJ, Broadcasting Jockey] '대도서관'이다. 그는 최근 유튜브 구독자 수 90만 명, 조회 수 2억 건을 돌파했으며, 매달 3,000만 원을 벌어드리는 게임 마니아 사이에서는 유명 인사다.[*] 대도서관은 게임이라는 분야에서 새로운 가치를 창출

---

[*] http://news.joins.com/article/14426683

했다. 게임 BJ는 새로운 게임을 직접 진행하며, 특유의 재치 있는 입담과 함께 플레이 비법을 생방송으로 중계한다. 아프리카TV와 유튜브 등을 통해 방송을 보는 시청자들은 게임에 대한 정보를 얻게 되는 것은 물론 게임의 재미를 간접적으로 체험한다. 게임 BJ가 게임에 대한 충분한 지식과 경험을 보유하지 않으면 방송 서비스는 불가능하다.

또 다른 유형으로 유튜브 채널에 42만여 명의 정기 구독자를 거느리고 있는 뷰티 크리에이터 '씬님'이 있다. 그의 주요 콘텐츠는 화장 비법 전수. 코스메틱 브랜드별 제품 소개 및 비교는 기본이고, 일상에서 쉽게 따라할 수 있는 클럽룩, 데이트룩, 아이돌 스타일 등의 상황별 메이크업 방법부터, '겨울왕국 엘사 메이크업'과 같은 특별한 메이크업 시연도 보인다. 그런가 하면 황진이, 명성황후 같은 역사 속 여성들의 '치장법'을 선보이기도 하는 등 그야말로 '뷰티에 관한

재치 있는 게임 해설로 두터운 팬층을 보유한 방송자키 대도서관

거의 모든 것'을 다루는 뷰티 크리에이터로 자리 잡았다.*

　잘 살펴보면 대도서관, 씬님과 같은 지식 창업자는 우리 주변에 많다. 온라인, 오프라인에서 다양한 형태로 존재한다. 그들의 공통점은 특정한 부문에 충분한 경험과 지식을 가지고 있고, 고객과 교감하는 커뮤니케이션 능력을 보유하고 있으며, 자신을 드러내는 활동을 효과적으로 수행한다는 점이다. 그들은 요즈음과 같은 모바일 시대 정보기술을 활용하는 능력이 부족하면 기회가 없다는 사실을 잘 안다. 무엇보다 기업가 정신 혹은 마인드를 가지고 부를 축적해나간다.

　지식 창업자Infopreneurs라는 개념은 국내가 아닌 해외에서 넘어온 개념이다. 정보와 기업가라는 단어의 합성어로 정보 기업가Information Entrepreneur와 같은 뜻이다. H 스킵 웨이츤H Skip Weitzen의 1998년 책《인포프래너: 데이터를 돈으로 바꾸는 법Infopreneurs: Turning Data Into Dollars》에서 처음으로 이에 대해 구체적인 정의를 내렸다. 웨이츤은 비즈니스를 하기 위해 혹은 부가가치를 창출하기 위해서 정보를 모으고, 구성하고, 구분해서 제공하는 사람을 지식 창업자로 규정했다.

　초기 지식 창업자는 책, 논문, 연설 자료와 같은 정보를 디지털화하여 온라인을 통해 배포하고 판매하는 사람들을 칭하는 말로 사용되곤 했다. 하지만 최근에는 이들의 활동 범위가 인터넷, 모바일 등 가

---

* http://news.mk.co.kr/newsRead.php?no=904578&year=2015

상공간 전체로 확대되었다. 또한 가치 있는 지식을 보유한 개인도 지식 창업자의 범주에 속하게 되었다. 따라서 현재와 같은 모바일 융복합 시대에 지식 창업자란, 개인이 가진 지식을 기반으로 온라인 공간에서 부를 창출하는 기업가로 정의된다. 기업가라는 관점은 기업의 형태가 개인에게 집중되지만, 실제로는 여러 명이 하나의 비즈니스 모델을 공유해 공동으로 지식을 서비스하는 것도 포함한 개념이다.

지식 창업자 vs. 1인 기업가 vs. 스타트업

지식 창업자와 유사한 개념으로 1인 기업가 혹은 스타트업이라는 개념이 존재한다. 1인 기업은 우선, 단어에서 알 수 있듯이 다수의 인원이 모인 조직의 형태가 아닌, 1인의 인원만으로 사업 활동을 하는 기업을 말한다. 일반적인 기업과 가장 큰 차이점이 바로 혼자서 모든 업무를 처리한다는 점이다. 변화경영연구소 소장 구본형은, 1인 기업가란 어디서 어떤 형태로 일하느냐의 문제가 아니라 하나의 정신적 태도라고 말한다. 어디에 있던 '스스로 경영자라고 생각하고, 지금 자신이 하는 일을 비즈니스라고 생각하며, 차별화된 서비스를 제공하기 위해 자신의 강점을 활용하는 사람'이라면 모두 1인 기업가라고 할 수 있는 것이다.*

---

* 구본형, 《구본형의 필살기》, p34, 다산라이프, 2010.

82

CHAPTER 3

혼자서 한다는 점에서 1인 기업을 프리랜서와 같은 개념으로 생각할 수도 있지만, 프리랜서와는 여러 면에서 다르다. 프리랜서는 특정한 조직 등으로부터 수요가 있을 때마다 업무를 처리하고 보상을 받는 데 비해, 1인 기업은 항상 최종 소비자가 있다는 점과 기본적으로 내가 나 자신을 고용한 형태를 전제로 한다. 1인 기업은 최종 소비자에게 상품, 서비스를 제공할 수 있으며 일반 기업과 동일한 시스템을 갖추고 운영되기 때문에 독립적이다. 또한 기업으로서 가치를 창출할 수 있는 시장 환경이 있다는 점 역시 1인 기업의 특성이라고 할 수 있을 것이다.

최근 전 세계적으로 유행처럼 번지고 있는 스타트업은 무엇인지 살펴보자. 스타트업이란 벤처 창업을 대표하는 용어라 할 수 있다. 네이버지식백과에는 스타트업이 다음과 같이 정의되어 있다. "혁

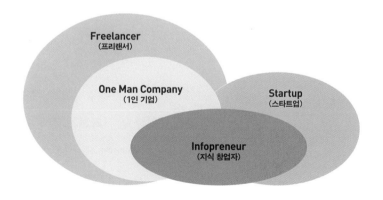

지식 창업자 vs. 1인 기업가 vs. 스타트업 vs. 프리랜서

신적 기술과 아이디어를 보유한, 설립된 지 얼마 되지 않은 창업기업으로 대규모 자금 조달 전 단계라는 점에서 벤처와 차이가 있다. 1990년대 후반 닷컴버블로 창업 붐 때 생겨난 말로, 고위험·고성장·고수익 가능성을 지닌 기술·인터넷 기반의 기업을 지칭한다."

한편 실리콘밸리의 영향력 있는 창업가 에릭 리스^{Eric Ries}는 《린 스타트업^{Lean Startup}》에서 "스타트업은 불확실한 상황 속에서 고객들에게 제공할 새로운 프로덕트^{product}와 서비스^{service}를 창조하는 조직"이라고 설명한다. 이처럼 스타트업은 다양한 정의가 존재하는데, 이를 정리해보면 스타트업은 몇 가지 특징을 가지고 있다. 창업한 지 얼마 안 되었으며, 적은 자본으로 시작하고, 급격한 성장을 기대할 수 있는 소기업이다. 즉 기술 기반의 아이디어 혹은 아이디어 기반의 기술을 바탕으로 한 신생 소기업이다.

지식 창업자는 1인이 시작하는 경우도 있으나, 팀이나 소규모 조직으로 시작할 수도 있다는 점에서 1인 기업과 차이가 난다. 창업 초기에 기업의 형태로 구체화하지 않고 일정 시간 동안 자신만의 지식을 가지고 창조적 서비스를 구성하거나 시범적으로 서비스하는 경우도 많다는 점은 1인 기업과 유사하다. 한편 지식 창업은 스타트업의 형태로 발전하거나 초기부터 스타트업으로 시작하는 경우도 있다. 스타트업 중에서도 팀원들의 지식을 기반으로 서비스되는 창업은 지식 창업의 한 형태라고 봐야 한다.

성공한 지식 창업자의 5가지 특성

90년대 이후부터 지식과 아이디어로 혁신을 거듭하고 있는 기업 아이디오^{IDEO}는 지식을 어떻게 활용해 성공했는지를 잘 보여준다. 아이디오는 자신들이 보유한 지식을 기반으로 빠른 프로토타입^{prototype}을 개발하고 시장에서 검증받았다. 새로운 제품은 시장에서의 검증에 따라 성공적인 상품으로 안착되기도 하지만, 그 검증 사이클 속에서 다음 번 제품과 서비스의 성공 가능성을 예측하고, 학습하며, 최종적으로 발전시킬 수 있는 방법론을 제공하기도 한다.

수많은 스타트업 회사에 투자자문과 서비스 전략에 영향을 주고 있는 에릭 리스는 린 스타트업 방법론을 정리했다. 그가 설명하는 린 스타트업 방법론은 아이디오의 성공 방정식과 매우 유사하다. 에릭 리스가 말하는 린 스타트업이란 "전통적 경영에서는 엄밀한 시장조사를 거쳐 완성도 높은 제품을 개발해 내놓지만, 스타트업 같은 소규모 조직에서는 자원이 제한적이어서 그것이 불가능하다. 린 스타트업은 기존 방식과 달리 신속한 피드백을 통해 제품 개발, 빠른 실험, 그 결과에 따른 실천을 빠르게 반복하는 것이 핵심이다. 무의미한 지표에 의지하지 않고 실제 성과를 측정해 고객이 원하는 바에 집중하자는 것이다."[*] 시장과 고객의 반응이 없는 경우 빠르게 전략

---

[*] http://biz.chosun.com/site/data/html_dir/2013/02/15/2013021501248.html

적 변화^{피봇, pivot}를 꾀해 낭비를 제거하는 게 린 스타트업의 핵심이다.

지식 창업자는 자신에 대한 확신과 혁신적 사고 없이 성공할 수 없다. 자기 확신은 자신이 보유한 지식과 역량으로 시장에서 충분히 경쟁할 수 있다는 신념이다. 대다수 한국 사람들은 자신의 경험과 축적해온 지식을 낮게 평가하는 경향이 있다. 그러나 실제로는 내가 쌓아온 경험은 오직 나한테만 있는 경험이고, 내가 축적해온 지식은 어느 누구에게 꼭 필요한 지식이 된다.

혁신적 사고는 시장에 충격을 줄 수 있을 정도의 멋진 아이디어를 빠르게 실행하는 것에서 시작한다. 멋진 아이디어는 새롭고 흥미로운 가설로부터 시작된다. 새로운 가설은 기존의 고정관념 혹은 사고방식을 넘어서는 질문들의 연속이다. 또한 흥미로운 가설은 내가 가진 지식과 경험에서 시작해 외부의 다양한 의견과 지식의 습득 과정을 통해서 만들어진다. 빠르게 실행한다는 것은 신속하게 프로토타입을 만들고 이 과정에서 새롭고 흥미로운 가설을 검증해 지속적인 학습을 해나가는 과정이다.

우리는 세계적으로 성공한 지식 창업자 32팀을 분석했다. 일부는 1인 기업이기도 하고 일부는 팀을 이룬 회사 형태였기 때문에 개인이든 팀이든 하나의 조직으로 구분해서 분석을 진행했다. 우리는 각각의 지식 창업자들에게 궁금한 것들을 메일과 전화로 물어보고, 실제로 그들이 수행하는 비즈니스를 확인했다. 그들이 나오는 기사(신문, TV, 잡지), 웹사이트, 유튜브를 방문했고, 하나씩 검증했다. 이런 방법을 학술적으로는 문헌 분석literature analysis이라고 한다. 문헌 분석의 장점은 우리가 알고 싶어 하는 질문에 대한 전체적인 프레임워크framework, 뼈대를 확인할 수 있고, 어떤 현상들이 내포되어 있는지 파악하는 데 도움이 된다.

분석을 통해서 지식 창업자가 가진 5가지의 공통된 특징을 파악해 냈다. 공통된 특징은 지식, 커뮤니케이션 스킬, 프로모션 능력, IT 스킬, 기업가 정신이었다.

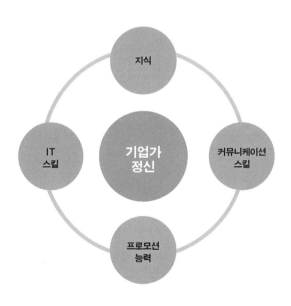

성공적인 지식 창업자의 5가지 특성

경험하고, 수집하고, 정리하라

지식 창업자의 특징 중 핵심은 당연하게도 지식이다. 지식 창업자가 가진 지식과 경험은 모든 사업을 추진하는 데 가장 기본적인 자원이 된다. 성공을 위해 반드시 필요한 요소다. 이것은 다른 누군가가 대신해줄 수 없다.

지식은 기본적으로 내가 보유하고 있는 데이터와 습득한 정보를 바탕으로 경험이라는 소중한 과정 속에서 만들어진다. 따라서 "내가 가진 지식은 무엇인가?"에 대한 답은 내가 보유한 데이터는 무엇이 있는지, 내가 습득해온 정보는 어떤 것인지, 그리고 어떤 경험을 가지고 있는지에 대한 답을 찾아가는 과정에 있다.

첫 번째, 내가 보유한 데이터는 무엇일까?

데이터의 종류는 상당히 다양하다. 누군가는 자신이 지금까지 만난 사람들에게 받은 명함이나 전화번호일 수도 있고, 어떤 이에게는 웹사이트에서 얻은 자료들일 수 있다. 하드디스크 한가득 들어 있는 게임이나 동영상도 데이터가 된다. 요즈음에는 웹을 통해 엄청난 양의 데이터^{big data}를 얻을 수 있기 때문에 데이터를 따로 보관하지 않고 그냥 검색하거나 발굴해낸다^{search and dig}. 데이터는 어떤 의도^{intention}

로 사용하느냐에 따라 정보가 되기도 하고 지식이 되기도 하기 때문에 내가 보유한 데이터의 양이 많고 적음에 따라 지식의 질이 결정되지는 않는다. 지식 창업자들에게 데이터는 지식을 만들어내는 중요한 원천이다. 그들은 자신들이 활용할 지식 혹은 아이디어를 위해 필요로 한 데이터를 끊임없이 수집한다. 또한 그들은 메모memo를 생활화한다. 오프라인으로 자료를 수집하고, 온라인에서 다양한 도구를 활용해 글과 내용을 수집하고 정리한다. 메모는 별것 아닌 듯해도 인생에서 매우 중요한 기능을 한다. 메모는 디테일을 살려주고 번뜩이는 아이디어를 잊지 않게 해준다. 이런 것들이 습득한 정보를 지식화하는 데 단초 역할을 해낸다.

두 번째, 내가 습득해온 정보는 어떤 것인가?

데이터는 특별한 순서나 내용 없이 그냥 자료이거나 숫자인 경우가 많다. 그러나 정보는 특정한 내용을 담고 있다. 일반적으로 지식에 사용되는 것은 정보다. 대부분 지식 창업자의 학업적 성취가 정보 자산의 기본이 된다. 예를 들면 대학교의 전공, 대학원에서 MBA, 석사, 박사 학위를 취득하며, 그 과정에서 얻은 학술적 정보를 자신의 정보 자산으로 활용한다. 즉 학교에서 습득한 정보를 바탕으로 지식화를 진행시킨다.

또한 독특한 학업적 성취는 자신의 지식을 폭넓게 하는 바탕이 되기도 한다. 미국에서 대학을 졸업하고, 일본에서 석사학위를 취득하고, 중국에서 박사학위를 취득한 경우에는 학업적 성취뿐만 아니라 세 개의 국가에서 얻은 문화적 경험과 정보가 지식화에 더 크게 작용한다. 다양한 문화와 다양한 사람들을 만나온 경험은 다른 사람들이 쉽게 분간해내기 어려운 정보 간의 융합을 일으킨다. 그 정보들을 지식 창업자들은 자신들의 새로운 지식 서비스로 구현해내는 것이다.

세 번째, 어떤 경험을 가지고 있는가?

학업적 성취가 큰 사람, 예를 들면 박사학위를 마친 사람이라면 한국의 경우 평균 4년의 대학 경험, 2년의 석사과정, 4년의 박사과정을 경험했으니, 10년 이상 공부와 연관된 경험을 갖는다. 미국의 경우 박사과정은 대부분 전문가로서 성장하는 과정으로 실무적 경험도 같이 축적되는 경우가 많다. 하지만 대부분의 지식 창업자들은 기본적으로 직장을 통해서 경험을 확보한다. 오랜 기간 동일한 직종에서 다양한 사람을 만나고 그 과정에서 어렵고 힘든 문제를 해결해가는 경험은 오직 자신이 직접 겪은 직업적 환경에서만 가능하다. 또한 일부 지식 창업자들은 개인들이 쉽게 경험하기 힘든 특별한 경험을 보유하고 있다. 글로벌 기업의 인수합병M&A이나 대규모 투자에 참여했던 경험, 주식투자로 다양한 투자수익을 확보했거나 실패했던 경험, 대통령과 함께 일할 만큼 고위직으로 참여했던 경험도 쉽게 해볼 수 없는 특별한 경험이다. 그뿐만 아니라, 일부는 오직 인터넷에서 활동한 경험만을 보유한 경우도 있다. 매우 흥미진진한 사례인데, 온라인에서 경력을 쌓아간다는 건 어찌 보면 디지털 시대이기에 너무나도 자연스러울 수 있지만, 한편으로는 이해가 안 될 수 있다. 그러나 오프라인에서 사람들을 만나고 문제를 해결하고, 과업을 수행하는 것만 경험이라고 할 수 없다. 온라인에서도 다양한 사람들과 다양한 과업을 실시간으로 수행하기 때문이다.

| 커뮤니케이션 스킬 |
어떻게 설득해야 하는가

전문가에게 자신을 알릴 수 있는 효과적인 스킬은 '지식을 드러내는' 활동이다. 일본의 세계적인 지식 이론가 노나카 이쿠지로野中 郁次郎 교수는 지식화의 과정을 '암묵지暗默知, tacit knowledge를 형식지形式知, explicit knowledge로 만들어내는 과정'이라고 정의했다. 형식지란 눈으로 보이는 형태라는 뜻으로, 단순히 머릿속에 있는 지식을 누군가가 이해하고 또 다른 학습을 할 수 있는 형태로 전달이 가능하다는 것을 의미한다.

지식이 형식지로 전달되는 과정이 커뮤니케이션이다. 따라서 성공한 지식 창업자들은 효과적인 커뮤니케이션 스킬을 보유하고 있다. 온라인이나 오프라인의 어떤 세상에서나 지식을 전달하는 방법은 글writing, 말speaking, 그림picture과 춤dance과 같은 방법이 있다. 그림의 형태나 춤과 같은 예술적 방법을 통해서 커뮤니케이션이 가능할 수는 있으나, 이러한 과정을 통해서 지식을 전달하는 것은 일반적으로 효과적이지 않다. 그중 텍스트로 되어 있는 '글'과 음성을 기반으로 하는 '말'은 다양한 커뮤니케이션을 수행하는 데 효율적이기 때문에 유능한 지식 창업자는 이 두 가지 스킬을 잘 활용한다.

글쓰기는 지식 창업자에게 필수 불가결한 스킬이다. 인류의 지적 유산은 대부분 '글'이라는 방식으로 전달되어왔다. '글'의 생명력은 놀라울 정도로 길다. 성경은 대략 2,000년 전에 만들어진 글로 현 세대까지 영향을 미친다. 더욱 놀라운 건 단순히 필사본으로 전달되던 '글'들이 인쇄 혁명을 만나면서 폭발적으로 확산되었다는 점이다. 서양에서 만들어진 요하네스 구텐베르크^{Johannes Gutenberg}의 성경 인쇄본은 종교개혁을 일으킨 원동력이 되기도 했다. 1450년 구텐베르크의 금속활자는 성경을 인쇄하는 데 6개월 만에 180여 권의 성경책을 만들 정도로 획기적인 혁명이었다. 그러자 성경은 전 세계적으로 엄청나게 보급되었다. 라틴어, 독일어, 프랑스어, 영어 등 성경들이 번역되기 시작됐고 누구든지 쉽게 책을 접할 수 있게 되었다. 글로 만들어진 성경은 인쇄술의 발달로 엄청난 확산을 가져왔고, 그 글들은 서양 문화를 만드는 근간이 되었다. 인터넷 혁명 이후 온라인 세계의 대부분은 글로 이루어져 있다. 글로 만들어진 정보들은 온라인 세계를 뒤덮었다. 이런 환경에서 글을 잘 쓰는 것은 지식을 전달하는 사람에게는 가장 강력한 도구다. 대부분의 지식 창업자들은 글을 쓴다. 인터넷 블로그, 기사나 사설의 형태로, 논문과 책으로 그들의 지식을 남기고 엮어서 출판한다. 끊임없이 그들의 영향력을 필요로 하는 사람들에게 전달하려고 노력한다.

지식 창업자들은 효과적인 커뮤니케이션을 위해 말하기 스킬을 높이는 데 많은 노력을 경주하고 있다. 21세기는 멀티미디어 시대다. 다양한 종류의 미디어가 발달했고, 끊임없이 영상물들이 만들어져 나온다. 최근에는 전통적인 라디오, 공중파 중심의 텔레비전 방송사에서 IPTV internet protocol TV, 인터넷 방송, 유튜브와 같은 동영상 기반 방송 시스템 그리고 케이블 방송까지, 과거에는 감히 상상할 수 없던 채널을 통해서 영상물들이 만들어지고 유통되고 있다. 모든 미디어 매체의 기본은 말하기에서 시작된다. 어떻게 자신의 생각과 의견을 전달할 수 있느냐에서부터 위트 넘치고 재기발랄한 말솜씨 그리고 예능감까지 이 모든 것이 지식 창업자에게는 경쟁력이 된다. 성공적인 지식 창업자들은 기본적으로 이러한 미디어의 속성을 잘 이해하고 있다. 따라서 말하기에 대한 투자를 아끼지 않는다. 적극적으로 토론과 강연에 나서며, 전문적인 훈련을 이수하고 교육받는다.

| 프로모션 능력 |
어떻게 존재를 알려야 하는가

성공적인 지식 창업자들의 공통점에는 효과적인 프로모션 전략들이 존재한다. 그들은 자신들의 서비스 혹은 상품을 미디어를 통해 프로모션을 복합적으로 전개한다. 온라인과 오프라인이 융합하는 O2O^online to offline 시대에 걸맞은 프로모션 능력이 요구된다. 지식 창업자들에게 프로모션^promotion 이란 '설득'이다. 프로모션의 사전적 의미는 마케팅 커뮤니케이션의 일환으로 기업의 제품이나 서비스를 고객들이 구매하도록 유도할 목적으로 해당 제품이나 서비스의 성능에 대해서 고객을 대상으로 정보를 제공하거나 설득해 판매가 늘어나도록 유도하는 마케팅 노력의 일체를 말한다.* 구체적으로는 광고, 인적 판매, 판촉, 홍보, 세일즈 프로모션 등이 있다. 하나하나의 계획을 흩어지게 하는 것이 아니라 일관성을 가진 프로모션 믹스가 필요하다. 프로모션 능력은 지식을 유통하는 데 중요한 플러스 요인이 된다.

한편 효과적인 프로모션은 지식 창업자에 대한 브랜드 충성도를 높여준다. 막연한 의미의 구매 촉진이 아니라 이미 브랜드를 체험한 소비자가 그 브랜드의 팬이 되게 하기 위해 관계를 형성시키고 나아가 구매로 연결시키는 것이 프로모션의 중요한 역할이다. 지식 창업자들은 지식과 정보를 유통하면서 적극적으로 프로모션함으로써 높은 가격으로 지식과 정보를 판매하고 고객에게 피드백 받는 선순환 관계를 유지할 수 있다. 그런 이유로 그들은 적극적으로 프로모션 능력을 키우고 발전시킨다.

---

* https://ko.wikipedia.org/wiki/판촉

첫 번째, 대중과의 접촉을 넓힐 수 있는 전통적이며 신뢰 가는 방법은 광고 프로모션으로 방송, 신문, 잡지의 활용이다. 우리 시대에는 많은 미디어가 존재한다. 그중 전국적인 인지도를 가지고 있는 매체는 〈조선일보〉, 〈중앙일보〉, 〈동아일보〉, 〈경향신문〉, 〈한겨레〉 등 중앙 일간지와 〈이데일리〉, 〈오마이뉴스〉 등과 같은 인터넷 매체로 대략 100여 개에 이른다. 2014년 신문협회에 따르면, 한국의 정기간행물은 1만 6,042종이 있고, 그중에 인터넷 신문만 4,916종에 달한다. 이렇게 많은 인터넷 미디어가 있음에도 기사나 사설 등을 활용하는 사람은 많지 않다. 지식 창업자들은 방송, 신문, 잡지에 적극적으로 참여한다. 〈뉴욕 타임스〉, NBC 등에서 지역 케이블 방송까지 미디어에 적극적으로 참여하고 제품을 알려낸다. 이런 활동은 지식 창업자의 경력에 긍정적 영향을 주게 된다. 미디어 노출 경력, 신문 및 잡지 기고한 경력은 객관성을 높여주고 신뢰성을 강화시켜 주는 가장 좋은 방법이 된다.

두 번째, 온라인 프로모션을 극대화하기 위해 블로그 혹은 페이스북과 트위터와 같은 소셜 네트워크를 활용한다. 지식 창업자들은 기본적으로 다양한 지식을 빠르게 전달하고 다양한 사람들의 공감을 얻어낸다. 네트워크의 영향력과 파급력을 잘 이해하며, 네트워크상에서 자신과 유사한 관심을 가지고 있는 사람과 집단에 대해 적극적인 프로모션 활동을 전개한다. 이를 위해서 기본적으로 보유한 전문성과 지식이 어떤 종류인지를 정확하게 게시하고 의견을 피력한다.

즉 블로그를 기반으로 한 웹사이트 구축은 필수적이고, 페이스북과 인스타그램과 같은 소셜 네트워크를 활용해 관심 있는 사용자 혹은 고객과의 상호작용을 높이는 활동에 적극적이다.

또한 적극적으로 온라인 미디어와 소셜 네트워크를 통한 광고를 게재하거나 제공한다. 성공한 지식 창업자들은 유튜브나 구글을 비롯한 소셜 네트워크에 적극적인 광고를 게재함으로써 자신들의 지식 채널을 확보하고자 노력한다.

| IT 스킬 |
미래에 대처하는 최소한의 방법

1990년대 초반에 시작된 인터넷은 우리의 삶을 송두리째 바꾸어놓았다. 그전까지만 해도 컴퓨터는 게임을 하거나 업무용 워드, 스프레드시트와 같은 몇 가지 소프트웨어를 사용하는 도구였으나, 인터넷으로 인해 컴퓨터는 전자기기에서 정보기술의 중심축이 되었다. 즉 인터넷은 정보를 다루는 모든 기술의 촉매제가 되었다.

지식 창업자가 되기 위한 선결조건은 IT에 대한 충분한 이해다. 특히 기술적인 이해력이 뒷받침되어야 한다. 그렇지 않으면 자신이 가진 지식을 활용하지도 홍보하지도 못하며, 대중과 커뮤니케이션을 하는 데 어려움을 겪을 수밖에 없다. 대부분의 지식 창업자들은 IT

에 대한 자신만의 관점을 가지고 있다. 그들에게 IT는 단순한 도구나 환경을 뛰어넘어 자신들이 함께 발전시켜야 할 공간으로 이해한다. 대표적인 기술적인 흐름으로서 웹, O2O, 빅데이터, 사물인터넷 등에 대한 준비와 이해력이 경쟁력의 바탕이다.

인터넷이라고 말하는 공간은 실체가 명확한 곳이 아닌 가상의 네트워크에 불과하다. 우리는 알게 모르게 인터넷이라는 가상공간에서 웹, 앱, 게임 등으로 연결되어 있다. 웹은 가장 보편적으로, 다양한 아이디어의 원천이 되는 곳이다. 초창기 지식 창업자들은 웹사이트를 개발하고 운영하는 기술을 습득했던 경험이 있거나, 웹사이트 교육을 전문적으로 받았던 사람들이다. 또한 다양한 웹사이트에서 정보를 취득하고 참여한 경험을 많이 보유하고 있다. 대부분 북마크bookmark를 통해 100여 개 이상의 웹사이트에서 지식을 습득하고, 개별 사이트에 대해 분석할 줄 안다. 대상 사이트의 강점, 약점, 콘텐츠의 우수성, 운영자의 역량, 사이트 전략에 대한 것에 더해 어떤 웹사이트 기술을 활용했는지도 이해하고 있다.

두 번째, O2O 전략을 잘 이해하고 적극적으로 추진한다. 온라인과 오프라인의 경계를 허물고 쇼핑, 학습, 취미 생활 등 다양한 영역에서 적재적소의 서비스를 제공한다. 1세대 지식 창업자가 오프라인에 있던 지식을 활용해서 온라인으로 확대했다면, 2세대는 온라인을 중심으로 지식을 활용했고, 지금의 3세대는 온라인에서 오프라인으로 지식을 활용하고, 유통하는 방식으로 진화하고 있다.

세 번째, 빅데이터 시대는 지식 창업자에게 지식의 유통과 생성을 폭발적으로 증대해줄 기회를 제공하고 있다. 구글에서 하루에 검색되는 데이터는 수조 테라바이트^{TB} 규모에 이른다. 매출액 1조 정도의 제조회사에서 생성되는 하루 데이터가 1테라바이트(=1,000GB) 정도 된다. 감이 잡히지 않겠지만, 내가 쓰는 한 달 핸드폰의 LTE 데이터가 5기가바이트인 걸 생각해보면 엄청난 규모다.

하지만 빅데이터는 기본적으로 데이터일 뿐이다. 이것은 엄밀히 말해 숫자이거나 문자에 불과하다. 하지만 지식을 창출하고 활용하는 지식 창업자들은 데이터를 지식으로 전환할 수 있는 역량을 확보하기 위해 노력한다. 또한 어떻게 분석하고 활용할 수 있는지 기술을 알기 위해서 전문가들을 찾아다닌다. 그리고 학습하고 사업에 적용한다.

O2O 환경과 빅데이터는 궁극적으로 사물인터넷 환경에서 더 큰 힘을 발휘하게 된다. 사물인터넷은 쉽게 말하면 모든 사물이 데이터를 생산하는 환경이다. 즉 내가 원하는 지식을 위한 정보와 데이터를 모든 사물들에서 만들 수 있는 것이다. 지금까지는 특정한 영역에서 디지털화된 데이터를 획득하는 게 전부였다. 내가 다니던 거리에서 CCTV를 통해 사람들의 움직임만 데이터로 축적이 가능했던 게 기존의 환경이었다면, 앞으로 사물인터넷 환경에서는 내가 밟고 있는 보도블록, 가로등, 빌딩의 문, 계단이 스스로 다양한 데이터를 축적해낼 수 있다. 이를 통해서 최적의 도로 환경을 만들 수도 있고,

범죄의 식별과 위험 방지, 전기를 생산할 수도 있다. 즉 내 지식 서비스를 위한 데이터를 어디서든 확보하는 게 가능한 시대가 된 것이다. 사물인터넷과 빅데이터가 가능한 세상은 지식 창업자에게 그야말로 최상의 비즈니스 환경이다.

| 기업가 정신 |

가치와 비전을 설정하는 법

기업가 정신은 영어로 '엔터프리너십^{Entrepreneurship}'이라고 부른다. 일반적으로 기업은 크게 기업_{企業} 아니면 기업_{起業}이다. 기업_{企業}(발돋움 기, 일 업)은 일을 확장하고 발돋움시키는 것으로 일반적인 회사를 뜻한다. 기업_{起業}(일어날 기, 일 업)은 새로운 일을 만드는 곳이다. 기존의 일을 확장하고 기업을 운영하는 주체는 '비즈니스맨^{Businessman}'이고, 새로운 사업을 추진하고 가치를 만들어내는 주체는 '엔터프리너^{Entrepreneur}'다. 즉 기업가 정신의 핵심은 새로운 가치와 일자리를 만들어낸다는 의미가 더 합당하다고 할 수 있다. 엔터프리너는 가치 창조자라 불려야 하며 비즈니스맨인 기업가와는 다르게 구별되어야 한다. 지식 창업자는 지식^{Information ro Knowledge} 기반의 기업가^{entrepreneur}로서, 기업가 정신을 가진다는 것은 인포프래너십^{Infopreneurship}의 형태로 인포프래너^{infoprenuer}에 정신^{ship}이 기반되어야 한다. 보통 정신이라 하면 영어로 '마인드^{mind}'라고 생각하지만 영어 접미사 '-ship'의 사전적 의미는 'activity of'이다. 즉 활동을 의미한다. 따라서 지식 창업자는 기업가 정신의 기업가 마인드와 이를 바탕으로 하는 가치 창조적 활동ship을 해내야 한다. 현재 활동 중인 지식 창업자들이 보유한 기업가 정신은 기업가 마인드, 유연한 사고 그리고 가치 활동들로 구분될 수 있다.

첫 번째, 기업가 마인드는 내가 시장의 룰과 패러다임을 바꾸겠다는 '개척자 마인드'와 혁신적인 생각들로 가득한 '창의적 사고'로 구성된다. 기업가 마인드의 핵심은 새로운 시장에 새로운 사고로 접근하거나, 남들과는 다른 방법과 생각으로 시장 전체를 다시 조망할 수 있는 힘이다. 대다수 지식 창업자들은 그들이 가진 지식으로 새로운 시장을 창출한다. 게임에 대한 새로운 방식의 설명과 해설, 다양한 이슈를 재해석한 만평 그리고 쉽게 접근해서 배울 수 있는 요가나 운동 서비스들도 있다. 모바일 환경에서는 더 다양한 지식 서비스가 제공되고 있다.

두 번째, 유연한 사고를 보유하고 있다. 지식 창업자와 같은 기업가들은 계획과 전략에 능하기보다는 기회에 적응력이 높으며 유연하다. 구조화된 대기업은 계획과 전략에 능한 인재를 선호하지만 새로운 가치를 창출하는 지식 창업은 유연한 사고가 무엇보다 중요하다. 왜냐하면 지식이 유통되는 온라인 환경은 항상 유동적이며 변할 수밖에 없기 때문이다. 어떤 분야의 천재라도 미래를 완벽하게 예상하는 건 불가능하다. 따라서 중요한 것은 실수를 인정할 줄 알고, 변화된 환경에 맞게 끊임없이 대응할 줄 아는 유연한 사고다.

스타트업에서 실행 방법론으로 사용되는 '린 스타트업'에서 중요하게 적용되는 것이 '피벗'이다. 이것은 고객과의 커뮤니케이션을 통한 비즈니스 모델의 궤도 수정을 의미한다. 즉 환경에 적합하게 변경하고 대응하는 것 자체를 말한다. 린 스타트업은 짧은 시간 동안 제품을 만들고 성과를 측정한 다음, 제품 개선에 반영하는 것을 반복함으로써 성공 확률을 높인다. 방법론의 이름처럼 도요타^{Toyota} 자동차의 린 생산 방식에서 착안해서 만든 것으로 '만들기 – 측정 – 학습'의 과정을 반복하며 혁신을 해나가는 방식이다. 새로운 사업을 시작한다는 것은 기본적으로 검증되지 않은 가설에서 시작하며, 따라서 사무실 밖에서 벌어지는 모든 것을 통해서 가설을 검증해야 한다. 대부분 잘못된 가설이 존재하게 마련이고, 이때 사업을 포기하지 않고 다시 변경해서 시도하는 과정을 되풀이해야 한다. 성공적인 스타트업 기업의 대부분은 피벗 과정을 필연적으로 거치게 된다. 지식 창업자들도 그들의 사업에 있어 가설과 검증의 과정을 통해 사업의 완성도를 높여가고 있다.

세 번째, 새로운 가치 창조의 원동력인 네트워크에 대한 이해력이 높다. 앞으로의 세상은 네트워크가 새로운 가치 창출의 원천이 된다. 소셜^{social}이란 용어로 시작하는 모든 서비스는 네트워크의 사업성에서 시작된 것이다. 그래서 지식 창업자는 웹, 소셜 네트워크, 클라우드^{Cloud}, 빅데이터, 사물인터넷과 같은 기술과 서비스에 근간이 되는 네트워크 현상에 대한 이해력을 높이고 있다. 또한 다양한 영역에서 사업 파트너를 발굴해낸다. 네트워크 환경에서 '나 혼자 한다는 것'은 아무것도 안 하는 것과 같다. 즉 내가 부족한 것은 내 파트너와 함께해야 한다. 따라서 다양한 사업자와 제휴하고 다양한 서비스와 연결하는 활동을 모색해야 한다.

네 번째, 보유한 브랜드 정체성을 지속적으로 발전시킨다. 지식 창업자들은 자신의 자산인 지식을 통해 그들의 정체성을 명확하게 하는 활동을 지속적으로 한다. 새로운 사업으로서 명확한 정체성은 경쟁력의 핵심이다. 애플, 구글, 테슬라^{Tesla} 같은 글로벌 기업들은 이름만 들어도 기업의 정체성이 연상된다. 애플은 창의적 디자인과 혁신성, 테슬라는 불가능에 대한 도전, 럭셔리 등이다. 기업가는 자신이 가진 정체성을 서비스 혹은 제품을 통해 구체적으로 보여주어야 한다. 대표적인 활동이 콘텐츠의 일관성, 기업의 가치관과 철학의 공유, 개별 서비스에 의미를 부여하는 것들이다.

2 시드 머니, 어떻게 마련할 것인가?
투자 유치 방법

지식 창업자는 큰 자본이 필요 없는 경우가 많지만, 성장을 위해서 지속적인 투자가 필요하게 된다. 투자를 어떻게 유치해야 할까? 누구에게 연락해야 하나? 내가 투자를 받을 수 있을까? 이 문제들은 지식 창업 과정에서 가장 큰 고민이 되는 문제다. 창업 투자 펀드와 다양한 정보 사이트를 통해서 좋은 아이디어와 팀을 보유하고 있다면 누구나 투자를 받을 수 있다. 투자 유치는 창업 이후 기업의 성장에 따라 아래와 같은 투자 단계를 거친다.

1단계: 프리-시드 머니 Pre-seed Money

1단계에서는 창업을 준비했던 사람들이 자체적으로 자금을 동원하는 것으로 자신의 돈 혹은 주위 사람들(가족, 친구 등)을 통해 자본금 형태의 투자금으로 조달한다. 초기 자본금은 주로 자신의 아이디어나 제품을 검증하기 위한 작업에 쓰인다.

2단계: 시드 머니 Seed Money

아이디어를 발전시키다 보면 초기 자본금은 금세 바닥을 드러낸다. 1단계에서 아이디어를 검증했다면 2단계에서는 프로토타입이나 베타 버전을 출시하기 위해 필요한 자금을 조달하기 위한 투자가 필요해진다. 2단계는 주로 개인으로 활동하는 엔젤 투자자에게서 투자를 받는다.

3단계: 시리즈 Series A → B → C

시드 머니를 조성한 이후, 정식 서비스 오픈이나 제품의 양산화 등 향후 사업 성장에 필요한 발판을 마련해야 한다. 이를 위해 성장 단계별로 필요에 따라 A단계부터 C단계까지 투자를 받는다. C단계 투자는 일반적으로 최종 투자로 IPO 주식 공모 직전 단계로 실시된다. 지식 창업자들이 초기 단계에 접촉해볼 수 있는 방법으로는 엔젤 투자와 소셜 클라우드 펀딩이 있다. 최근 소셜 클라우드 펀딩 관련법의 통과로 투자 기회가 점차 많아지고 있다.

1) 엔젤 투자

엔젤 투자는 주로 개인 또는 몇 명이 조합의 형태로 돈을 모아 창업자에게 자금을 대어주고 그 대가로 주식을 받는 투자 형태를 말한다. 창업자들에게는 천사 같은 투자라고 해서 붙여진 이름이다. 엔젤 투자자는 벤처캐피탈과 달리 순수하게 자신의 돈을 가지고 투자를 하기 때문에 아무래도 자금의 규모는 작다. 하지만 단순히 투자만 하는 것이 아니라 문제가 생기면 같이 고민하고 조언도 해주며 때로는 사람을 연결해주는 역할도 수행한다. 국내의 주요 엔젤 투자 기관은 아래와 같다.

- 드림엔젤스http://idreamangels.com: 모바일, 인터넷, 헬스케어, 제조 등에 대한 투자.
- 파트너아이http://www.partneri.co.kr: S/W, 공연, 바이오, 무역, 자동차, 전기 등에 대한 투자.
- 케이컬쳐엔젤클럽http://blog.naver.com/kcultureac: 문화예술 등에 대한 투자.
- AVA 엔젤클럽: S/W, 과학, 예술, 문화 등에 대한 투자.

2) 소셜 클라우드 펀딩

소셜 클라우드 펀딩은 개인이나 스타트업 등 신생 기업이 사업 개요를 인터넷에 공개해 일반 대중들의 투자를 받는 방식을 말한다. 새로운 아이디어나 기술은 있지만 자금이 부족한 창업자가 중개 사이트를 통해 프로젝트 형태로 공개하면 일반 대중들이 금액에 상관없이 프로젝트를 선택해 투자한다. 대부분 프로젝트는 목표액과 모금기간, 투자보상 내용이 정해져 있으며, 목표액을 달성하지 못했을 경우 투자자들에게 받은 돈을 그대로 돌려주는 것을 원칙으로 한다. 클라우드 펀딩은 개인 간의 거래이기 때문에 투자자의 과도한 손실을 막기 위해 자본시장법으로 투자 한도를 정해놓고 있다. 대표적인 클라우드 펀딩 플랫폼은 아래와 같다.

- 텀블벅https://tumblbug.com: 11년 서비스 론칭 후 누적 펀딩 금액 66억.
- 굿펀딩http://goodfunding.net/gf/index
- 텐스푼http://www.tenspoon.co.kr: 게임 스타트업 후원.

3) 창업을 위한 지원 기관들

창업을 위한 다양한 정보를 제공하는 전문 사이트와 기관에서 엔젤 투자자, 벤처캐피탈 그리고 소셜 클라우드 정보를 제공하거나, 중개 역할을 하기도 하기 때문에 관심을 가질 필요가 있다.

- 데모데이 http://www.demoday.co.kr: 창업 네트워크와 창업 관련 정보 포털.

- K스타트업 https://www.k-startup.go.kr: 중소기업청과 창업진흥원에서 운영하는 정부지원 포털.

- 벤처스퀘어 http://www.venturesquare.net: 2010년 설립된 스타트업 전문 미디어 및 액셀레이터 역할 수행.

CHAPTER 4

당신이 잘 알고,
잘할 수 있는 것에
답이 있다
-지식 전략-

"지식 창업자 크리스탈 말레스키 Crystal Malesky 는 저녁 메뉴를 사업으로 연결한 케이스다. 크리스탈이 처음 시작한 일은 직업 치료사와 재활 전문가였고, 나름 성공적인 경력을 쌓았다. 하지만 네 아이의 어머니가 된 후 오랜 시간 일하는 것이 불가능해지면서 지식 창업자로서 새로운 시도를 하게 된다. 그녀는 먼저 집에서 아이를 돌보면서 할 수 있는 일을 찾기 시작했다. 그녀는 자신이 가장 열정을 가진 일이 요리라는 것을 깨닫고, 맛과 영양을 모두 담아낼 수 있는 저녁식사 레시피를 공유했다. 반응은 생각했던 것보다 훨씬 뜨거웠다."

지식 그리고 프로페셔널

프로페셔널이라는 단어는 전문직 혹은 고백을 뜻하는 '프로페션 profession'의 한 형태다.* 어원은 라틴어 '프로페시오 professio' 혹은 고대 프랑스어 '프로페스 profess'다. 뜻은 '선언하는 고백'이다. 그러니 프로 페셔널이란 전문가라기보다 고백할 수 있는 경지에 다다른 사람을 뜻한다. 중세시대에 전문직 profession은 오직 성직자나 의료인, 법률가 에게만 적용되던 단어로, 교수를 프로페서 professor라고 하는 것도 여기에서 비롯된 것이다. 지식을 고백하는 것은 누군가에게 가르치는 행위다. 프로페셔널의 어원만 봐도 자신의 분야에서 전문적인 재능을 활용하고 있는 사람이라면 누구나 프로페셔널이 될 수 있다. 그

---

* https://en.wikipedia.org/wiki/Profession

당신이 잘 알고, 잘할 수 있는 것에 답이 있다 _지식 전략

런 관점에서 볼 때 KBS에서 방영하는 '생활의 달인'에 소개되는 달인이 곧 프로페셔널이다. 자신의 분야에서 수년간 경험과 지식을 쌓고 전문성을 갖고 업무를 수행한 사람이라면 누구에게나 프로페셔널이란 수식을 가질 수 있다.

우리는 끊임없이 프로페셔널이 되길 요구받고 있다. 무한 경쟁 사회에서 평생직장이란 단어는 더 이상 존재하지 않는다. 청년의 취업도 어렵지만, 회사를 계속 다니는 것도 쉽지 않다. 공부하는 직장인, 샐러리맨과 학생의 합성어 '샐러던트^{saladent}'가 점점 늘고 있는 이유다. 샐러던트에게 가장 중요한 것은 자신의 현재 직업에 전문성을 강화하려는 노력이다. 취업포털 잡코리아가 2005년 직장인 347명을 대상으로 한 학업 실태를 설문조사한 결과, '학업과 공부를 병행한다'는 대답이 76.9%에 달했다. 4명 중 3명꼴이다. 외환위기의 불안감이 채 가시지 않던 2003년에 생긴 신조어 샐러던트는 10여 년 넘는 세월 속에서 더 확고한 트렌드로 자리 잡았다.* 신입사원 채용에서조차 전문성을 강조하는 전문성 면접을 도입하고 프로페셔널이 되길 요구한다. 대다수 대기업에서는 전문성에 집중하는 탈脫 스펙 전형을 실시하고 있으며, 프레젠테이션, 문제 해결 그리고 집단토론 등을 통해 전문성을 가진 인재를 선발하려고 노력하고 있다.

---

* http://news.joins.com/article/18296248

21세기 최고의 지식인으로 평가받는 피터 드러커는《프로페셔널의 조건The Essential Drucker》에서 그의 인생을 바꾼 7가지 경험을 프로페셔널의 조건으로 제시하고 있다. 그중 주세페 베르디Giuseppe, Verdi와의 일화는 유명하다. 드러커는 대학에 진학하라는 부모의 권유를 물리치고 면제품 회사에 견습생으로 취직했다. 그러다 우연한 기회에 베르디의 오페라를 보게 되었다. 그것은 베르디가 1893년에 작곡한 최후의 오페라 '폴스타프Falstaff'였다. 이 오페라를 베르디가 80세에 작곡했다는 사실을 알고 드러커는 놀라움을 금치 못했는데, 더욱 놀라운 건 그의 인터뷰였다. 베르디에게 기자들이 "왜 굳이 힘든 오페라 작곡을 계속하는가?"라고 묻자 그는 다음과 같이 답했다.

"음악가로서 나는 일생 동안 완벽을 추구해왔다. 완벽하게 작곡하려고 애썼지만, 하나의 작품이 완성될 때마다 늘 아쉬움이 남았다. 이 때문에 나에게는 분명 한 번 더 도전해볼 의무가 있다고 생각한다."

드러커는 베르디의 이 말이 진정한 프로페셔널의 모습을 담고 있다고 생각했다. 그래서 대학에 진학해 '마지막까지 완벽에 도전하고 싶다.'는 인생의 목표와 비전을 세웠고 실제로 그렇게 살았다.

드러커는 현대 경영학의 중요한 이론과 뼈대를 잡은 최고의 전문가였다. 그뿐만 아니라 다양한 분야에서 풍부하고 심도 깊은 지식을 가졌다. 그는 스무 살 되던 해 프랑크푸르트에서 신문기자로 일을 시작했다. 드러커는 유능한 기자라는 소리를 듣고 싶어 공부에 더욱 매진했다. 오늘날로 치면 샐러던트로 산 것이다.

"오전 여섯 시부터 일하기 시작해서 오후 두시 반에 퇴근했다. 오후 시간과 밤 시간을 이용해 공부하기 시작했다. 공부를 하면서 차츰 나만의 공부법도 개발하게 되었는데, 나는 지금도 그 방법을 이용하고 있다. 나는 3년 또는 4년마다 다른 주제를 선택한다. 그 주제는 통계학·중세역사·일본미술·경제학 등 매우 다양하다. 3년 정도 공부한다고 해서 그 분야를 완전히 터득할 수는 없겠지만, 그 분야가 어떤 것인지를 이해하는 정도는 충분히 가능하다. 그런 식으로 나는 60년 동안 3년 내지 4년마다 주제를 바꾸어 공부를 계속해오고 있다."

드러커는 이러한 노력 끝에 상당한 지식뿐만 아니라 새로운 주제와 시각 그리고 방법에 대해 개방적인 자세를 얻을 수 있었다고 고백하고 있다. 드러커는 프로페셔널이 된다는 건 자신만의 지식을 축적해나가는 지식인이 되어야 한다는 것임을 자신의 경험을 통해서 말하고 있다.

지식은 내가 가지고 있는 데이터와 습득한 정보를 바탕으로 경험이라는 과정을 통해 축적하고 창출해나가는 것이다. 여기서 데이터와 정보란 일반적인 사람이라면 누구든지 가질 수 있는 교육과 학습 또는 직업을 통해 만들어진 결과물이다. 다만 성공한 지식 창업자들이 보통 사람과 다른 점이 있다면 이런 데이터와 정보를 지식화하여 활용할 것인가에 집중하고 노력한다는 점이다.

우리는 현 시대를 정의함에 있어 지식기반사회라는 용어를 많이 쓴다. 지식기반사회는 지식이라는 생산요소가 경제적 성장과 발전을 결정하게 되는 사회, 즉 지식자본이 부의 결정적인 요인이자 비교우위인 사회로 정의할 수 있다. 지식기반사회로의 이행을 위해서는 현재의 기술이나 사고 체계를 넘어 오랜 시간 꾸준한 노력이 필요하다. 이와 더불어 기본적으로는 전문적인 지식이 바탕이 되어야 한다. 지식과 정보의 창출, 확산, 활용이 모든 경제활동의 핵심이 될 뿐만 아니라 국가의 부가가치를 만들어내고, 기업 경쟁력의 원천이 된다. 이를 개인에게 적용해본다면, 현대 사회에서 부를 창출할 수 있는 원천은 개인의 지식이며, 중요 자산이자 자원이 된다.

일반적으로 지식의 사전적 의미는 사물에 대한 명료한 의식과 그것에 대한 판단이다. 물론 달리 해석될 수도 있겠지만, 일반적인 범주 내에서 데이터와 정보를 기반으로 형성된다. 데이터가 단순한 사실의 나열이라면 정보는 관찰과 측정을 통해 얻어진 패턴이며, 지식은 이를 바탕으로 스스로 판단하여 유용한 가치를 만들어내는 것이다. 또한 지식은 이를 행동에 옮겨져 실행이 될 때 그 의미를 가진다.

개인이 가질 수 있는 지식은 내용에 따라 크게 세 가지로 분류할 수 있다. 첫째, 인간이 인식할 수 있는 실체는 '사물지'로 감각이나 느낌을 통해 인지하는 것, 즉 눈에 보이고 먹으면 맛있다고 느껴지는 음식 같은 것을 말한다. 둘째는 사물의 특성이나 상태에 대한 서술적 명제를 알고 있는 '사실지'다. 예를 들어 '지구는 태양을 공전한다'와 같이 사물의 이면에 담긴 규칙과 원리를 아는 것이다. 마지막으로 인간의 욕구 혹은 문제를 해결할 수 있는 방법을 알고 있는 '방법지'로 사진을 찍는 방법을 알고 있거나, 병을 치료하는 방법을 알고 있는 것을 말한다. 우리는 우리가 가진 방법지가 무엇이냐에 따라 그리고 어떻게 활용하느냐에 따라 직업이 달라지기도 하고, 수많은 경제적 부가가치를 창출할 수도 있게 된다.

다만 방법지를 알고 있는 것만으로는 부족하다. 요즘 시대에는 세계 최고의 정보를 언제 어디서든 손쉽게 취득할 수 있는, 말 그대로 지식과 정보가 넘쳐나는 사회에 살고 있다. 인터넷이라는 공간은 무궁무진한 정보를 가진 보고이며 몇 번의 클릭만으로도 과거에는 상상도 못했을 정도의 지식과 정보를 한 번에 가져올 수 있다. 이제는 누가 더 많은 지식을 가지고 있는지, 고급 정보를 얼마나 빨리 찾을 수 있는지는 더 이상 중요하지 않다. 더 이상 지식 자체가 성공과 실패를 결정하는 요인이 아니라는 것이다. 누구나 원하는 만큼 쉽게 할 수 있다면 더 이상 방대한 지식을 보유하고 있는 것이 무슨 의미가 있단 말인가? 관건은 바로 지식을 통해 다른 이들과 적절히 공유하고 소통하는 것이다. 방대한 양의 지식 속에서 자신이 식별할 수 있는 언어로 바꾸어 다른 사람과 나누고 그 안에서 새로운 의미를 찾아내는 것이다. 지식은 다양한 방법을 통해 얻을 수 있지만 이를 소통하고 공유하는 것이 더 중요하다.

2012년 1만 5,000개에 이르는 세금코드를 분석해 중소기업들의 소득세를 체계적으로 계산해주는 젠페이롤ZenPayroll을 창업한 조슈아 리브스Joshua Reeves. 그는 대학 졸업 후 2년 만에 창업해 드롭박스Dropbox 로부터 투자 받는 등, 현재 수백만 달러를 벌어들이고 있다. 그는 그 자신이 성공할 수 있었던 배경에 전기공학을 전공하면서 경험했던 복잡한 문제를 체계적으로 해결하는 공학적 사고가 있었다고 말한 다. 문제 해결 방법이라는 방법지를 통해 사업에 성공한 케이스다.

한때 유행처럼 번졌던 지식경영 역시 직원들의 머릿속에 있는 다 양한 지식을 데이터베이스화해 관리하고 필요한 상황에 방법지를 사업에 적절히 활용함으로써 기업을 한 단계 끌어올렸다. 그 성공 사례는 이미 GM이나 마이크로소프트 그리고 스웨덴의 글로벌 금융 그룹 스칸디아Scandia 등 수많은 기업들을 통해 알려져 있다.

성공한 지식 창업자 대부분은 새로운 사업 아이디어를 만들고 이 를 현실화하는 부분에서 자신이 가진 지식을 결정적인 무기로 활용 했다. 지식 창업자들에게 지식은 독점적이며, 공유 가능하고, 다른 사람의 욕망을 충족시켜주는 것이라야 한다.

독점적일 것, 그러나 공유할 수 있을 것

독점적 지식이란 자신만이 알고 있는 전문적인 지식을 의미한다. 세상에 차고 넘치는 수많은 정보의 조합으로 이루어진 지식이나 정보가 아닌 자신이 스스로 체화한 내용들이 모여 만들어진 온전히 자신만의 지식이어야 한다. 즉 독점적 지식이란 학교를 다니든, 직장에서 일을 하든, 또는 취미 생활에 열중하든 함께한 시간만큼 축적되고 내제화된 자신만의 지식을 의미한다. 이는 데이터 형태일 수도 있고, 습득한 정보의 형태일 수도 있고, 전문가 경지의 경험일 수도 있다. 중요한 것은 다른 사람들과는 다른 나만이 가지고 있는 지식과 노하우여야 한다는 것이다.

지식은 공유 가능해야만 지식으로서 가치를 가지게 된다. 지식을 통해서 조직되고 운영되는 지식기반사회에서 지식의 양보다 중요한 것이 공유와 소통이다. 물론 공유 대상에 대한 수요자, 즉 해당 지식을 공유받기 원하는 대중이 있어야 한다. 수요자가 많다면 좋겠지만 꼭 많을 필요는 없다. 꼭 필요한 사람에게 필요한 정보를 제공할 수 있는 지식이면 된다. 여기에 한 가지 추가하자면, 디지털 형태로 포장하여 판매할 수 있는 지식이라면, 이미 지식 창업자로서 반쯤 성공한 것이다.

연 수익 3만 달러 이상을 벌어들이는 지식 창업자 루안 셴버거 Louann Shenberger는 자신만의 독점적 지식으로 성공적인 사업을 이어가고 있다.* 창업 이전에 그녀는 능력 있는 플로리스트로서 플라워 숍의 운영을 책임지며 모든 웨딩 데커레이션을 전담하고 있었다. 하지만 온몸에 통증이 발생하는 만성질환인 섬유근육통^{fibromyalgia} 진단을 받으면서 더 이상 플로리스트로서 일을 할 수 없게 되었다. 은퇴 후 여가를 보낼 수 있을 만큼 금전적으로 자유롭지 못한 상황이었다. 당신이 이 상황에 놓였다면 어떻게 하겠는가? 어떻게든 현재 위치를 고수하기 위해 자신을 학대하거나 신체를 사용하지 않는 새로운 일을 찾아나가거나, 이도저도 아니라면 자포자기할 수도 있을 것이다. 하지만 루안은 자신의 지식을 활용한 새로운 시도를 하게 된다. 1994년부터 15년 동안 일을 해왔던 플라워 숍 수석 웨딩 디자이너직을 과감하게 사임한다. 그리고 새로운 시작을 위해 자신이 가지고 있는 지식을 바탕으로 틈새 시장을 공략하기로 한다.

그녀는 웨딩 데커레이션 방법과 플라워 숍을 상대로 한 도매상인들에 대한 데이터와 정보를 가지고 있었다. 여기에 수년간 결혼식 현장에서 경험한 것들, 예를 들면 하객들은 어떤 색상의 꽃을, 어떤 배열을 선호하는지, 결혼식 장소에 따른 테이블 장식 구성은 어떻게 해야 하는지 등, 결혼을 앞둔 예비 신부가 가장 필요로 하는 정보들을 그녀는 이미 가지고 있었다. 여기에 플라워 숍을 직접 관리해본 경험을 바탕으로 어느 계절에 어떤 꽃이 저렴하고, 웨딩 데커레이션은 결혼식 준비 기간 중에 언제 준비해야 하는지 등 많은 데이터를 가지고 있었다.

---

* http://decormedley.com/home-decor-interview-louann-shenberger.html

루안은 그녀만의 노하우와 지식을 바탕으로 2007년 웨딩 장식과 꽃에 대한 교육 사이트를 오픈했다. 그리고 예전에 거래했던 도매업체의 도움을 받아 웨딩 데커레이션을 위한 400여 개의 아이템들을 도매가격에 구매할 수 있는 인터넷 스토어 사업도 같이 시작했다. 현재 그녀의 웹사이트는 하루 평균 2만 명이 다녀가며, 연간 800만 페이지 뷰가 발생하는 인기 사이트로 성장했다. 한 해 벌어들이는 수입도 그녀가 플라워 숍을 관리하던 시기에 받았던 것에 비해 2배 가까이 증가했다.

루안은 플로리스트를 위한 학교를 졸업하지는 않았지만, 우연한 기회에 플로워 숍의 직원 모집 광고를 보고 플로리스트 일을 시작하

루안의 웹사이트 *

---

* http://www.wedding-flowers-and-reception-ideas.com/

게 된 케이스다. 그녀는 단지 생계를 위해 일을 시작했지만, 꽃을 가지고 작업하는 데 흥미를 느끼게 되면서 독학으로 플라워 디자인 전문가가 되었다. 이후 플라워 숍 관리자이자 헤드 디자이너로서 자신만의 노하우와 경험을 쌓았다.

루안의 사례는 직업을 통해 얻은 지식을 바탕으로 웨딩 데커레이션이라는 틈새 시장을 찾아 성공한 지식 창업자의 전형을 보여준다. 15년 동안 플라워 숍에서 근무했던 루안은 플로리스트로서 자신만의 노하우와 경험을 지식으로 체계화했으며, 웨딩 꽃, 케이크, 장식에 대한 아이디어와 자습서, 주문 및 구매 안내 등을 웹사이트를 통해 비즈니스화했다. 플라워 숍을 통해 얻게 된 경험이 루안만이 가진 독점적 지식이 된 것이다.

내가 꼭 알아야 하는, 또는 알고 싶어 하는 정보를 누군가 작은 쪽지에 적어서 준다면 이보다 기쁜 일은 없다. 이것이 어떠한 대가를 지불하고서라도 얻고 싶은 정보라면, 그리고 그것을 사려고 돈을 내는 사람들이 존재한다면, 지식 창업자는 지식을 활용해서 성공의 길로 들어설 수 있다.

타인의 욕망을 읽어주는 지식

인간은 누구나 표현의 욕구가 있다. 태어나서 무언가 잡을 수 있는 나이가 되면 연필을 쥐고 낙서를 한다. 그리고 빈 공간을 보면 무엇인가를 그리거나 쓰는 행위로 채우고 싶어진다. 문자가 발명되기 이전에 인류는 동굴의 벽에 그들 나름대로 생각이나 생활을 그림으로 남겼으며, 문자가 발명된 후에는 셀 수 없이 많은 이들이 자신의 생각을 쓰고 책의 형태로 후손에게 전달해왔다.

이러한 글쓰기는 인간의 욕망을 표출하는 자연스러운 행위이다. 그러나 이 행위를 통해 다른 사람들과 공감할 수 있다면, 이는 단지 욕구에 의해 표출된 낙서가 아니라 소통의 매개이자, 동시에 예술이 된다. 과거에는 손으로 쓰거나 활자를 만들어 인쇄해 자신의 글을 남겼다면, 오늘날은 컴퓨터만 켜면 언제든 글을 쓸 수 있고 이를 인터넷이라는 사이버 공간에 언제 어디서든 게시하고 대중과 공유할 수도 있다. 특히 블로그나 페이스북, 트위터 등 소셜 네트워크를 통한 타인과의 소통이 활성화되면서, 글쓰기를 통한 자기 표현에 대한 욕구가 점점 커지고 있다.

하지만 일반인들이 글을 통해 삶을 영위하는 작가들처럼 전문적이거나 또는 예술적인 글을 쓰는 것은 쉽지 않다. 자신의 블로그나 트위터에 글을 게시하건, 직장에서 보고서를 쓰건, 인생의 경험담을 책으로 쓰건 남에게 보여주기 위한 글쓰기는 어려운 일이다. 특히 소셜 네트워크의 발달과 함께 소통을 위한 글쓰기의 중요성이 커지면서 글쓰기 열풍이 불고 있다. 2015년에 출간된 글쓰기 관련 도서만 200여 권 달하며, 글쓰기 관련 서적 판매량이 전년 대비 19% 증가한 것만 봐도 이 현상을 피부로 느낄 수 있다. 소설가, 평론가, 교수 할 것 없이 다양한 사람들이 글쓰기에 대한 성찰에서부터 구체적으로 도움을 주는 글쓰기 강좌에 이르기까지 다양한 책을 출간했으며 시장에서 인기를 끌고 있다.

강좌 역시 예외는 아니다. 어느 대학교에서는 취업 준비생들을 대상으로 학과 수업 외에 글쓰기 클리닉을 운영할 정도다. 글쓰기가 선택이 아닌 생존이라는 트렌드를 반영한 것이다. 이 대학 관계자에 따르면, 처음 글쓰기에 대한 개념조차 잡지 못했던 학생들이 클리닉을 통해 스스로 만족할 만큼 개선됐다고 말한다. 이 밖에도 평생학습관이나 문화센터를 중심으로 일반인을 대상으로 한 글쓰기 강좌역시 늘어가는 추세다. 평생 글 한번 제대로 써본 적 없지만, 강좌를 통해 새롭게 자신 인생을 반추하거나 생각을 정리하는 방법부터 배워나가고 있다고 한다.

인간이 가진 기본적인 표현의 욕구와 폭발적으로 증가하는 소셜네트워크 시대의 글쓰기 열풍은 지식 창업을 준비하는 이에게는 기회가 된다. 적지 않은 지식 창업자들이 업무 경력과 학업 수행 과정에서 쌓은 경험을 바탕으로 사람들에게 글쓰기 관련 지식을 서비스하고 있다.

베스트셀러 작가 호프 클라크Hope Clark는 지난 십 년간 〈다이제스트Digest〉 지에서 선정한 '작가들을 위한 웹사이트 101'에 선정된 웹사이트의 운영자이다 그녀는 'FundsforWriters.com'의 창업자이자, 인기 미스터리 소설 '캐럴라이나 슬레이드 미스터리^{Carolina Slade Mystery}' 시리즈의 저자이기도 하다. 또한 그녀는 매주 4만 명 이상의 아마추어 작가들을 위해 다양한 팁과 소식을 전달하는 뉴스레터를 작성하고 있으며, 미스터리 작가 협회, 미국 남동부 작가협회 등에서 활발하게 활동하고 있다.

호프 클라크는 작가로 그리고 FundsforWriters.com의 창업가로 변모하기 이전에 주로 농업 관련 일을 해왔다. 그녀의 할아버지는 미시시피의 면화를 재배하는 농부였으며, 그녀 자신은 클램슨 대학교^{Clemson university}에서 농업을 전공한 후 25년간 지방 농무부의 관리이

호프 클라크의 웹사이트*

---

* http://www.fundsforwriters.com/

사로서 예산, 대출금, 보조금 등 관리 업무를 수행했다. 하지만 그녀의 안정적인 생활은 조기 퇴직을 당하며 새로운 환경과 대면하게 된다. 그녀를 기다리는 것은 60% 이상 줄어든 수익과 잔디를 가꾸거나 주변의 호수를 거닐 수 있는 많은 시간뿐이었다. 그나마 다행인 것은 그녀의 남편이 30년 베테랑 연방요원이라는 것과 그녀가 글쓰기에 관심이 많고, 재능도 있었다는 점이다.

그녀는 농무부에서 일하던 시절, 남편이 조사했던 뇌물 수수 사건을 바탕으로 《로우컨트리의 뇌물Lowcountry bribe》이라는 미스터리 소설을 2012년에 출간했다. 이 책의 주인공은 '캐럴라이나 슬레이드라'라는 이름의 로우컨트리 대출 담당 공무원으로 상사의 뇌물 스캔들을 알리며 위협을 받게 되고 동료가 죽으면서 발생하는 미스터리한 사건을 해결하는 역할을 담당한다. 그녀는 자신과 남편이 농무부의 공무원으로서 그리고 연방요원으로 활동했던 경험을 바탕으로 전문적이면서 현실성 있는 멋진 소설을 완성했다. 결국 그녀는 이 소설로 알프레드 히치콕Alfred Hitchcock의 '레베카Rebecca'와 '새The Birds'의 원작자로 유명한 영국의 극작가 다프네 듀 모리에Daphne Du Maurier를 기념하기 위한 어워드에서 최종 후보에 선정되기도 했으며, 앨라배마 작가 협회 콘클라베 대회 3위, 미국 로맨스 소설협회 후원 대회 미스터리 부문 우수상을 수상했다. 이를 계기로 호프 클라크는 캐럴라이나 슬레이드 시리즈를 연속해서 출간하며 안정적인 독자층을 확보하고 작가로서 큰 성공을 얻게 된다.

물론 호프 클라크는 여기에서 멈추지 않았다. 작가를 꿈꾸는 많은 일반인들을 지원하기 위한 온라인 작가 지원 웹사이트 'Fundsfor Writers.com'을 설립했다. 그녀는 글을 쓰기 위한 일반적인 내용, 즉 어떤 내용을 어떻게 써야 하며, 어떻게 출판을 해야 하는지 등을 설명하는 것뿐만 아니라 보조금이나 공모, 출판사와 에이전트에 관한 팁과 노하우를 함께 제공했다. 농무부 관리사로 재직하던 시절의 보조금 및 대출 관련 업무 경험을 활용해 초보 작가가 처음 겪을 수 있는 다양한 형태의 금전적 고민을 해결할 수 있는 현실적인 방안을 웹사이트를 통해 제공했다. 각종 콘테스트에 대한 정보와 상금 규모 그리고 정부나 비영리 단체, 재단 등에서 진행하는 보조금 정책과 요건에 대해 자세히 소개하며, 일정 비용을 지불하면 뉴스레터 형태로 상세한 내용도 받아볼 수 있도록 했다.

이처럼 그녀는 단지 자신의 책을 쓰고 파는 것을 넘어서 자신이 가진 경험적 지식을 이용하여 글을 쓰고자 하는 사람들의 고민까지 해결해주고자 했던 것이다.

모든 아이디어는 일상에 있다

지식에 대한 정의만큼 지식 습득 방법 역시 다양하다. 동서양을 막론하고 지식은 전통적으로 도제적 교육으로 확대하고 발전했다. 단 한 편의 글을 남기지 않은 소크라테스가 플라톤이라는 위대한 제자를 둔 것은 문답으로 이루어지는 도제식 교육이 존재했기에 가능했고, 공자의 많은 저작이 그의 제자들의 글로 남겨진 것도 같은 방식이었다. 오늘날 박사학위 시스템 또한 이런 도제식 시스템을 유지하는 것도 지식의 습득에 있어 스승의 존재가 매우 중요하기 때문이다. 하지만 이런 관계에서도 문서와 책 형태의 텍스트는 지식 전달의 핵심 도구가 된다. 최근에는 지식의 종류나 양이 폭발적으로 증가한 만큼 습득하는 방법도 다양하다. 무언가 알고 싶은 것이 있다면 몇 번의 인터넷 검색만으로 얻을 수 있으며, 위키피디아 등과 같은 공유된 정보를 통해 나만의 지식으로 담아낼 수 있다. 또한 유튜브의 비디오나 무료 온라인 강좌 등을 활용하면 무수히 많은 전문 강사들의 교육 프로그램을 접하며 지식을 얻을 수 있다. 직무 환경에서도 다양하게 접하는 문제들을 해결하는 과정에서 지식을 습득하게 된다. 직장 상사 혹은 동료들을 통해 경험과 지식을 공유함으로써 자연스럽게 업무 경험이 지식화되는 것이다. 성공한 지식 창업자들 역시 대부분 과거 직무 경험이나 교육 그리고 자신이 즐기는 취미 활동 등을 통해서 축적한 지식을 활용하고 있다.

'글쓰기와 온라인 출판을 주제로 한 전자책 저자이자 발행인이며, 전 세계 160개국 6만 명의 사람들을 대상으로 글쓰기 관련 무료 온라인 강좌를 진행 중인 컨설턴트로 1년에 296만 3,000명이 방문하는 글쓰기 저작 툴 및 방법을 소개하는 웹사이트 운영자.'

캐나다 출신의 지식 창업자 숀 포셋Shawn fawcett의 프로필이다. 그는 전문적으로 글을 쓰는 작가도 아니며, 출판이나 웹사이트를 운영하는 사업가는 더더욱 아니다. 숀이 대학을 졸업하고 잡은 직장은 캐나다 정부 기관이었다. 공무원이라는 직업이 가진 선입견, 즉 변화가 거의 없고 주어진 일을 반복적으로 수행해야 하는 지루한 직업이라는 이미지는 우리나라 사람들만의 생각은 아닌 것 같다. 숀에게 공무원으로 생활한 25년은 자신이 가진 무한한 가능성을 포기하고 안정성이라는 덫에 걸려 매일매일 같은 일상으로 영혼과 생각을 소멸시키는 시간이었다.

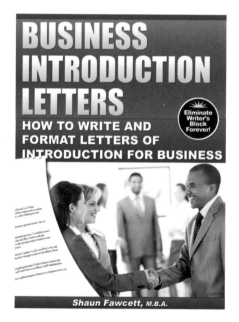

손 포셋은 다양한 비즈니스 글쓰기 등 다양한 교재를 출판하며, 사업 영역을 확장하고 있다*

* http://www.writinghelp-central.com/

숀이 새로운 도전을 결심하게 된 계기는 1995년 오타와 대학교 Ottawa University에서 MBA 과정을 수료하던 중에 인터넷이 가지고 있는 가능성을 보게 되면서부터다. 그는 대중에게 가치를 줄 수 있는 자신만의 지식을 글쓰기라고 정의하고, 이를 지원하기 위한 웹사이트를 오픈하면서 지식 창업자로서 첫 번째 비즈니스를 진행했다. 숀은 공무원으로 일했던 25년간 대내외 지원 및 공공사업을 수행하면서 수많은 공식, 비공식 문서를 작성하고 검토했다. 그는 여기서 쌓아온 자신만의 스킬과 노하우를 활용해 글을 잘 쓰고 싶어 하는 전 세계 수많은 사람들을 대상으로 전자책과 웹사이트에 독점적 지식을 판매하기 시작했다.

2002년부터 숀은 자신만의 글쓰기 경험에서 얻은 노하우를 바탕으로 누구든 일상생활 속에서 쉽게 접근할 수 있는 실용적인 글쓰기 방법론을 책으로 출간했다. 이후 2011년까지 12권의 유사한 분야의 책을 냈다. 이 기간 동안 온라인을 통해서도 글쓰기에 관한 주제로 도움말을 포함한 조언, 정보 등을 동시에 게시하며, 웹사이트에 자신의 지식 네트워크를 구현했다.

'글 쓰는 방법'에 대한 숀만의 단계별 접근법은 단연 뛰어나다는 평을 듣고 있다. 또한 그의 콘텐츠 대부분은 사용자 자신의 워드 프로세서로 직접 다운로드하고 작업할 수 있으며, 바로 응용 가능한 템플릿이라 더 인기가 높다. 최근에는 아마존의 킨들 전용 전자책을 출간하며 전자책 출간에도 관심을 기울이고 있다.

당신이 잘 알고, 잘할 수 있는 것에 답이 있다 _지식 전략

숀은 글쓰기로 성공하기 위한 방법을 다음과 같이 제시한다.

"당신이 글을 잘 쓰고 싶다면 아주 간단합니다. 몇 가지 방법만 익힌다면, 그리고 이를 가지고 꾸준히 연습한다면, 가능합니다. 물론 어니스트 헤밍웨이, 버지니아 울프, 또는 스티븐 킹은 태어나면서부터 탁월한 글쓰기 재능과 창조적 능력을 가진 전문 작가였습니다. 하지만 글쓰기에 열의를 가진다면 당신도 할 수 있습니다. 이미 우리는 원하건 원치 않건 우리의 일상생활 속에서 수많은 글을 쓰고 있습니다. 어쩌면 우리는 이미 글 쓰는 법을 알고 있을 겁니다. 지금부터 몇 가지 방법만 더 익힌다면, 그리고 연습에 연습을 더한다면 당신도 훌륭한 작가가 될 수 있습니다."

숀은 MBA 과정에서 얻은 지식과 다년간 공무원 생활에서 쌓은 직무 경험을 활용해 글을 처음 쓰는 사람들에게 어떻게 하면 자신의 일상생활 속에서 일어나는 다양한 일들을 글로 옮겨 쓸 수 있는지에 대한 노하우를 제공하고 있다. 그의 웹사이트 방문자 수가 말해주듯이 숀은 자신의 노하우 즉 지식을 디지털 제품화해 공개함으로써 성공한 지식 창업자의 삶을 살고 있다.

'덕후질'도 자본이다

최근 많이 쓰는 용어 중에 '덕밍아웃'이라는 표현이 있다. 이는 '덕후'와 '커밍아웃'을 합친 말로 그동안 감춰왔던 자신만의 마니아적인 성향을 들어낸다는 뜻이다. 덕후라는 말 역시 일본말인 '오타쿠'를 한국식으로 발음한 것인데, 한 분야에 빠져들어 전문가 수준의 지식을 쌓은 사람을 일컫는다. 예전에는 독특한 취미에 깊이 빠져들어 자신의 시간과 돈을 낭비한다는 식의 부정적인 이미지가 강했지만, 최근에는 한 분야에 열정을 가진 특별하고 흥미로운 존재로서 인식되곤 한다.

덕후가 일반적인 팬과 차이 나는 부분은 좋아하는 대상에 심하게 몰입하여 소비하고, 심지어 재구성까지 해낸다는 점이다. 여기에 네트워크가 발달함에 따라 예전에는 혼자서 즐겼던 것들을, 이제는 비슷한 취미를 가진 사람들끼리 공유하게 되면서, 웬만한 전문가들보다 더 깊이 있는 지식을 나눈다. 또한 나누는 지식만큼 더 사람들이 모이면서 그 효과가 더욱 커지고 있다.

미래에 대한 불안감이 커질수록 자신의 취미에 투자하려는 경향도 커진다. 불황 속에서도 덕후 시장은 계속 커지고 있다. 이 말은 곧 전문적인 지식과 열정을 가진 덕후라면 창조적인 콘텐츠를 가지고 새로운 비즈니스에 도전해볼 만하다는 뜻이기도 하다. 실제로 세계 1위 드론 기업인 중국의 DJI의 창업자 프랭크 왕[Frank Wang]은 RC 모형 비행기 마니아였다.[*] 프랭크 왕이 드론 사업을 시작한 건 순전히 만화책에서 본 빨간색 헬리콥터 때문이었다. 꼬마 프랭크 왕은 자신을

---

[*] http://hooc.heraldcorp.com/view.php?ud=20150730000359

당신이 잘 알고, 잘할 수 있는 것에 답이 있다 _지식 전략

쫓아오면서 사진을 찍어주는 빨간 헬기를 머릿속에 그려왔다. 2006년 홍콩과학기술대학교를 졸업한 그는 파트너 몇몇과 중국 선전에서 일반 주택을 빌려 드론 제조 기업을 세우는 것으로 그 관심을 확대시켰다. 직원의 15%만이 박사학위 소유자였고, 나머지 대부분은 고졸 학력의 실무 경력을 가진 공학 엔지니어였다. 그 결과 10년도 되지 않아 직원 2,500명의 대기업으로 성장했다. 프랭크의 지도교수였던 칭화대 리저샹李澤湘 교수는 DJI에 초기 투자를 하고 지분의 10%를 보유한 억만장자가 되기도 했다.

스페이스X SpaceX의 CEO이면서 영화 '아이언맨Iron Man'의 모델로 알려져 있는 테슬라 창업자 엘론 머스크Elon Musk가 게임 마니아였다는 것은 많이 알려져 있는 사실이다. 머스크는 게임과 인연이 깊다. 그

RC 모형 마니아에서 세계 1위 드론 기업의 CEO가 된 프랭크 왕

가 처음 사업에 발을 들이게 된 계기도 게임이었다. 12살 초등학생에 불과했던 머스크는 독학으로 배운 컴퓨터 프로그래밍으로 '블래스타Blasar'라는 비디오 게임을 개발해 500달러(약 55만 원)에 판매까지 했다. 게임을 판 돈은 고스란히 또 신작 게임을 사는 데 썼다. 머스크가 전기자동차 전문 제조업체 테슬라와 우주 화물 운송업체 스페이스X를 설립한 것도 이런 벤처 정신에서 비롯된 것으로 보인다. 이처럼 성공한 지식 창업자 중 상당수는 자신의 취미를 통해 습득한 지식을 바탕으로 새로운 틈새 시장을 대상으로 사업을 시작한다.

얼마 전 모 이동통신사 면접장에서 한 임원이 공 3개를 지원자에게 건네며 '저글링을 할 수 있는 사람 있으면 해보라.'는 과제를 내서 화제가 된 적이 있다.* 취업 준비생들은 바닥에 굴러다니는 공을 잡기 위해 뛰어다니는 진풍경을 연출했고, 어느 누구도 성공한 사람은 없었다고 한다. 살면서 저글링을 할 기회가 얼마나 될까? 그리고 저글링을 잘할 수 있는 게 직장생활에 어떤 도움이 되며, 저글링 관련 지식으로 지식 창업자가 되는 게 가능할까? 하지만 누군가가 취미로든 직업으로든 저글링을 배우기 위해 아낌없이 시간과 노력을 투자한다면 상황은 달라질 것이다. 한국에 저글링협회가 있다는 것을 들어본 적이 있는가? 검색 사이트를 통해 찾아보면 협회뿐만 아니라 저글링 급수제부터 지도자 양성까지 그리고 동호회와 저글링 용품만을

---

* http://news.donga.com/rel/3/all/20150323/70264629/1

당신이 잘 알고, 잘할 수 있는 것에 답이 있다 _지식 전략

파는 숍을 찾아볼 수 있다. 많은 사람들은 아니겠지만, 누군가는 저글링에 대한 기술을 익히고 싶어 하며, 관련 정보를 얻고자 한다.

미국의 짐 넬슨^{Jim Nelson}은 이미 2001년에 처음 저글링 관련 기술과 지식을 통해 지식 창업자로서 사업을 시작했다. 그는 웹사이트를 통해 서비스할 수 있는 새로운 사업 모델을 검토하던 중에 자신이 가장 즐겨 하는 취미활동인 저글링을 생각해냈다. 저글링을 잘하는 게 무슨 지식일 수 있을까 생각할 수도 있지만, 앞서 살펴본 것처럼 분명히 수요가 있고 어디엔가 공급이 존재하는 틈새 시장이다. 짐은 새롭게 저글링을 시작하고자 하는 사람들을 대상으로 한 입문서와 저글링을 쉽게 배우도록 도와줄 수 있는 기구들을 추천하는 것으로 사이트를 시작했다. 그리고 자신이 취미 생활을 통해 경험했던, 그리고 그를 통해 알게 된 노하우들을 묶어서 책으로도 출간했다. 처음 사이트를 오픈했을 당시 월 방문자 수가 50~60명 수준이었지만, 6개월이 지나자 방문자 수는 1,000명이 넘어가게 되었다. 현재 저글링 관련 상품들을 모아서 판매하는 사이트를 추가 개설하며 전 세계 곳곳으로 활동 범위를 넓히고 있다.

짐 넬슨을 성공한 지식 창업자로 이끈 지식은 오랜 경험을 통해 축적된 데이터도 아니며, 학업을 통한 습득도 아니다. 단지 자신이 평소에 가장 즐겨하던 저글링이라는 분야, 즉 재미를 통해 취득한 정보였으며, 그것이 지식 창업자로서의 자산이 되었고 틈새 시장을 공략한 콘텐츠가 됐다. 최근 그는 저글링과 가장 잘 어울릴 것 같은 외발 자전거에 대한 사이트와 자신이 즐겨 먹는 사슴고기 조리법을 소개하는 사이트를 동시에 운영하며 지식 창업자로서 사업을 넓혀 나가고 있다.

자신의 저녁식사 아이템을 공개한 또 다른 지식 창업자 크리스탈 말레스키Crystal Malesky 또한 취미를 사업으로 연결한 케이스라고 할 수 있다. 크리스탈이 처음 시작한 일은 직업 치료사와 재활 전문가였고, 나름 성공적인 경력을 쌓았다. 하지만 네 아이의 어머니가 된 후 오랜 시간 일하는 것이 불가능해지면서 지식 창업자로서 새로운 시도를 하게 된다. 그녀는 먼저 집에서 아이를 돌보면서 할 수 있는 일을 찾기 시작했다. 일단 어떤 것을 할까 고민하던 그녀는 지금껏 일일이 고객을 만나 일을 처리하던 방식에서 벗어나 자신이 좋아하고 혼자서 할 수 있는 일을 찾았다. 그때 그녀는 친구들이 종종 저녁식사를 준비하기 위한 아이디어를 자

저녁식사를 창업 아이템으로 만든 크리스탈 말레스키

당신이 잘 알고, 잘할 수 있는 것에 답이 있다 _지식 전략

신에게 문의했던 것을 생각해낸다. 그녀는 자신이 가장 열정을 가진 일이 요리라는 걸 깨닫고, 맛과 영양을 모두 담아낼 수 있는 저녁식사 레시피를 공유했다. 그녀의 레시피에 대한 반응은 뜨거웠다. 저녁 준비로 고민하던 수많은 사람들이 쉽게 따라할 수 있는 레시피는 입소문을 타고 퍼져나갔다. 그 성공은 그녀에게 자신감을 심어주었다. 결국 그녀는 요리라는 자신만의 독점적 지식을 활용해 온라인 비즈니스http://www.makedinnereasy.com/로 사업을 시작했고, 소기의 성공을 이뤄냈다.

누구에게나 먹고사는 일은 생존 조건의 최우선이다. 심지어 평화平和라는 한자는 모든 사람의 입(口)에 벼(禾)가 골고루(平) 나누어진다는 뜻을 담고 있다. 또한 가족의 다른 말인 식구食口도 밥을 함께 먹는 사람들이란 의미로 역시 먹는 것과 연결되어 있다. 세계 0.3%의 인구만으로 노벨상 수상자 30%를 배출한 유대인들은 금요일 저녁이면 다른 일들은 미루고 정성껏 음식을 차리며, 가족의 저녁식사에 집중한다. 하루의 일과, 학교나 직장에서 배운 것들에 대한 이야기를 하면서 정서적 유대감을 나눈다. 이 시간이 모두에게 행복일 수 있지만, 저녁식사를 준비해야 하는 어머니들에게는 스트레스가 될 수 있다. 거기에 사랑하는 가족들의 건강까지 생각하여 조리를 해야 한다면, 더 큰 부담일 수 있다. 이들을 위해 매일 건강을 고려하면서도 쉽고 간단한 저녁식사 레시피를 누군가가 매일 보내준다면, 저녁식사를 책임져야 하는 어머니들에게는 큰 선물이 될 것이다. 크리스탈은 자신이 가장 좋아하고 잘할 수 있는 지식, 즉 요리법을 이 같은 틈새 시장에 적용했다.

쉬운 저녁식사 조리법 사이트는 약 35명으로 시작해 지금은 하루에 2,000명 이상의 사람들이 방문하고, 8,000여 명의 사람들이 뉴스레터를 받고 있다. 그녀의 조리법은 간단하지만 건강을 우선시 한다. 또한 조리법에 대한 소개뿐만 아니라, 식단에 따른 장보기 목록을 작성하여 프린트할 수 있는 기능까지 제공한다. 그리고 300개 이상의 레시피를 자신의 친구들에게 소개하듯이 여러 참고사항들을 포함하여 수다스럽게 작성해 보여준다. 그녀는 자신의 성공비법을 이렇게 설명한다.

"제가 설명하는 조립법이 화려하거나 세련된 것은 아닙니다. 미식가들을 위한 것이 아니기 때문이죠. 저는 가공식품을 전혀 사용하지 않고 순수하게 집에서 만들 수 있는 것들을 사용한 조리법을 제안합니다."

아이를 돌보며 직장에 나가야 하는 많은 어머니들에게 집에서 사업을 하며 아이를 돌볼 수 있는 생활은 어쩌면 꿈 같은 이야기일 수 있다. 아침에 일어나서 출근 준비를 해야 하지만 아이가 아플 때면, 어머니가 느끼게 되는 스트레스는 상상하기 힘들 만큼 크다. 크리스탈 말레스키는 이러한 상황에서 자신이 즐겨 하는 요리법을 활용해 지식 창업자가 되어 집에서 아이들을 돌보며 사업하는 꿈을 이뤄냈다. 더욱이 최근에는 '비즈니스를 위한 소셜 미디어 활용법'이라는 교육 과정에서 강사로도 활동하며, 여러 신문들에게 저녁식사 조리법에 대해 기고하고 있다.

지금까지 성공한 지식 창업자들이 가지고 있는 5가지 공통적인 특징 중 지식의 사례를 살펴봤다. 가장 핵심적인 요소이며, 무엇을 할 것인가에 대한 해답을 제시해주는 요소라고 할 수 있다. 직무나 학습을 통해 습득을 했든, 자신이 좋아하는 취미 활동을 통해 습득을 했든, 자신이 가진 고유하면서 독점적 지식을 찾는 게 첫 번째 단계다. 그리고 이렇게 선택한 지식을 가지고 대중의 다양한 욕구와 시장 수요의 흐름을 분석해 틈새 시장을 찾아서 공유하는 것이 다음 단계라고 할 수 있다.

지식은 단기간 취할 수 있는 것이 아닌 다년간 체화된 것이어야 하며, 자신의 열정과 노력을 쏟아 부을 수 있는 것이라야 한다. 이 같은 단계를 거친 지식 창업자에게는 경제적 자유와 자신만의 시간이 자연스럽게 따라온다.

3 지식 창업의 진짜 시작
쉽고 간단한 법인 설립

창업을 준비하다 보면, 자연스럽게 법인 설립을 생각해야 한다. 법인을 설립하려면, 법무사나 세무사를 통해야 한다고 생각하게 마련이지만, <u>2014년 10월 1일부터 모든 유형의 법인 설립이 온라인으로 가능하게 되었다.</u>

온라인 법인설립시스템

온라인 법인 설립은 중소기업청에서 운영하는 법인설립시스템^{https://www.startbiz.go.kr}을 이용하면 된다.

온라인 법인설립시스템으로 법인체를 세울 경우 기본정보 입력부터 잔고증명신청, 법인등록면허세 납부, 법인 설립 신청까지 약 3시간 안에 모든 과정을 처리할 수 있다. 특히 예비 창업자가 직접 법인을 설립하므로 법무사대행수수료(약 90만 원)를 아낄 수 있고 온라인으로 구비서류가 저절로 작성돼 서류 작성에 대한 부담감도 줄일 수 있다.

1. 온라인 법인기업 설립에 필요한 사전 정보

비용: 잔고증명수수료, 법인등록면허세(5천만 원 기준: 24만 원), 등기수수료: 2만 원.

2. 온라인 법인기업 설립 준비사항

1) **컴퓨터:** 인터넷이 연결된 PC 또는 노트북.
2) **스캐너:** 서류를 등록하기 위해 필요(사전에 이미지 파일 준비).

3) 구성원: 법인 설립 구성원(이사, 감사)은 모두 회원 가입해야 함(공인인증서 필요).

4) 지분 없는 감사: 법인설립 시 지분 없는 감사 1인 필요.

5) 법인인감도장: 법인등기 신청 시 상호명이 기재된 법인 인감도장 필요(법인명은 인터넷 등기소를 통해 중복 여부 확인 후 인감 등록 필요).

7) 자본금통장: 발기인 대표명의 은행계좌가 필요(자본금 제한은 없어짐).

3. 온라인 법인기업 설립 절차

1) 기본정보 입력/서식 작성: 온라인에서 직접 작성(개별 도움말이 상세하게 구성됨).

2) 잔고증명서 신청

3) 법인등록면허세 신고/납부

4) 법인설립등기 신청

5) 사업자등록 신청

6) 4대 사회보험 신고

※ 구비서식 및 법인설립 신청서는 일괄 작성이 가능하며, 전자서명으로 완료 가능.

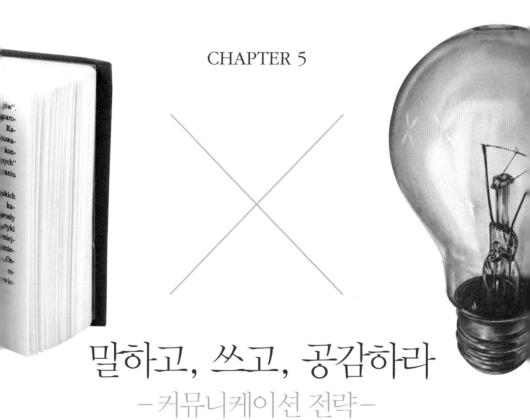

CHAPTER 5

말하고, 쓰고, 공감하라
-커뮤니케이션 전략-

"마이크 톰슨 Mike Thomson 박사는 에듀테인먼트를 이용하여 리더십과 사람들의 삶에 대해 기업과 학교, 여러 단체들을 대상으로 컨설팅 서비스를 제공하는 지식 창업자다. 톰슨 박스의 커뮤니케이션 전략에서 한 가지 주목해야 할 점은 모든 말하기와 글쓰기를 통한 소통이 관계를 기반으로 한다는 점이다. 그의 웹사이트를 보면 '열광하는 팬들 raving fans' 이라는 메뉴가 있다. 톰슨 박사에게 고객은 단순히 자신의 제품이나 서비스를 이용하는 사용자가 아니라, 자신의 생각과 열정을 지지하며 열광해주는 팬들이다."

———————————

커뮤니케이션의 원리

사람이 살아가는 세대에는 각기 핵심 키워드가 존재한다. 그중 시대가 흘러도 끊임없이 회자되는 단어가 '소통^{疏通}'이다. 대통령과 국민과의 소통부터 부모와 어린아이 사이의 소통까지 진심이 전달되지 않거나, 선의가 왜곡되는 등 소통의 문제는 늘 사회적 이슈이자 뉴스의 단골 소재가 된다. 소통의 영어 표현인 커뮤니케이션^{communication}은 라틴어 '코미누스^{comunis}(대화하다)'에서 비롯되었다. 이 단어는 '공동체^{communitas}'와도 밀접한 연관이 있어서, 단순히 사람들 사이의 소통 문제뿐만 아니라 하나의 공동체가 건강하게 유지, 발전하기 위한 필수 요소라는 점을 보여주고 있다.

커뮤니케이션 모델은 커뮤니케이션의 '발신자^{source}'가 되는 '커뮤니케이터communicator'로부터 시작한다. 커뮤니케이터가 개인인지, 집단인지에 따라서, 또한 내부적으로 어떤 동기와 규칙들에 따라서 커뮤니케이션 방식은 달라진다. 즉 '메시지message'를 구성하고, 이를 어떤 '매체channel or media'로 실어 보내느냐에 따라 전체 커뮤니케이션 구조는 크게 다른 결과를 만들게 된다. 개인 사이에 적용되는 방식과 대중매체를 통한 소통에는 고려해야 할 요소와 고민할 범위가 늘어난다. 메시지는 '수용자receiver'에게 전달되고, 최초의 커뮤니케이터가 기대한 어떤 '효과effects'를 불러일으키게 된다. 이 모든 과정은 '피드백feedback'을 통해 최초의 커뮤니케이터에게 전달됨으로써 전체 과정에 제대로 수행되었는지를 평가하고 필요한 교정 작업을 수행할 수 있도록 한다.

물론 이것은 이상적인 모델이다. 실제 커뮤니케이션 과정에서는 전달에서 흔히 '잡음noise'이라고 하는 것이 끼어들어서 원래의 메시지를 훼손하기도 하고, 메시지가 제대로 전달되었더라도 수용자에 의해서 '거부reject'되기도 한다. 혹은 전체 과정에서 각 단위마다 필요

커뮤니케이션 모델

한 최소한의 요건을 충족시켜주지 못함으로써 커뮤니케이션 자체의 '실패failure'가 발생할 수도 있다. 이 커뮤니케이션 모델은 개인이 경험하는 커뮤니케이션이라는 현상이 매우 포괄적인 사건임을 잘 보여주고 있고, 특히 커뮤니케이션이 원활히 일어나지 않을 때 어느 단계에서 어떤 이유로 문제가 발생하는지를 짚어볼 수 있도록 해준다.

커뮤니케이션에 참여하는 발신자와 수신자 간의 잘못된 메시지 전달을 최소화하기 위해서 커뮤니케이션 방법은 진화하고 있다. 리처드 대프트Richard Daft와 로버트 렌젤Robert Lengel이 주창한 미디어 리치니스Media Richness 이론*에 따르면 정보를 주고받는 수단은 대면face to face, 영상회의, 전화, 이메일, 대량 전송 메일, 포스터 순서로 효율성이 매겨진다. 정보 전달 단서가 풍부한 동영상이 더 효율적인 미디어고, 텍스트만 보는 미디어는 효율성이 떨어지는 미디어다.

커뮤니케이션은 어떤 상황에서 어떻게 활용하는지가 중요하다. 일반적으로 커뮤니케이션에 참여하는 사람의 숫자가 얼마인지, 같은 공간을 사용하는지, 발신자와 수신자의 역할이 정해져 있는지 등에 따라 커뮤니케이션 유형이 나뉜다. 일반적으로 두 사람 간에 이루어지는 대인 커뮤니케이션interpersonal communication은 대화나 소통의 근간이 된다. 작은 집단 내에서 하는 커뮤니케이션small group communication은 3명에서 15명 정도의 팀 수준에서 이루어진다. 조직 커뮤니케이션

---

* Daft, R.L. & Lengel, R.H. (1986). Organizational information requirements, media richness and structural design. Management Science 32(5), 554-571.

organizational communication은 위계질서를 가진 조직단위에서 벌어지는 커뮤니케이션으로 한 방향으로 이루어지는 경우가 많다. 이보다 큰 규모는 공공 커뮤니케이션public communication으로 불리며 공간의 제약을 받지 않는 경우, 매스 커뮤니케이션이라고도 한다.

지식 창업자들에게 커뮤니케이션은 사용자를 만나는 과정에서 가장 중요한 행위다. 따라서 주로 효율적인 미디어라고 판단되는 대면 효과를 높이는 장치인 동영상을 활용한 대인 커뮤니케이션에 기반을 둔 부류와 매스 커뮤니케이션을 통해 불특정 다수에게 텍스트, 이메일 등을 통해서 접촉의 횟수를 높이려는 그룹으로 구분된다.

지식 창업자라면 언어적 요소에 국한된 커뮤니케이션에만 치중해서는 곤란하다. 적극적으로 비언어적 유형인 웹상의 유저인터페이스, 색상, 분위기에도 집중해야만 한다. 일반적으로 언어가 사실에 대한 정보를 전달하는 데 효과적인 반면, 비언어는 감정이나 느낌을 전달하는 데 더욱 효과적이다. 지식 창업자들을 처음 만나는 서비스에서 먼저 보는 것은 언어적 커뮤니케이션이 아니라 비언적인 다양한 상징들과 분위기다. 이를 통해서 '첫인상 효과primacy effect'를 강하게 누릴 수 있어야 한다.

| 말하기 |
파급력을 높이는 설득 전략

보험 세일즈로 27세에 백만장자가 되었던 폴 마이어Paul Meyer는 "커뮤니케이션, 즉 타인과의 교류는 개인적인 성공이나 커리어의 성공에 핵심적인 요소다."라고 주장했다. 디지털 세대에서는 커뮤니케이션 능력이 더욱 중요하다. 커뮤니케이션을 잘한다는 것이 단순히 '말할 줄 아는 능력'을 의미하는 것은 아니다. 성공적인 지식 창업자들의 커뮤니케이션을 보면 반드시 '파급력'이 있다. 이를 위해 미디어 플랫폼을 가로질러 목표로 하는 고객들이 반응할 수 있는 정확한 메시지를 전달하고자 노력한다.

다양한 미디어에서 지식 창업자들은 강의와 인터뷰를 진행한다. 효과적인 말하기 기법은 그래서 더 중요하다. 효과적인 말하기를 위해서는 말하는 사람의 계획, 준비, 실연하는 전 과정, 즉 말하기의 논리적 절차가 필요하다.

맨 먼저 말하기의 계획 과정은 '누구에게, 무엇을, 어떻게' 말할 것인가를 정하는 단계이다. 주제를 설정하고, 말하기의 목적에 맞는 내용을 정하고, 또한 내용에 맞는 어법 등을 선택하는 것이 이 단계에서 해야 할 일이다. 말하기의 준비 과정은 주제에 합당한 자료를 수집하고 정리하는 단계이다. 어떤 매체에서 강의를 할 것인가? 누구와 인터뷰를 진행할 것인가? 그리고 청자가 누구인가에 따라 적합한 자료 수준을 정해야 한다. 특히 말하고 싶은 포인트에 따라 제스처와 표정을 설정해놓는 것이 좋다. 이 과정을 거쳤다면 실제로 말하는 과정인 실행단계에 접어든다. 대다수 지식 창업자들은 오랜 경험으로 자신만의 말하기 노하우를 가지고 있다. 충분한 계획과 열정적인 준비 과정을 통해 구성한 원고를 바탕으로 당당하고 활기차게 말을 한다. 청자의 반응을 실시간으로 알 수 없는 온라인 강의의 경우에는 시선처리와 목소리 톤 그리고 단어 선택에 집중해서 준비해야 한다.

대중에게 말하기를 잘하는 사람들은 몇 가지 특징을 가지고 있다. 현재 스토롱 벤처스의 대표로서 한국과 미국에서 투자회사를 운영하고 있는《스타트업 바이블》의 저자 배기홍은 11가지의 중요한 팁을 제공해주고 있다.*

1. 재미있는 내용이 아니면 말을 하지 마라.
2. 판매를 위한 강연을 하지 마라.
3. 청중을 즐겁게 해주는 데 집중하라.
4. 어떤 사람들을 대상으로 이야기하는지 정확하게 파악하라.
5. 옷은 항상 잘 입어라.

---

* http://www.thestartupbible.com/2008/09/11-rules-that-will-keep-you-from-sucking-in-public-speaking.html

6. 경쟁사 흉을 보지 마라.

7. 연설을 하지 말고 재미있는 '이야기'를 하라.

8. 강의 전에 청중과 교류하라.

9. 항상 행사 첫날, 오전 세션에 강연을 하라.

10. 큰 강의실보다는 작은 곳에서 하는 것이 효과적이다.

11. 연습, 연습 그리고 연습할 것.

대중과 교감하는 강연은 '재미'있어야 한다. 강연을 듣는 사람들은 강연자에게 집중하게 되고, 그 집중은 오래가지 않는다. 그리고 재미있는 예화나, 농담 그리고 진지하지만 유머가 있는 내용이 포함되도록 강연을 준비해야 한다. 강연 자체가 재미있으면 그 중간 중간에 중요한 메시지를 전달할 수 있으나, 강연이 재미없다면 아무도 듣지 않는다.

강연에서 가장 중요한 것은 역시, '연습'이다. 말 잘하는 사람들의 공통점은 말을 많이 해봤다는 점이다. 즉 실전에서 많은 사람과 부딪히면서 연습하고 준비하고 도전했던 사람이다. 그런 기회가 없다면 동일한 상황에 맞게 연습하면 된다. 하면 할수록 늘 수밖에 없는 게 강연을 위한 말하기다. '대화의 신' 래리 킹^{Larry King}은 처음 방송에 데뷔했을 때 말할 수 있는 기회를 잡았다. 새벽 방송 기상캐스터, 스포츠 리포터, 뉴스 앵커, 때로는 강연까지 밤낮을 가리지 않고 자청하여 일을 맡았다. 그리고 말을 잘하기 위해 끊임없이 연습했다. 방 안이나 자동차 안에서 소리 내어 말했고, 거울 앞에 서서 동작을 곁

들여 연습했다. 또 집에 있는 강아지나 고양이, 새나 금붕어와 같은 애완동물을 상대로 말하는 연습도 했다. 화술은 학습이다. 먼저 기본 요령을 배우고, 연습하고 연습해야 한다. 연습 없이는 숙달도 없다.

모든 말은 솔직함에서 시작되어야 한다. 레리 킹이 처음 방송에 데뷔했을 때였다. 당시 작은 방송국에서는 아나운서가 엔지니어 역할까지 했다. 그는 시그널 음악을 틀고 멘트를 내보내기 위해 볼륨을 줄였다. 그러나 긴장한 나머지 입이 떨어지지 않았다. 그래서 볼륨을 높였다가 다시 낮췄지만 여전히 한마디 말도 할 수 없었다. 그러자 방송 책임자가 소리쳤다. "이것은 말로 하는 사업이야!" 그 순간 래리 킹은 첫마디를 토해낼 수 있었다.

"안녕하십니까? 오늘은 제 방송 첫날입니다. 그런데 저는 초조해서 입안이 말라붙었습니다. 방금 전에는 총국장이 '이것은 말로 하는 사업이야!' 하고 소리쳤습니다."

이렇게 자기의 심정을 털어놓자 이상하게도 긴장감이 사라지고, 자신감이 생겨서 첫 방송을 무난히 마칠 수 있었다. 뭔가 말을 꾸미려 하면 긴장해서 실수하게 마련이지만, 있는 그대로 하면 마음을 놓을 수 있게 마련이다.

말을 잘하기만 하는 게 아니라, 감동을 주는 사람에게는 또 다른 차별점이 있다. 오프라 윈프리는 성공한 사람이 드러내기 쉬운 거만함이 없다. 계부 밑에서 사생아로 자랐으며, 할렘 가의 비참한 가난을 견디지 못하고 미혼모가 되었던 사실이나 그때 낳은 아이를 겁에

질려 내다버린 범죄에 이르기까지, 그녀는 스스로 겪었던 모든 아픔을 솔직히 털어놨다. 그녀는 가혹한 시련 가운데 서 있는 사람에게도 '나도 당신이 겪는 고통에 대해 공감하고 있다.'는 것을 알려주려 노력했다. 오프라는 어떤 상황에서도 이겨낼 수 있는 비결이 있다는 사실을 확신에 차 알려주었다. 그녀 스스로가 그래왔기 때문이다. 더 놀라운 건 작은 일로 연락해온 사람들에게도 진지한 반응으로 대한다. 즐거운 일은 같이 웃고 슬픈 이야기에는 눈물을 흘리며 반응한다. 오프라 윈프리는 항상 진솔한 자세로 말한다. 과체중으로 방송에서 쫓겨났던 그녀는 눈물겨운 다이어트로 체중을 줄여 복귀한 뒤 자신의 과거를 그대로 이야기했다. 진심 어린 표정, 태도 그리고 말의 내용이 과거의 잘못을 참회하고 앞으로 더욱 열심히 하겠다는 메시지를 정확하게 전달한 것이다. 말하기에서 감성적이고 솔직한 감동을 주는 역량과 노력이 왜 필요한지 명확해지는 대목이다.

성공한 지식 창업자 중에는 토론에서 탁월한 능력을 발휘하는 경우가 많다. 다양한 토론에 참여하며 자신이 가진 지식과 의견을 대중에게 잘 전달하는 능력을 갖추고 있다. 토론은 자신의 논리를 증명하는 싸움, 즉 과학적인 논쟁이다. 따라서 논리적인 증거 제시를 위해 정보를 수집하고 논리적으로 표현해야 한다. 일반적으로 토론이 발생하는 것은 복잡한 이해관계로 얽혀 있는 경우다. 양측의 갈등으로 인해 해법이 필요한 경우 토론이 진행된다.

지식 창업자들이 토론에 참여하는 것은 두 가지 효과 때문이다.

첫째, 사회적 주제에 대한 전문가로서 확인받을 수 있다. 토론은 전문적인 논증을 할 수 있어야만 참여가 가능하다. 따라서 토론에 참여하게 되는 사람들은 전문가로서 인정받을 수 있다. 두 번째는 리더로서 위치를 확보할 수 있다. 일반적으로 토론에서는 복잡하고 해결하기 어려운 부문이 논의되며, 참여자들은 해결책을 가지고 적극적인 논리와 설득을 이어간다. 이를 통해서 특정한 문제를 해결할 수 있는 리더로서 성장이 가능하다.

토론은 일반적인 말하기와 다르게 나와 경쟁하는 상대방이 존재한다. 따라서 말만 잘한다고 절대 토론을 잘한다고 할 수 없다. 토론 관련 전문가인 전영우 박사는 그의 저서 《토론을 잘하는 법》에서 토론의 명수가 되는 5가지 기술을 제시하고 있다.

첫 번째는 논리적으로 설득하는 기술이다. 설득을 위한 맥락에는 전제가 있다. 전제는 이야기의 근거이자 출발점이므로 정확하게 정의해야 한다. 그러나 논리적이지 못한 사람들은 부지불식간에 전제를 생략하고 이야기를 전개한다. 이는 곧 상대방이 전제를 뒤집으면 내가 말한 전체가 부정당할 수 있다는 말과 같다. 두 번째는 연역과 귀납을 효과적으로 사용하는 기술이다. 연역적인 화법은 처음부터 결론을 제시하고 진행하는 방식이다. 간결하면서도 인상적으로 자기주장을 표현할 때 효과적이다. 반면 귀납적인 화법은 마지막에 결론을 이끌어낸다. 복잡한 현상에 대한 설명을 할 때 효과적이다. 충분한 수준의 사례를 제시할 수 없다면 귀납법은 선택하지 않는 것이 좋다. 대부분 청중이나 상대방에게 강력한 인상을 주기에는 연역적 방법을 선택하는 것이 좋다. 세 번째는 논리성을 단련하는 기술이다. 논리를 갖추려면 감성을 절제하고 이성적으로 사고해야 한다. 언어적 논리성은 '왜'라는 질문에 답을 구하는 과정에서 얻을 수 있다. 이를 통하면 세상에서 일어나는 여러 가지 현상에 대한 판단력과 분석력도 함께 길러진다. 네 번째는 논리적 사고력을 키우는 기술이다. 논리적 사고력이 뛰어난 사람들은 글쓰기를 병행해야 한다. 글쓰기는 논리적 사고 능력을 키우는 가장 기본적인 방법이다. 지식 사회에서는 논리가 우선되고 감성이 뒷받침이 되어야 한다. 따라서 논리적 사고를 위해 글쓰기를 연습하는 것이 좋다.

마지막 기술은 직관을 논리화하는 기술이다. 직관적 사고는 영감과 같은 일종의 유추된 발상이고 논리적 사고는 논리, 해석, 수치를 활용해 분석하고 생각하는 사고다. 하지만 인간은 기본적으로 논리보다 감성과 직관에 의존하는 경향을 띤다. 따라서 논리성을 높이는 한편, 자신의 논리를 어떻게 직관적으로 표현해 상대를 설득해낼 것인가를 훈련해야 한다.

| 글쓰기 |

디지털 시대의 생존 전략

앞서 살펴봤듯이 디지털 시대는 글쓰기에 좋은 환경이다. 과거 아날로그 시대에는 종이를 통해서 대부분의 지식이 전달되고 저장되었다. 따라서 정해진 때 정해진 곳에서만 지식 공유가 가능했고, 주변 몇몇 사람과 의견을 주고받을 수 있었을 뿐이다. 컴퓨터가 등장하고 인터넷 혁명 이후에 지식은 주제와 시간의 제한을 받지 않고 누구든지 자기 의지에 따라 공유 공간에 자유롭게 표출할 수 있게 되었다. 어디든지 글을 쓰는 게 너무 익숙해진 것이 디지털 시대의 모습이다.

지식과 디지털의 만남은 '프로슈머prosumer'라는 새로운 권력집단을 만들어냈다. 프로슈머의 개념은 1972년 마셜 맥루한Marshall McLuhan과 배링턴 네빗Barrington Nevitt이 《현대를 이해한다Take Today》에서 "전기 기술의 발달로 소비자가 생산자가 될 수 있다."라는 말로 처음 등장했으나, '프로슈머'라는 용어는 1980년 앨빈 토플러Alvin Toffler가 《제3의 물결Third Wave》에서 최초로 사용했다. 프로슈머는 생산produce과 소비consume를 동시에 한다는 의미로, 소비자이면서 제품 생산에도 기여하는 사람이다. 프로슈머는 일반 소비자와는 달리 생산에 영향을 준다. 인터넷이나 블로그에 자신이 새로 구매한 물건의 장단점, 구매 가격 등을 비교, 비판함으로써 제품 개발과 유통 과정에 참여한다. 대표적인 프로슈머 집단은 '위키피디아'를 집필하는 사람들로 지식을 생산하면서 소비하고 공유하는 전형을 보여주고 있다.

프로슈머가 등장하게 된 배경에는 무엇보다 디지털 환경의 정착에 있다. 전 국민이 초고속 인터넷을 사용하고, PC와 다를 바 없는 스마트폰을 가지고 있는 환경이 바로 그것이다. 정보의 획득과 소비가 자유롭고 또한 쉽게 자신의 의견을 피력할 수 있는 장소와 시간을 가진 환경이다. 여가시간이 늘어난 개인이 다양한 서비스와 제품을 소비하며 그에 대한 후기를 적극적으로 남기면서 영향력을 늘렸고, 이 중 일부는 마니아층으로 발전하는 등 프로슈머가 지속적으로 양산되었다.

초창기 프로슈머들은 주로 제품 평가에 국한돼 사용후기 혹은 장단점에 대한 의견을 웹상에 알리고 상품에 댓글을 다는 방식으로 참여했기 때문에 기업은 주로 타깃 마케팅 혹은 사용자 분석의 대상 정도로만 인식했다. 그러나 최근에는 적극적인 참여로 불매 운동, 사이버 시위 혹은 공공장소에서 1인 시위, 집단 고발 및 고소 등 폭넓게 자신들의 의견을 반영하고자 노력하고 있다.

프로슈머가 강력한 이익집단이 될 수 있었던 이유는 그들의 글쓰기에 있다. 웹상에서는 글쓰기를 통해 자신의 의견을 쉽게 표현하고 공유하는 것이 가능했기 때문이다. 140자만으로 시시때때 자신의 관심사와 생각을 빠르게 올릴 수 있는 트위터가 그 예이다.

"20년째 일본 대사관 앞에서 수요일마다 정신대 항의 집회를 하는 할머니들을 위한 모금을 요청합니다. 유일한 이동수단인 승합차가 10년이 넘어 문도 잘 안 닫히고 가다가 멈추는 등 위험한 상황입니다. 계좌명은 희망승합차."

지난 2011년에 파워 트위터 계정인 미디어몽구(@mediamongu)가

미디어몽구의 희망 승합차

올린 트윗이다. 위안부 할머니들은 수요 시위 1,000회째인 12월 14일 새 승합차를 기부받았다. 차 이름은 '희망 승합차'이다.

디지털 시대의 글쓰기에 능숙한 사람은 일상에서 문제의식을 발견하게 되면 글로 문제를 제기하고 해결을 위해 고민하고 실천한다. 또한 이 과정에서 축적한 지식을 활용해서 비즈니스로 발전시킨다. 이 모든 활동을 가능하게 만든 것이 '글쓰기'다.

글쓰기는 지식 창업자의 지식을 구체화해 서비스 혹은 제품화시키는 최상의 도구다. 거의 모든 지식 창업자들은 자신만의 저작물을 가지고 있다. 유시민은 자기 자신을 '지식 소매상'이라고 자처하며, 글쓰기를 자신의 본업이라고 주장하는 한국의 대표적인 지식 창업자다. 그는 자신의 저서 《유시민의 글쓰기 특강》에서 글을 잘 쓰기 위해서는 두 가지를 고려해야 한다고 말하고 있다. 첫째, 많이 읽지 않으면 잘 쓸 수 없다. 많이 읽을수록 더 잘 쓸 수 있다. 둘째, 쓰지 않으면 잘 쓸 수 없다. 많이 쓸수록 더 잘 쓰게 된다. 기본적으로 글은 투입된 것만큼 결과가 나오는 작업이다.

정희모와 이재성의 《글쓰기의 전략》에서는 조금 더 구체적인 글쓰기 방법들을 살펴볼 수 있다. 글을 집필하기 전 계획을 세우는 일은 무척 중요하다. 시작 단계에서 주제를 세우고 내용을 구상하며, 개요를 작성하는 것은 글쓰기의 진행 과정을 좌우한다. 물론 계획한 것은 작성 단계에서 얼마든지 바뀔 수 있다. 그럴 경우 교정을 보고 새롭게 계획하기 단계로 돌아가야 한다. 글쓰기는 대부분 테마와 주제의식에서 시작한다. '내가 지금 알리고 싶은 것이 무엇이며, 그것을 왜 써야 하는가?'라는 의문에서 시작하는 것이다. 설정된 주제를 효과적으로 정리하기 위해서 논리성을 부여해서 글을 가공하고 구체화해야 한다. 글쓰기는 재능이 아니라 기술이며, 학습을 통해 숙달시킬 수 있다.

커뮤니케이션은 기회의 원천

우리의 삶에서 다른 사람들이 내 삶에 미치는 영향은 아주 크고 중요하다. 보통 사람은 원하든 원치 않든 하루에 2,000여 가지 정보를 외부의 사람 또는 환경과 주거나 받는 커뮤니케이션을 하면서 산다. 수많은 커뮤니케이션 결과에 따라 개인의 성공과 실패가 결정될 수 있는 개연성이 아주 높다. 그렇기 때문에 시간을 투자하여 커뮤니케이션 기술을 배우고 사람들과 교제할 수 있는 능력을 기르고자 노력할 때 당신의 삶은 윤택해진다. 어떤 상황에서든 누군가를 설득시키고, 공감을 이끌어낼 수 있다면 더 많은 기회를 얻을 수 있다. 소통하지 않으면 불가능한 일이다. 이것이 바로 효과적인 커뮤니케이션 기술의 힘이다.

기업도 마찬가지다. 생산한 제품과 서비스를 대중들이 오랫동안 친근하게 기억할 수 있도록 디자인하고, 상징성을 부여하는 등 꾸준하게 커뮤니케이션하는 것이 중요하다. 시장에서 자신만의 독점적 지위를 갖게 하는 브랜드화에서 커뮤니케이션은 절대 빼놓을 수 없는 요소다.

세계적인 브랜드 컨설팅 기업 인터브랜드Interbrand가 2014년 발표한 글로벌 브랜드 가치에 따르면 1위 애플의 브랜드 가치는 1,100억 달러가 넘게 평가받고 있다. 스티브 잡스가 추락하던 애플의 브랜드 이미지를 되살리려고 처음 시도한 것도 새로운 관점의 커뮤니케이션 방법이었다. 일방적으로 제품을 소개하기보다 애플은 아직 건재하며, 세상의 모든 것과는 전혀 다른 창의적인 것을 추구한다는 캠페인을 대대적으로 전달했다. 또한 신제품 출시 이전에 제품의 인지도를 높이고, 긍정적인 이미지를 창출하고자 했다. 다양한 채널을 통한 프리론칭pre-launching 커뮤니케이션으로 론칭 시점에 발생하는 낮은 판매율, 높은 유통과 프로모션 비용에 따라 발생할 수 있는 적자를 최소화했다. 대중은 누구나 새로운 아이폰이 출시하는 날짜를 기억하고, 혁신적인 기능을 기대하게 된다.

이것이 브랜드 파워이며, 경쟁력이다. 우리가 매일 하고 있는 커뮤니케이션을 더욱 체계적으로 정리하고 효율적으로 구성해야 하는 이유도 커뮤니케이션 자체가 경쟁력이며 기회의 원천이기 때문이다.

우리 개개인에게는 상품 가치로 만들어낼 수 있는 것이 하나씩 있다. 그것은 경험으로 얻은 지식이거나 교육과 학습을 통해 배운 것들이다. 경우에 따라서는 우연한 체험, 기발한 아이디어를 통해 습득된 지식일 수도 있다. 그러나 지식이 머릿속에만 고이 간직되고 있다면 충분한 값어치를 가지지 못한다. 내가 가진 지식을 더욱 값어치 있게 빛나게 하는 기술이 바로 커뮤니케이션이다.

레지나 안네지오누^{Regina Anaejionu}는 커뮤니케이션을 효과적으로 활용한 성공적인 지식 창업자다. 레지나는 텍사스 대학교(오스틴 캠퍼스)와 휴스턴틸롯슨 대학교^{Huston-Tillotson University}에서 기업가 정신과 비즈니스 교육을 받았다. 그녀는 1인 기업(티셔츠 사업, 그래픽 디자인), 작가, 비즈니스와 관련해서 수년간 컨설팅과 강의를 했으나, 반복되는 업무 속에서 정체성에 대한 불안감을 느꼈고, 결국 자신이 가진 지식을 바탕으로 지식 창업자라는 새로운 삶에 도전하게 된다.

현재 레지나는 블로그 운영법 등의 콘텐츠로 1인 기업가들에게 컨설팅 서비스를 제공하는 지식 창업자로 안착했다. 지식 창업자로서 그녀의 성공을 소득으로 평가해본다면, 대략 월평균 1만 6,000달러 정도를 벌어들인다. 보통 블로그 강의를 통해 5,500달러, 저서를 통해 3,200달러 그리고 블로그 컨설팅 업무로 2,000달러, 블로그 관련 전자책을 통해서 1,500달러를 벌어들이고 있다.

지식 창업자는 지식과 정보로 사업을 하는 사람이다. 즉 홀로 끊임없이 고민해 정보를 생산하기보다는 끊임없이 다양한 사람들과의 교류를 통해 정보를 습득하는 것이 필수적이다.

이 과정에서 시대 흐름을 읽고 여기에 맞춰 자신이 가진 지식과 정보를 업그레이드하는 과정을 지속해야 한다. 특히 인터넷과 소셜 네트워크의 급속한 보급으로 인해 더 이상 지식 창업자와 고객의 만남에 시공간상의 제한이 없어졌다. 지식, 정보의 생산자와 소비자가 공존하는 환경에서 자신이 가진 지식을 단순히 일방적으로 전달하는 것이 아닌 쌍방이 소통하며, 진화한 것이 소셜 네트워크가 가져온 커뮤니케이션 환경의 중대한 변화다.

레지나 역시 대중과 커뮤니케이션하기 위해 웹사이트와 소셜 네트워크를 적극 활용한다. 특히 그녀는 트위터나 핀터레스트^{Pinterest} 등 다양한 소셜 커뮤니티를 통해 사람들과 소통하는 것을 좋아한다. 단순히 자신을 알리기 위한 목적뿐만 아니라, 고객과 관계를 구축하고 유지하며 강화해나갈 수 있는 통로로써 활용한다. 8,400명의 트위터 팔로워들과 경험과 느낌을 공유하며 단 한 줄의 메시지이지만 자신에 대한 이미지를 긍정적으로 변화시킬 수 있는 계기를 만들고 있다.

또한 블로그와 웹사이트를 통해 쌍방향 소통을 중시하고 늘 타인의 의견에 귀를 기울인다. 모든 사람들에게 삶의 방식을 오픈하고 상대로 하여금 공감을 이끌어내는 방법으로 고객을 모은다. 특히 레지나는 자신의 웹사이트를 방문하는 사람들과 대화하며 새로운 답을 찾기 위해서 끊임없이 질문하고 답한다. 자신만의 지식을 통해 전문적인 해결안을 제시하기보다는 대화를 통한 맞춤형 해결 방안을 스스로 찾을 수 있도록 도와준다.

웹사이트 및 소셜 네트워크를 통한 레지나만의 커뮤니케이션 성공 전략은 고객과 소통을 통해 정보를 수집하고 고객 스스로 해답을 깨우칠 수 있도록 아이디어를 전달하며 용기를 주는 것에서 출발한다.

레지나의 웹사이트*

---

* http://byregina.com/zero-to-blog/

고객을 확보하기 위한 레지나만의 주요 커뮤니케이션 전략은 선제안을 통한 것이다. 그녀의 제안은 두 가지로 요약할 수 있다. "이런 삶에서 가치를 찾을 수 있으니 이렇게 해보세요."라고 방법을 제안하는 설계형 커뮤니케이션과 "어떤 어려움에 처해지면 이렇게 해결하세요."라고 하는 문제 해결형 커뮤니케이션이다. 두 가지 커뮤니케이션 방법으로 잠재 고객들에게 제안들의 가치를 어필한다. 레지나는 자신의 웹사이트에서 파워 블로거가 되기 위한 방법을 설명하기에 앞서 블로그를 시작하는 목적과 사업계획을 먼저 얘기한다. 자신에게 의미 있는 것을 만들고 무엇을 성장시킬지에 대해 자신만의 가치를 찾도록 권하다. 그리고 10주라는 시간 내에 새로운 블로거가 되기 위한 방법을 여러 가지 옵션과 함께 제안한다.

이러한 일련의 커뮤니케이션 과정은 자신 스스로 지식 창업자로서 그리고 파워 블로거로서 삶의 가치를 제시하고 대중의 공감을 이끌어냄으로써 자신의 제안에 대한 신뢰성을 더한다.

지식 창업자에게 상품은 지식이며 정보다. 이는 다른 형상화된 사물보다 모호할 수 있기 때문에 눈에 보이지는 않지만 구체적이고 명확한 가치와 효과를 제시해야 한다. 레지나는 자신의 지식을 구체화하고 상품화하기 위한 커뮤니케이션 전략으로 글쓰기를 주로 활용했다. 1인 기업가로서 성공하기 위한 사람들 대상의 가이드북과 매뉴얼은 그녀의 생생한 경험이 고스란히 담겨 있다. '소셜 미디어를 통해 블로그 방문자 수를 늘리는 방법', '블로거와 협업하는 방법',

'블로그에 수익성 있는 콘텐츠를 만드는 방법' 등 구체적이면서 효과적인 방법들이 설득력 있게 포스팅되어 있다. 실제 그녀 자신이 파워 블로거로서 성공하는 과정에서 작성했던 계획표나 워크시트들을 함께 제공함으로써 자신만의 지식을 구체적으로 전달하고 있는 것이다. 특히 레지나의 글이 신뢰를 받고 있는 것은 그녀가 분기별로 자신의 수입을 구체적으로 제시하며, 자신과 같은 지식 창업자로서의 삶이 괜찮다는 것을 증명하고 있다는 점이다.

"기술을 아는 독자뿐 아니라 모르는 독자들도, 경쟁사 직원에서부터 나의 아버지와 어머니까지 염두에 두고 글을 쓴다."

기업 CEO 블로그 스타 선마이크로시스템즈Sun Microsystems의 조너선 슈워츠Jonathan Schwartz가 업계 사안이나 기술에 대한 내용을 블로그에 포스팅한 글로, 메시지의 진정성이 얼마나 중요한지 강조한 글이다. 글쓰기로 커뮤니케이션할 때 가장 중요한 것은 화려한 문장이나 미사여구가 아닌 진정성이 담긴 콘텐츠에 있다. 요란하게 말뿐인 콘텐츠를 소비하는 데 많은 시간을 허락할 고객은 없다. 레지나가 고객과 소통함에 있어 그 바탕에는 무엇보다 자신만의 경험과 성공 노하우가 놓여 있다. 자신이 블로거로서 성공하기 위해 걸어왔던 길을 솔직하게 공유함으로써 결과를 담보로 한 양질의 콘텐츠를 완성시킬 수 있었다. 여기에 레지나의 경험과 고객들의 경험이 연결되면서 더 큰 진정성을 제공한다.

'열광하는 팬'을 결합하라

아리스토텔레스는 "인간은 사회적 동물이다."라고 정의했다. 인류의 역사는 진화론적으로 관계의 연속이다. 그 관계 속에서 갈등과 화합이 이루어진 것이 인간사회의 전반을 설명하는 중요한 틀이 되었다. '인간人間'이란 한자가 사람과 사람 사이를 의미하는 것도 우연은 아니다. 따라서 어느 누구도 관계를 떠나서 살아갈 수는 없다.

카네기 재단에서 5년간에 걸쳐, 카네기 공과대학 졸업생 1만 명 대상으로 성공의 요인에 대하여 설문조사를 한 적이 있다. 결과는 놀랍게도 전체의 85%(8,500명)가 지식, 명예, 가족의 부가 아닌 인간관계가 가장 중요하다고 답했다. 나머지 15%는 기술이라고 답변했다. 이런 사실은 하버드대 위건Wiggan 교수가 가정생활과 사회생활에 실패한 사람을 조사한 결과에도 동일하게 나타났다. 즉 능력이 부족했던 사람은 15%에 불과했고 나머지 85%는 인간관계를 잘못했기 때문이라고 조사되었다. 성공적인 인간관계를 만든 사람들이 주로 사용한 방법 중 하나는 비언어적 커뮤니케이션 방법, 즉 여러 가지 제스처를 효과적으로 사용하는 것이다. 입으로는 칭찬을 통해 많은 용기를 주었으며, 손으로는 상대방에게 자기의 진솔한 감정이나 사랑을 표현했고, 발로는 상대가 어려움에 처해 있거나 아플 때 찾아가 안부를 묻고 위로한 것이 성공의 비결이었다.

최근 글쓰기와 말하기가 성공의 필수 조건이 되면서 스킬 향상과 방법들에 관한 책이나 학원이 성업하고 있다. 대부분이 기술적인 커뮤니케이션에 집중하고 기법에 초점이 맞춰진 상황이다. 하지만 분명한 건 인간관계가 기술적인 것으로만 형성될 수 없다는 점이다. 장기적인 관계를 형성하기 위해서는 관계 중심의 커뮤니케이션에 대한 투자도 필요하다. 관계는 기본적으로 접촉을 통해서만 자연스럽게 발생한다. 양자 간의 커뮤니케이션이 어떠했느냐에 따라 긍정적이거나 부정적인 관계로 발전하게 된다. 남녀가 처음 만나서 상호 의도를 탐색할 때 대화다운 대화를 나누지 못하고 일방통행을 하게 되면 관계는 지속될 수 없다. 하지만 적당한 대화를 통해 상대방의 의도를 정확히 파악하고 지속적인 교류가 완성된다면 긍정적인 관계를 지속적으로 유지할 수 있다.

비즈니스에서도 동일한 매커니즘이 작용하게 된다. 고객과의 커뮤니케이션 과정을 통해 정확한 니즈를 파악하고 이에 대한 적절한 대응이 이루어진다면 성공적인 관계로 발전할 수 있게 된다. 최근 디지털 환경에서는 고객과의 관계를 확보하기 위한 다양한 소셜 네트워크를 활용하게 된다. 트위터, 페이스북, 인스타그램과 같은 도구들을 통해서 다양한 온라인 고객들을 만나고, 고객의 관심사를 다방면에서 확인할 수 있게 되었다.

이런 관점에서 구글은 사내 직원들 간의 긍정적인 관계 중심 커뮤니케이션을 지속적으로 지원하며 현재 실리콘 밸리의 신화를 만들었다. 이와 관련해 구글의 에릭 슈미트 회장이 〈비즈니스 2.0〉과의

말하고, 쓰고, 공감하라_ 커뮤니케이션 전략

인터뷰에서 구글의 성공 법칙 10가지를 설명한 적이 있다. 그 중 2가지가 회사 내 커뮤니케이션과 관련된 내용으로, 팀원 간의 원활한 의사소통을 위해 직원은 모두 한 공간에 있어야 한다는 법칙과 모든 조직원이 자유롭게 의사소통해야 한다는 법칙이다. 특히 간단한 다과와 음료수를 곁들인 토론 시간은 매주 금요일 구글 사무실의 풍경이다. 지속적이며 개방된 커뮤니케이션이야말로 현재 구글의 성공을 말해주는 것이다.

마이크 톰슨^{Mike Thomson} 박사는 에듀테인먼트^{edutainment}를 이용하여 리더십과 사람들의 삶에 대해 기업과 학교, 여러 단체들을 대상으로 컨설팅 서비스를 제공하는 지식 창업자다.* 톰슨 박사는 7년 동안 오스틴, 미네소타 고등학교 하키 팀 코치를 지냈으며 메이요 클리닉^{Mayo Clinic}의 심리학과에서 알코올 및 약물 중독 청소년을 치료하며 업무를 시작했다. 미네소타와 오하이오 건강센터의 감독관이 되면서 전국 다양한 청소년들의 리더십과 성격 개발 프로그램을 지도했다. 이런 활동들을 통해 20년 동안 지식 창업자로서 '무제한 성공' 코칭과 개인 트레이닝 사업을 성공적으로 수행하고 있다.

톰슨 박사는 직장, 학교 그리고 가정에서 활용할 수 있는 무제한 성공 사고 시스템을 개발해, 즐기면서 익힐 수 있는 에듀테인먼트 방식의 두뇌 훈련법을 다양한 계층의 사람들에게 보급하고 있다. 톰슨 박

---

* http://www.drmikethomson.com/

사는 자신의 교육법을 "당신이 상상하거나 처리해야 하는 어떠한 상황이나 환경 속에서도 당신의 삶과 비즈니스가 무제한 성공을 달성할 수 있도록 하는 솔루션"이라고 설명한다. 그의 교육법은 20여 권의 책과 수많은 DVD와 오디오 프로그램을 통해 제공하고 있으며, 다양한 TV 쇼와 라디오 프로그램에 나와서 이를 전달하고 있다.

톰슨 박사를 성공으로 이끈 주된 커뮤니케이션 기술은 말하기다. 특유의 유머와 열정을 담은 화법은 청중의 마음을 오랫동안 잡아두는 역할을 한다. 톰슨 박사의 워크숍에 참석했던 인디애나 상공회의소 이사 조이스 웨스트Joyce West는 그의 강의를 두고 "우리가 이제까지 겪었던 것 중 가장 즐거운 시간이었으며, 그처럼 재미와 유익한 정보를 모두 제안할 수 있는 전문가를 찾는 것은 불가능하다."라고 평가했다. 또한 갤리온Galion 병원의 메리 스웨링겐Mari Swearingen은 톰슨 박사의 프로그램을 접한 후 "우리 병원의 직원 모두가 믿을 수 없는 경험을 했다. 그의 긍정적인 메시지는 일주일 동안 지속되었으며, 지금도 말과 생각을 활용하고 있다."라고 말한다. 10년 가까이 학교에서 근무했던 경험, 청소년을 지도했던 경험, 지식 창업자로서의 경험 등이 톰슨 박사만의 콘텐츠가 되어 유쾌한 강의를 만들 수 있었다. 그의 강의는 청중들에게 변화할 수 있는 자극과 무제한 성공으로 갈 수 있는 계기를 제공하고 있다. 이는 그의 웹사이트에서 판매되고 있는 다양한 DVD 영상을 통해서 확인할 수 있다.

톰슨 박사의 커뮤니케이션 전략에서 한 가지 주목해야 할 점은 모든 말하기와 글쓰기를 통한 소통이 관계를 기반으로 한다는 점이다. 그의 웹사이트를 보면 '열광하는 팬들$^{raving\ fans}$'이라는 메뉴가 있다. 톰슨 박사에게 고객은 단순히 자신의 제품이나 서비스를 이용하는 사용자가 아니라, 자신의 생각과 열정을 지지하며 열광해주는 팬들이다. 단순히 능수능란한 말재주나 글솜씨로 자신의 지식을 전달하는 것을 넘어 고객과 비전과 생각을 함께할 수 있는 관계를 만들어가고 있다.

고객만족이라는 표어가 일상화되어 있는 비즈니스 환경 속에서 고객을 팬으로 만드는 것이 모든 마케팅 이론의 궁극적인 목표다. 톰슨 박사는 자신의 팬들이 남긴 수많은 사례와 경험을 소개하며 고객과의 관계를 더욱 돈독히 한다. 여기에 소셜 네트워크를 활용함으로써 이러한 고객과의 관계를 더욱 강화시키고 있다. 그는 정신과 의사들을 비롯해 강사, 육군, 인디애나 교통 협의회 담당자, 부동산 관리자까지 다양한 계층 사람들과 온라인 커뮤니케이션을 이어오고 있다. 페이스북, 트위터, 링크드인을 활용해 사회적 이슈, 개인적 문제, 가족, 친구 문제까지 끊임없는 질문과 답변을 해주고 있다. 다양한 공감을 통해 고객들과 친밀감을 계속 유지하고 있다. 그에게 컨설팅을 요청하는 단체는 수백 곳을 넘어서고 있다. 관계의 소통으로 지속적인 고객 확보가 유지되고 있는 것이다.

진정성만이 공감이 된다

커뮤니케이션을 설명하는 데 진정성은 큰 가치를 갖는다. 진정성이 있는 커뮤니케이션은 상대방을 움직일 수 있으며, 전달자가 가진 신념을 있는 그대로 전달할 수 있다는 점에서 강점을 갖는다. 지난 2010년 5월 5일 어린이날, 영국 필하모니아 오케스트라와 함께 한센인들의 섬 소록도를 찾은 가왕 조용필은 단 두 곡만 불렀고, 아쉬워하는 섬 주민들에게 "다음에 꼭 개인적으로 다시 오겠다."라는 약속을 남기고 떠났다.* 그리고 이듬해 봄, 조용필은 자신의 밴드와 소록도를 다시 찾았고 그들과의 약속을 지켰다. 공연 후 한센인들의 손을 일일이 잡으며 인사하고 안아줬던 조용필의 모습은 많은 사람들의 가슴을 따뜻하게 했다. 2013년 10년 만에 발매된 조용필의 앨범이 주요 음원 차트를 휩쓸며 젊은 가수들과 어깨를 나란히 하는 인기를 누린 바 있다. 여전히 대중의 사랑을 받고 있는 가왕 조용필의 인기 비결은 노래의 힘과 함께 팬들과의 약속은 반드시 지켜야 한다는 커뮤니케이션의 진정성에서 찾을 수 있다.

이러한 진정성이 있는 커뮤니케이션의 바탕에는 전달자와 피전달자 간의 공감에서 시작된다. 소록도의 한센인들과 가왕 조용필 간의 공감적 교감이 형성되었으며, 조용필이 약속을 지키면서 커뮤니케

---

* http://www.kwangju.co.kr/read.php3?aid=1366556400495064087>

이션의 진정성이 완성된 것이다. 또한 이러한 공감은 많은 대중들에게 전달되며 감동이 넓게 확산된다.

《국부론The Wealth of Nations》을 통해 보이지 않는 손을 주장한 경제학의 아버지 아담 스미스Adam Smith도《도덕 감정론The Theory of Moral Sentiments》에서 공감이라는 주제로 인간이 나아갈 방향을 설명한 바 있다. 아담 스미스는 다른 사람의 마음을 읽는 인간의 능력을 높이 평가했다. 인간은 부유한 사람을 보면 부러워하고, 어려운 상황에 놓인 사람을 보면 자신도 그렇게 될 것을 두려워한다. 인간은 상상을 통해 다른 사람의 처지를 함께 느끼며 이를 잣대로 자신의 목표를 정하고 다른 사람들에게 긍정적인 공감을 얻고자 노력하게 된다. 시간은 상대적이다. 자신이 좋아하는 일에 몰두하고 있다면 시간은 무한정 빨리 가지만, 하기 싫은 일을 해야 한다면 시간은 느리게만 간다. 이는 사람들 사이 대화에서도 동일하게 적용된다. 내가 전혀 모르거나 관심 없는 내용을 상대방이 늘어놓는다면 빨리 그 자리를 벗어나고 싶게 된다. 하지만 평소 관심이 많거나 잘 아는 내용이라면 좀 더 많은 시간을 갖고 대화를 하고 싶어진다.

이처럼 공감은 상호 관심사를 공유하고 상대를 이해하며 동조하는 것에서 시작된다. 따라서 공감 커뮤니케이션이 형성되면, 사실과 논리의 전달도 더욱 용이해진다. 상대방이 이해하고 감동받을 수 있는 가치일 때 대중은 교감하며, 그 진정성을 인정해준다.

4세 이하 영유아 비디오 시장 점유율 1위를 유지하고 있는 대표적인 베스트셀러 DVD 브랜드인 베이비 아인슈타인^{Baby Einstein}을 만든 줄리 에이너 클락^{Julie Aigner-Clark}은 회사를 설립하고 직접 경영에 참여했던 지식 창업자다. 고등학교에서 영어를 가르치던 줄리는 출산과 함께 학교를 그만두고 본격적인 육아를 시작한다. 하지만 자신이 즐겨 들었던 음악과 시, 예술작품 등을 아이에게 경험하게 하고 싶었지만 마땅한 교재가 없다는 것을 발견하고, 여유 시간에 스스로 아이를 위한 교육 영상을 편집하고 녹음을 했다.

이를 바탕으로 1997년 1만 5,000달러를 들여 세운 회사는 이틀 동안 100개의 비디오를 판매하며 성공적인 사업으로 자리 잡았다. 이후 1998년 백만 달러의 수익을 시작으로 매년 급성장을 거듭하며 2004년 월트 디즈니^{Walt Disney} 사에 성공적으로 회사와 브랜드를 매각했다. 이후 그녀의 아이가 초등학교에 다닐 무렵 자녀의 안전을 재미있게 교육하기 위한 프로그램과 아이와 함께 공부하며 놀 수 있는 스마트폰 앱 등을 제작하며, 자신의 육아

지식 창업자 줄리 에이너 클락이 직접 개발한
베이비 아인슈타인 DVD 시리즈

경험을 바탕으로 한 아이디어로 새로운 사업 영역을 개척하고 있다.

줄리가 사용한 커뮤니케이션 기법은 영상 매체를 통한 소통이었지만, 성공의 주된 전략은 부모라면 누구나 공감할 수 있는 육아에 대한 고민과 아이디어가 바탕에 있었다는 점이다. 그녀가 첫 번째로 작업했던 베이비 아인슈타인 DVD는 다양한 장난감 영상들에 음악과 이야기, 숫자 그리고 다양한 언어를 보여준다. 때로는 그녀의 두 딸과 장난감들이 직접 출연하기도 하며 부모이기 때문에 보여줄 수 있는 친근한 모습을 다양한 콘텐츠에 담아 출시한다. 회사를 설립하고 시작한 첫 번째로 한 일 또한 박람회장에 가서 자신이 즐겨 사용하던 유아용품 소매 체인점 부스를 찾아가서 자신의 열정과 스토리를 설명하고 계약한 것이었다. 베이비 아인슈타인 DVD 시청이 아이의 뇌 발달에 도움이 된다는 월트 디즈니의 광고는 2009년 과장 광고 논란을 일으키기도 했지만, 자신의 아이들에게 세상을 체험하고 주변 환경에 대한 영감을 주기 위해 시작했던 줄리의 초기 베이비 아인슈타인 프로젝트의 커뮤니케이션 전략은 여전히 유효하다. 자신의 아이에 좀 더 많은 경험을 하게 해주고 싶은 부모의 마음이 여전히 대중의 공감을 얻고 있으며, 많은 부모들이 베이비 아인슈타인을 선택하고 있다.

줄리는 말한다. "나는 사업가가 되는 것을 원하지 않는다. 나에게 필요한 것은 항상 내가 엄마라는 사실을 아는 것이다. 내가 생각하는 훌륭한 엄마란 아이가 무언가를 하게 하지 않는다. 단지 아이가 미소 짓게 만드는 것이다." 줄리의 홈페이지 주소가 'Mommy Made'인 이유도 엄마가 아이를 생각하며 직접 만들었기 때문이다. 아이가 자연스럽게 사랑을 느낄 수 있을 것이라고 생각하게 하기 위함이다.

공감共感은 한자로 함께 '共'과 느낄 '感'으로 이루어진 단어다. 말 그대로 함께 느끼는 것이다. 비즈니스 세계에서 커뮤니케이션은 주로 설득을 통해 이루어진다. 고객에게 물건을 팔거나, 계약을 따내기 위해 경쟁하며 끊임없이 설득 작업을 수행한다. 하지만 내가 만든 제품이나 생각 등이 상대의 공감을 이끌어냈다면 굳이 설득은 불필요한 작업이 된다. 상호 교감을 통해 고객은 호의적이고 긍정적인 반응을 보이게 된다. 줄리가 자신의 아이를 위해 고민했던 것이 많은 부모들의 공감을 얻어냈고, 현재까지도 이러한 공감을 바탕으로 성공적인 지식 창업자로 자리 잡고 있다.

스낵처럼 쉽게 소비되는 '스낵컬처'가 뜨고 있다. 대중들은 인터넷 공간을 넘나드는 수많은 정보와 영상의 홍수 속에서 단지 5~10분 정도만 할애해 문화를 즐기기를 원할 뿐이다. 콘텐츠가 갖는 의미나 내용보다는 흥미나 재미 중심으로 관심이 집중되기 때문에 초기에 주목받지 못한 콘텐츠는 쉽게 잊혀진다. 특히 스마트폰을 언제나 손에 쥐고 있는 세대에게 순간순간 제공되는 볼거리는 시간을 때우기 위한 오락거리 중 하나가 되었다. 이러한 스낵컬처 시대 속 수많은 흥미 위주의 콘텐츠 사이에서 자신의 지식과 정보를 제품화하여 시장에 어필하기 위해서는 커뮤니케이션 전략이 가장 필요하다. 이를 통해야만 기회를 만들고 고객과의 관계를 형성할 수 있다.

4 IT, 전략적으로 활용하라
창업자를 위한 IT 활용법

좋은 아이디어를 구체화시키고, 창업으로 연결할 때 가장 필요한 것이 내 아이디어를 소개할 웹사이트 혹은 모바일 앱이다. 쉽게 할 수 있을까? 너무 고민할 필요 없다. 나를 도와줄 무료 혹은 적은 비용의 서비스가 매우 많기 때문이다.

웹사이트 만들기

1_ 도메인을 선정한다

도메인 관리회사인 후이즈^{whois.co.kr} 또는 가비아^{gabia.com}에서 필요한 도메인을 선택한다. 도메인 관련 서비스를 종합적으로 서비스해준다.

2_ 호스팅 업체를 선택한다

최근에는 네이버나 다음과 같은 포털사이트에서 블로그나 카페 또는 일반 웹사이트 서비스를 무료로 제공하고 있다. 경우에 따라서는 전문 호스팅 업체를 활용한다. 가비아 혹은 후이즈에서도 도메인과 별도로 웹사이트 호스팅 서비스를 같이 제공한다. 이 외에도 카페24^{cafe24.com}, 닷홈^{dothome.co.kr}과 같은 전문 호스팅 업체를 활용해도 된다.

3_ 웹사이트를 개발한다

개인이 웹사이트를 구성하는 방법은 여러 가지가 존재한다. 일반적으로 자본이 풍부한 경우라면 웹사이트 전문 업체^{web agency}에게 웹 개발과 디자인을 의뢰하는 방법이 있다. 반면에 웹사이트를 외부에 의뢰할 정도의 경제적 여건이 없는 경우에는 무료로 웹사이트를 구성해주는 서비스를 사용하면 된다.

무료 웹사이트 서비스

서비스	장점	단점
윅스 wix.com	– 드래그 앤 드랍 방식 – 쉽게 홈페이지 제작 가능 – 무료 도메인 제공	– 속도 느림(서버 외국 존재) – 게시판 기능 없음 – 무료 사용 시 광고 배너 노출
위블리 weebly.com	– 드래그 앤 드랍 방식 – 다양한 제작 툴	– 도메인 연결 시 비용 소요 – 속도 느림
워드프레스 wordpress.com	– 오픈소스로 무료 – 다양한 기능 삽입 가능	– HTML/CSS 알아야 소스 수정

4_ 검색엔진에 웹사이트 등록하기

검색엔진에 웹사이트의 주소가 없다는 걸 확인했다면 바로 등록하자. 주요 포털 및 검색엔진에 등록하는 방법은 다양하다. 경우에 따라 비용이 소요되는 경우도 있다. 일반적으로 비용이 들지 않는 방법으로 등록이 가능한 링크부터 시작한다.

- 구글에 등록하기: https://www.google.com/webmasters/tools/submit-url
- 빙BING에 등록하기: http://www.bing.com/toolbox/submit-site-url
- 다음에 등록하기: https://register.search.daum.net/index.daum
- 네이버에 등록하기: https://submit.naver.com/regist.nhn

빠른 등록이 필요할 경우에는 검색엔진에 전문적으로 등록해주는 대행업체를 활용하는 것도 가능하다.

5_ 모바일 앱을 만들어보자

모바일 앱을 만드는 건 전문적인 기술이 필요한 영역이라 쉽게 접근하지 못하는 경우가 많다. 모바일에서 지식을 활용하기 위해서는 개발보다는 어떻게 지식을 제공하고 구성할 것인지 시나리오를 잘 짜는 것이 중요하다.

1) 와이어 프레임 그리기
모바일 서비스를 위해 와이어 프레임을 그리는 것부터 시작된다. 대략적인 화면 구성이나 기능들이 깔끔하게 정리된 설계도이다. 온라인에서 쉽게 툴킷toolkit으로 제작이

툴킷을 활용한 와이어 프레임 설계도

가능하다awesomekit.me. 파워포인트로 그려도 되고, 손으로 그려서 캡처해도 된다. 중요한 건 내 지식을 어떻게 고객에게 전달할 것인가에 대한 시나리오가 중요하다.

2) 전문적인 앱 개발자에게 아웃소싱

와이어 프레임만 있으면 대략적인 앱 개발을 위한 아웃소싱 요청이 가능하다. 위쉬캣 wishket.com, 바투와batuwa.co.kr, 위원츄wewantu.co.kr와 같은 전문적인 IT 프로젝트 아웃소싱 플랫폼은 앱 개발 및 웹디자인 그리고 쇼핑몰 제작과 관련해서 전문적인 개발자를 찾을 수 있고, 대략적인 금액을 확인할 수 있다. 개발이 완료되어 검수가 완성되어야 비용이 지불되기 때문에 믿을 수 있다.

CHAPTER 6

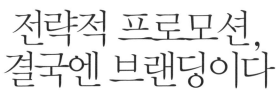

전략적 프로모션,
결국엔 브랜딩이다
-프로모션 전략-

"지식 창업자 캐럴 로스 Caral Roth 는 다국적 기업에서부터 1인 기업까지 다양한 비즈니스 환경에서 적용할 수 있는 전략을 컨설팅하며, 자신만의 브랜드를 알려가고 있다. 캐럴은 자신의 전공 분야라고 할 수 있는 기업전략이나 경영 같은 무거운 느낌의 주제보다는 대중, 특히 여성의 관심 분야인 패션 트렌드를 소개하는 블로그를 운영하고 있다. 하이힐을 편하게 신는 방법이나 메이크업을 통해 아름다워질 수 있는 기법까지 다양한 분야의 패션 관련 내용을 다룬다. 자칫 주된 업무와 무관해 보이지만 캐럴의 블로그는 비즈니스에 대한 그녀의 마인드와 전문성을 높이는 데 일조한다."

디지털 시대의 프로모션

전통적으로 홍보에 대한 인식은 기업이나 조직이 자신을 알리기 위해 언론과의 관계를 관리하는 것으로 알려져왔다. 기사 보도나 회견, 인터뷰, 프레스킷press kit 작성 등과 같이 언론과 관련된 업무가 주를 이루어왔다. 하지만 새로운 기술산업의 발전과 세계화는 수요보다 공급과잉의 시대를 초래했고 더욱 치열한 경쟁관계로 돌입하게 했다.

이런 시장의 변화에 따라 홍보 역시 과거의 언론 일변도에서 이해관계에 있는 모든 공중 사이에 커뮤니케이션 관리로 변화하게 된다. 또한 홍보 대상도 일반 기업이었다면, 지금은 다양한 목적을 바탕으로 개인에게까지 전파되게 된다. 널리 알린다는 의미의 홍보는 기업 마케팅 전략부터 개인 브랜드까지 상품 매출과 연관된 연결 고리 전반에 영향을 미치며, 인터넷 쇼핑에서부터 세일즈, 마케팅까지 다양한 분야에서 활용되고 있다.

　마케팅과 브랜드 그리고 광고와 홍보의 차이가 무엇인지 일반 사람들이 쉽게 구별하는 것은 쉽지 않다. EBS 다큐프라임 '소비는 감정이다'는 광고 전문업체 애즈오브더월드^{Ads of the world}의 설명을 인용해 '마케팅, PR, 광고와 브랜딩의 차이^{The Difference between Marketing, PR, Advertising and Branding}'를 설명하고 있다.

　마케팅은 첫눈에 반한 이성에게 "나는 당신을 진심으로 사랑해." 라고 자신의 마음을 고백하는 것이다. 가장 광범위한 개념이며 한두 명의 고객에서 시작해, 수천, 수만 명의 고객으로 넓혀나가기 위한 전략이다. 기업 입장에서 고객의 요구사항을 정의하고 이에 맞는 제품을 개발하고 유통망을 통해 고객에게 전달하는 일련의 과정이 여기에 속한다. 두 번째로 PR은 다른 사람을 통해 자신을 알리는 것이다. 자신이 좋아하는 이성의 친구를 통해 "날 믿어도 좋아. 그 남자는 진심으로 너를 사랑해."라고 말하게 하는 것이다. 기업들의 이미지 광고나 사회봉사 활동 등이 이에 속한다. 대중들에게 호감을 얻고 이를 자사 제품 판매와 연결하고자 하는 시도다. 세 번째로 광고는 상대에게 "나는 진심으로 너를 사랑해. 나는 진심으로 당신을 사랑해⋯." 이렇게 계속해서 자신이 담고자 하는 의미를 전달하는 것이다. 제품이 가진 메시지를 지속적으로 전달함으로써 자연스럽게 구매까지 연결되도록 한다. 마지막으로 브랜드는 상대가 먼저 자신을 알아보게 하는 것이다. 상대방이 먼저 "너는 나를 진심으로 사랑하고 있어."라고 알아채도록 유도하는 것이다. 흔히 상표와 같이 쓰이며, 상표를 통해 전달받는 모든 이미지의 집합체이자 결과가 브랜드의 높낮이를 조정한다. 결국 소비자가 이미지를 먼저 느끼도록 한다.

비싼 가격임에도 명품을 구매하고 사용함으로써 구매자가 자부심을 느끼는 것이 쉬운 예다.

마케팅, PR, 광고, 브랜드 모두 제품 또는 가치를 알리고 소비자의 선택까지 연결하기 위한 여러 홍보 전략 중 하나이며, 고객의 인식에 변화를 주어 그들의 행동을 바꾸기 위한 수단으로 활용된다. 물론 이들 사이에 선후 관계나 지향점의 차이는 존재한다. 홍보가 궁극적으로 지향하는 바가

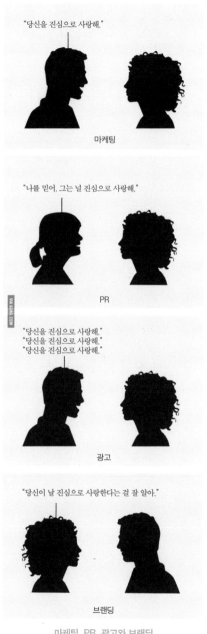

마케팅, PR, 광고와 브랜딩

고객들의 머릿속에 자신의 브랜드를 각인시키는 것이라면, 이를 위해 필요한 것은 광고나 PR이며 그 저변에는 마케팅 전략이 깔려 있다.《홍보 불변의 법칙The Fall of Advertising and The Rise of PR》의 저자인 마케팅 전문가 부녀 알 리스Al Ries와 로라 리스Laura Ries는 자신들의 책에서 새로운 브랜드를 구축할 때 PR로 먼저 브랜드의 신뢰를 다지고, 이후 광고로 전환해 자신의 상품을 알려야 한다고 강조한다. 별다른 광고 없이 세계적인 브랜드를 구축한 더 바디샵The Body Shop의 아니타 로딕Anita Roddick이 좋은 예다. 로딕은 자연주의 화장품의 원료를 찾아 세계를 여행 다니며 자연스럽게 언론을 통해 자사의 행보를 노출했다. 그 결과, 자사 브랜드 더 바디샵은 자연주의를 지향하는 브랜드 이미지를 고객들에게 심어주게 된다. 광고가 쓸모없다는 것이 아니라 PR을 먼저 활용하는 것이 더 효과적인 접근법이라는 의미다. 특히 최근에는 인터넷과 스마트폰의 발달과 함께 소셜 네트워크나 블로그 등의 파급력이 증가하면서, TV나 신문과 같은 전통적인 미디어의 광고보다 효과적인 새로운 홍보 전략으로 떠오르고 있다.

직원이 행복한 회사로 알려진 온라인 신발 판매 회사 자포스Zappos의 경우는 기업문화 자체를 브랜드화한 경우다. 자포스의 CEO 토니 셰이Tony Hsieh는 '자포스 인사이더Zappos Insider'라는 소셜 네트워크를 통해 인재를 채용하고 직급 체계를 없애 모든 직원이 평등하게 의사 결정에 참여하는 새로운 경영 방식을 실험하고 있다.* 토니 셰이 자신도 트위터를 통해 약 281만 명의 팔로워들과 소통하고, 이를 기업 브랜드 이미지 재고에 적극 활용하고 있다. 2000년에 온라인 쇼핑몰 자포스를 인수한 토니 셰이는, 소비자들이 신발을 살 때 직접 신어보고 구매한다는 점에 착안해 무료배송, 무료반품, 마음에 들 때까지 반품이 가능하도록 파격적인 서비스를 제공한다. 2009년 아마존에 12억 달러에 인수될 때까지 1,300%의 성장률과 75%의 재구매율을 달성하게 된다. 수많은 고객들이 남기는 소셜 네트워크상의 기록들이 PR이 되고 자포스라는 브랜드의 가치를 창출한 경우다.

영국과 네덜란드의 다국적 기업 유니레버^{Unilever}의 자회사로 비누와 바디 등으로 유명한 도브^{Dove}는 2013년 '리얼 뷰티 스케치^{Real Beauty}

도브의 리얼 뷰티 스케치

---

* https://en.wikipedia.org/wiki/Zappos

Sketches'라는 동영상을 공개했다.* 그것은 FBI의 몽타주 전문가가 7명의 일반 여성을 그린 몽타주였다. 그런데 여기에는 특별한 비교가 있었다. 몽타주 전문가는 여성들의 실제 모습을 볼 수 없는 상황에서 각각 두 가지의 그림을 그렸다. 하나는 여성 자신이 본인의 모습을 묘사한 얼굴을 그린 몽타주였고, 다른 하나는 다른 사람이 묘사한 여성의 얼굴을 그린 몽타주였다. 이 두 몽타주를 비교했다. 그 결과는 놀라웠다. 그 결과 7명 모두 전자의 몽타주가 후자의 몽타주보다 못생기게 나왔다. 이 동영상은 인터넷을 통해 퍼졌고 유명세를 넘어 유튜브에서 1억 번 이상 재생되었다. 도브는 칸 국제 광고제에서 그랑프리상을 받게 된다. 여성들에게 자신이 생각하는 것보다 더 아름답다는 사실을 깨우쳐주기 위해 제작되었지만, 이 동영상을 통해 '도브'라는 브랜드는 고객들과의 개인적인 연결 고리를 만들 수 있는 계기가 되었다.

매일 올라오는 전 세계 블로그 포스팅 수는 160만 개이며, 매일 올라오는 트윗 수도 1억 4천만 개에 다다른다. 또한 5억 명의 유저들이 매일 만들어내는 페이스북 콘텐츠 수는 무려 15억 개에 달하며, 유튜브에 올라오는 영상은 하루에 200만 개라고 한다. 정보 커뮤니케이션 홍수 속에서 소셜 네트워크는 새로운 광고 홍보의 플랫폼이며, 이를 어떻게 활용하느냐에 따라 브랜드의 경쟁력이 크게 좌우된

---

* https://ko.wikipedia.org/wiki/도브

다. 이제는 대기업뿐만 아니라 중소 업체나 개인들도 자신만의 소셜 네트워크를 통한 광고 채널을 확보할 수 있으며, 인터넷을 통해 글로벌 시장으로 진출할 수 있는 기회를 얻고 있다.

평범한 개인이 대중에게 자신의 존재를 알리는 일은 쉽지 않다. 특히 과거의 신문과 방송 등 전통적인 매스미디어가 정보 전달을 독점하던 시기에는 더더욱 어려웠다. 단방향 커뮤니케이션의 한계 속에 개인들은 매스미디어에서 선택적으로 보여주는 정보만 받아들일 수밖에 없었다. 자신을 알리기 위해서는 스스로 유명인이 되어 TV에 출연하거나, 신문이나 잡지 등에 인터뷰 또는 기고를 하거나, 금전적인 여유가 된다면 직접 광고를 통해야만 했다.

하지만 지금은 인터넷의 발달과 함께 남녀노소, 지위고하를 막론하고 누구나 자신의 생각을 전파할 수 있는 환경으로 변화했다. 특히 디지털 혁명이라고 일컬어지는 소셜 네트워크와 스마트폰의 등장은 기존 미디어로의 접근을 가로막던 장벽을 완전히 무너뜨렸다. 이제 사람들은 페이스북에서 기업에 대해 말할 수 있으며, 트위터에서 필요한 정보를 업데이트한다.

최근에는 신문 기사의 소재를 소셜 네트워크나 블로그에서 찾는 일이 많아지면서, 기존의 강력했던 전통 매체들도 문턱을 낮추고 개인 독자들과의 거리를 좁히기 위해 노력할 만큼 상황이 역전되었다. 유튜브의 등장과 함께 TV 방송까지 콘텐츠의 창의성과 다양성을 무기로 삼은 맞춤형 TV로부터 도전을 받고 있다. 심지어 '마이리틀텔레비전'은 인터넷 개인 방송의 포맷을 그대로 가져와서 성공하기도 했다. 이제는 누구든 다양한 콘텐츠를 가지고 소셜 네트워크나 블로그, 개인형 TV 등을 통해 자신을 알리고 브랜드화할 수 있으며, 그 기회는 지속적으로 늘어날 것이다.

반대로 이 같은 홍보 시장의 다원화, 다변화는 소셜 네트워크나 블로그를 통한 광고가 무차별적으로 범람하는 상황을 만들기도 한다. 기존의 광고 시장을 소셜 네트워크에 그대로 옮겨온 듯한 메시지를 지루하게 반복하는 경우, 또는 이벤트성 글을 너무나 자주 포스팅할 경우 고객들은 피로감을 느낄 수 있다. 게다가 단기간에 홍보 효과를 극대화하기 위해 인위적으로 포스팅을 늘리거나 잘못된 방식으로 파워 블로거들을 활용하여 소비자를 현혹시키려고 한다면, 브랜드에 대한 부정적인 이미지만 쌓고 잘못된 메시지를 전달하는 역효과가 발생할 수 있다 이제 소비자들은 이들 가운데 진짜를 고를 것이다. 남들과 차별화된 가치를 찾아 이를 발전시킨 기업이나 사업가들만이 인정받는 시대인 것이다.

지식 창업자들에게 홍보는 가장 어려운 부분 중에 하나이다. 자신이 가진 최고의 지식을 가지고 고객들이 꼭 필요한 정보와 서비스를 세상에 내놓는다면 많은 사람들이 자연스럽게 몰려올 것이라고 생각하지만 현실은 그렇지 않다. 대중들은 지식 창업자들이 가진 지식이 무엇인지, 그리고 하고자 하는 서비스가 무엇인지 알 수 있는 방도가 없다. 설사 알고 있다 하더라도 그들이 스스로 찾아오지는 않는다. 시간과 노력을 가지고 관심 있는 대중이 찾아올 수 있도록 끊임없이 알려야 하며, 지도에 흔적을 표시하듯이 장기적인 전략을 가지고 단계별로 접근해야 한다. 성공한 지식 창업자들이 주로 사용했던 홍보 전략은 적극적인 미디어 노출, 연관 영역 활용, 정기적이고 반복적인 홍보로 크게 3가지로 나눌 수 있다.

적극적인 미디어 노출

자신이 가진 재능을 바탕으로 전통적인 매스미디어 시장에 뛰어들어 자신의 이름을 알리고 브랜드화에 성공했다면 지식 창업자들에게는 최상의 결과다. 라디오 진행자이자 비즈니스 관련 프로그램에 게스트로 출연하며, 비즈니스 컨설팅 영역에서 자신만의 브랜드를 구축하고 있는 지식 창업자가 있다. 시카고 출신의 캐럴 로스^{Carol Roth}는 다국적 기업에서부터 1인 기업까지 다양한 비즈니스 환경에서 성공할 수 있는 전략을 컨설팅하며, 자신만의 브랜드를 바탕으로 지식 사업을 진행하고 있다.

캐럴은 1995년 펜실베이니아 대학교 와튼 스쿨^{Wharton School of Business}을 최고의 성적으로 졸업하고, 샌프란시스코에 위치한 몽고메리^{Montgomery} 증권사에서 투자은행 업무를 시작했다. 기업 공개, 사모펀드, M&A, 자산 재평가 등 다양한 업무를 경험하며 최연소 임원으로 선임되기도 했다. 당시 그녀의 고객은 파라마운트^{Paramount}나 디즈니와 같은 굴지의 대기업에서부터 팝스타 케이티 패리$^{Katy\ Perry}$에 이르기까지 다양했으며, 이를 통해 자신의 경력사항을 체계화하고 이를 사업과 연결할 수 있는 영역을 만들어갔다. 2010년 캐럴은 주요 일간지의 베스트셀러 목록에 오른 《엔터프리너 방정식$^{The\ Entrepreneur}$ ^{Equation}》을 출판하며, 본격적으로 지식 창업자로서 첫걸음을 시작했다. 그녀는 이 책에서 주목받는 기업들과 소규모 자영업자의 성공 사례를 바탕으로 수익성 있는 사업을 성공적으로 이끌 수 있는 기업

캐럴 로스의 웹사이트*

---

* http://www.carolroth.com/

가 마인드와 꿈을 현실로 만들 수 있는 로드맵을 제공했다. 자신 또한 사업가로서 그리고 지식 창업자로서 변화를 시도하면서 겪게 된 교훈을 경험 삼아 독자들에게 성공을 위한 혁신과 아이디어를 현실화하는 실행력을 주문한다. 캐럴은 스스로 이를 증명했으며 다양한 방법을 통해 자신만의 브랜드를 구축했다. 현재 그녀는 자신이 운영하는 웹사이트 CarolRoth.com이 중소기업 컨설팅 관련 상위 10개 블로그 중 하나로 선정될 정도로 비즈니스 모델과 기업가 정신 관련 부문에 있어서 최고의 전문가 위치에 올랐다.[*]

전통 매체의 영향력이 점차 줄어들고는 있지만, 여전히 프로모션 시장에 미치는 영향력은 상당 부분 유효하다. TV 방송의 예를 보면, 기존에는 지상파 방송이 미디어 시장을 좌우했다면 최근에는 종합편성채널이 늘어나면서 시청자의 눈을 사로잡기 위한 경쟁이 더 치열해졌다. 이런 이유로 새로운 포맷의 프로그램 제작이 늘어나게 되고 일부 유명 방송인만으로는 프로그램을 다 채우는 데 한계에 이르면서 그 빈자리를 일반인이 채우는 형태로 발전했다. 그리고 실제 일반인이 패널로 출연하는 몇몇 프로그램은 대박을 거두며 질 높은 콘텐츠를 양산하게 되었다.

최근에는 케이블, 종편, 지상파 등에 셰프 한두 명이 나오지 않는 프로그램을 찾기 어려울 정도로 음식 관련 프로그램이 늘어나고 있

---

[*] https://en.wikipedia.org/wiki/Carol_Roth

전략적 프로모션, 결국엔 브랜딩이다_프로모션 전략

다. 그래서 '쉐프 테이너'라는 쉐프와 엔터테이너의 합성어까지 등장했다. 물론 방송에 등장하는 셰프들이 이미 해당 영역에서 다년간 명성을 쌓은 이들이기는 하지만 레스토랑의 오너들에게 방송 출연은 자신을 프로모션하기 위한 최고의 기회다. 실제로 방송 출연으로 얻게 된 인지도는 큰 폭의 매출 상승으로 연결되었다. 의사들이 건강 정보를 공유하는 예능 프로그램에 출연해 인지도를 높인 것도 비슷하다. 이들은 전문적인 의학 정보를 일반인들이 알기 쉽게 설명해줌으로써 시청자들의 큰 호응을 얻어냈다. 당연히 해당 의사들의 인지도가 높아졌고, 그들이 소유하거나 근무하는 병원은 예약을 잡기 어려울 만큼 인기를 누리기도 했다. 하지만 최근에는 방송에 출연한 의사들이 자신의 병원이나 의약품들을 과도하게 홍보한다는 비판의 목소리가 커지면서, 대한의사협회가 자체적인 방송 출연 가이드라인을 만들기도 했다. 이처럼 방송 문턱이 낮아지면서 과거에 비해 일반인들이 자신을 알릴 수 있는 기회가 많아진 것은 사실이다. 비록 문제점이 없는 것은 아니지만 자신만의 브랜드를 만들고자 하는 기업가들에게 미디어의 증가가 훌륭한 기회인 것만은 틀림없어 보인다.

캐럴 역시 미디어를 적극적으로 활용하면서 사업화의 기회를 만들어갔다. 미국의 경우에는 케이블 방송의 규모나 영향력이 우리나라보다 훨씬 크고 채널 수도 많기 때문에 어느 정도 전문가적 조건을 갖췄다면 출연의 기회가 더욱 많다. 캐럴은 2010년 책을 출판한 후에 소규모 지역 케이블 TV에 중소기업 분석 관련 패널로 출연하면서, 이후 적극적으로 방송활동을 병행했다. 이후 Fox 비즈니스 채널의 '바니&코Varney&Co,' CNN '피어스 모건 투나잇Piers Morgan Tonight,' CNBC의 '클로징 벨Closing Bell,' MSNBC의 '유어 비즈니스Your Business,' Fox뉴스의 '아메리칸 라이브 위드 메긴 켈리American Live with Megyn Kelly,' Fox비즈니스 채널의 '더 탐 설리번 쇼The Tom Sullivan Show'와 '더 윌리스 리포트The Willis Report' 등 프로그램의 게스트로 출연했다. 특히 2012년 미국 대통령 선거 기간 중 토론 패널로 출연하며, 전국적으로 자신의 이름을 알리는 계기를 마련했다. 물론 그녀 자신의 인지도를 끌어올릴 수 있던 원동력이 상당 부분 이미 출간했던 책의 성공에 있

캐럴 로스의 책을 소개하는 사이트*

---

* http://theentrepreneurequation.com/

었지만, 엄밀하게 보면 방송 출연을 프로모션의 효과적인 도구로 활용했던 그녀만의 브랜드 전략이 있었기에 가능했다. 2013년에는 WGN 라디오 '눈 쇼Noon Show'의 메인 진행자로서 방송 커리어를 확대하기에 이르렀다. 이외에도 수많은 라디오 방송 및 팟캐스트, 비디오 등을 통해 끊임없이 대중과의 소통을 지향하며 성공적으로 자신을 알려나갔다.

캐럴의 사례에서 한 가지 더 의미 있게 봐야 할 부분은 그녀가 단지 방송 출연을 통해 자신의 이름을 알리는 것에만 의미를 둔 것이 아니라는 점이다. 그녀는 정확하게, 그리고 스토리라인을 가지고 자신의 메시지를 전달했고, 대중들에게 먹혀들어갔다. 스타트업들이 사업 계획부터 자본 확충, 이윤 추구에 이르기까지, 스스로를 어떻게 평가해야 하는지에 대한 방법론과 영속적인 기업경영을 위한 다양한 관점의 전략 과제 그리고 어느 시점에 사업을 종료하거나 매각해야 하는지 등에 대한 팁과 주의사항 등이 주요한 스토리 라인에 포함되었다. 이는 지식 창업자로서 캐럴이 제안하는, 그야말로 대중들이 원하는 지식의 정수였다.

연관 영역 활용

최근에 드라마를 보면 극의 흐름과는 별개로 여러 제품들이 자연스럽게 노출되는 장면을 종종 볼 수 있다. 2010년 간접 광고가 합법화되면서 PPL은 빠르게 성장하고 있는 중이다. 장면이나 상황에 맞게 광고하고자 하는 제품을 배치하거나, 때로는 노골적으로 광고 문구를 삽입하기도 한다. 지상파 3사의 간접광고 매출액은 2010년에는 30억 원에 불과했던 것이 2014년에는 큰 폭으로 증가해 405억 원으로 파악되고 있다. 최근 지상파의 광고 매출이 꾸준히 줄고 있는 것을 고려하면 놀라운 결과다.

심리학자 로버트 자이언스^{Robert Zajonc}는 '단순 노출 효과^{mere exposure effect}'에 대해 낯선 물건에 자주 노출될수록 호감도가 높아지는 경향이 있다고 설명한다. 자기가 좋아하는 배우나 드라마 캐릭터가 자주 사용하는 물건이라면 자연스럽게 모방 심리가 작동하게 된다. 대놓고 제품을 광고할 경우 발생할 수 있는 반발 심리를 자연스럽게 해소하며 소비자들의 구매 욕구를 자극할 수 있다. 실제로 PPL 노출 제품이 방송 다음날 완판되는 현상이 흔하게 발생하고 있다. 이처럼 광고 시장은 직접적인 어필보다는 간접적인 노출을 활용하는 방식으로 변모하고 있다.

지식 창업자로 성공하기 위한 프로모션에도 이를 동일하게 적용해볼 수 있다. 지식 창업자들은 일거수일투족이 신문 기삿거리가 되고 말 한마디가 수많은 대중의 관심을 받는 스타가 아니기 때문에 여러 가지 형태로 자신이 가진 지식과 전문성을 적극적으로 소개해야 한다. 이때 쓸 수 있는 방법 중에 하나가 자신의 전문 분야, 즉 어필하고자 하는 지식 영역과 연관된 분야를 적극적으로 강조하는 것이다. 이러한 예는 기업 이미지 광고에서도 많이 볼 수 있는데, 항공사가 세계 곳곳의 유명한 여행지를 광고한다거나 철강회사에서 부드러운 느낌의 이미지를 형상화해 광고하는 것처럼 자신의 주력 분야를 직접 말하는 것보다 다른 듯 보이지만, 연결성을 가진 분야를 강조하면서 본연의 서비스나 제품들의 강점을 더욱 부각시키며 효과를 만들어야 한다.

캐럴 역시 자신의 전공 분야라고 할 수 있는 기업전략이나 경영 같은 무거운 느낌의 주제보다는 대중, 특히 여성층의 관심 분야인 패션 트렌드를 소개하는 블로그를 운영하고 있다. 크리스티나 J. 폴 Christiana J. Paul 컬렉션에 대한 소개부터 하이힐을 편하게 신는 방법이나 메이크업을 통해 아름다워질 수 있는 기법까지 다양한 분야의 패션 관련 내용을 다룬다. 하지만 캐럴은 이런 내용들을 소개함에 있어서 자신의 블로그를 패션 포트폴리오라고 이름 붙이고 프로페셔널한 삶에 어울리는 패션 감각은 따로 있으며, 비즈니스 측면에서 소통의 도구로 활용해야 한다고 역설한다. 포장을 잘하면 상품도 달리 보이듯 사람의 경우도 마찬가지다. 때로는 어떻게 보여주느냐가 비즈니스의 성공을 여부를 좌우하기도 한다.

그녀의 블로그 내용 중에 다음과 같은 인용 문구가 있다. "당신이 현재 하고 있는 일에 맞는 옷을 입지 말고, 당신이 원하는 일에 맞는 옷을 입어라." 만약 당신이 최고의 아나운서가 되고자 한다면, 비록 지금은 학생의 신분이거나 회사에서 서류를 정리하고 있다고 하더라도 아나운서처럼 옷을 입고 꿈을 키워나가라는 의미다. 캐럴은 자신의 패션 블로그를 통해 최신 트렌드의 패션을 소개하고는 있지만 오히려 자신이 가진 비즈니스에 대한 마인드와 전문성을 더욱 알리는 도구로 패션을 잘 활용하고 있다.

정기적이고 반복적인 홍보

대부분의 직장인들은 아침에 출근하면 컴퓨터부터 켠다. 그리고 밤사이 어떤 일들이 일어났는지 궁금해 하면서 메일을 열어본다. 수많은 메일 중간 중간에 쌓여 있는 광고성 쓰레기 메일들을 걸러내야 나에게 필요한, 또는 나를 필요로 하는 메일을 열어볼 수 있게 된다. 그럴 듯한 제목에 속아서 '낚이는' 일도 발생하지만 내가 원하는 정보인지는 대강 제목을 보면 알 수 있다.

하지만 이렇게 버려지는 메일 중에는 내가 아닌 다른 누군가에게 필요한 정보일 수 있다. 때로는 아침을 기분 좋게 시작할 수 있도록 도와주는 주옥같은 시 한 편이 들어 있는 메일일 수도 있고, 광고성 메일이지만 당장 사고 싶었던 목록을 싸게 판다는 내용이 있을 수도 있다. 우리는 일반적으로 불특정 다수에게 폭탄처럼 뿌리는 메일을 스팸형 광고 메일이라고 부르지만, 반대로 타기팅된 다수의 사람들에게 보내는 것은 뉴스레터라고 칭한다. 다시 말해 스팸형 광고 메일은 읽는 사람이 무언가 구매하거나 연락하도록 유도하지만 뉴스레터는 상호간의 약속된 내용을 바탕으로 나름의 가치를 제공한다.

뉴스레터는 웹사이트에 가입한 회원들을 대상으로 광고나 정보 등을 이메일을 통해 보내주는 서비스를 말한다. 관심 있는 분야의 최신 트렌드나 뉴스 등을 알려주는 정보 전달형 뉴스레터에서부터 쇼핑몰 카탈로그를 연상시키는 광고형 뉴스레터, 좋은 글과 영상 등을 보내주는 소개형 뉴스레터 등 여러 가지 종류가 있다. 하지만 이들의 공통점은 관계를 지향한다는 점이다. 주로 매일 또는 매주, 매월 발송하는 뉴스레터에는 보내는 사람과 받는 사람 사이의 지속적이면서 정기적인 관계들을 만들고, 더 나아가 상호 간에 유대감을 형성하기 위한 목적으로 사용된다. 이러한 목적의 배경에는 자신이 가지고 있는 가치에 대한 인지도를 높이면서 자신이 운영하는 웹사이트를 포함한 서비스에 대한 홍보가 담겨 있다.

수많은 작가, 강사, 기업 CEO, 창업자 등을 상대로 고객과 소통을 통해 사업을 알릴 수 있도록 컨설팅하고 있는 홍보 전문가이자 대표적인 지식 창업자 조안 스튜어트^{Joan Stewart}. 그녀는 스스로를 홍보하기 위한 방법으로 뉴스레터를 적극적으로 사용한 케이스다. 그녀는 스스로를 매스컴에 주목받고 싶어 하는 사람이라고 지칭하며 같은 이름의 웹사이트를 운영하고 있다. 이 웹사이트를 통해 매주 화요일과 토요일에 자신만의 홍보 노하우와 팁을 보내주는 뉴스레터에 가입자를 받고 있으며, 과거 작성한 뉴스레터 내용까지 공유하고 있다.

조안은 10살의 나이에 그녀의 고향에서 격주로 발간하는 지역 신문 〈메이플 하이츠 프레스Maple Heights Press〉에 오하이오 주 박람회에서 얻은 블루리본에 대한 짧은 글을 기고하면서 언론과 홍보에 관한 꿈을 키워가기 시작했다. 이후 고등학교, 대학교에서 학보사 편집자를 지내며 본격적으로 언론인의 길을 가게 된다. 그리고 오하이오 주 〈레이크 카운티 헤럴드Lake County Herald〉 사에서 14년 동안 편집 업무와 기사를 작성하며 수많은 뉴스를 발굴하고, 이를 기사화하면서 독자를 포함한 다양한 계층과 소통하는 법을 익혔다. 1994년 홍보 컨설팅 사업을 시작하기 전까지 〈셰보이건 프레스Sheboygan Press〉와 〈익스프레스 타임스Express Times〉에서도 역시 편집자로 근무했다.

그녀의 초기 사업 영역은 자신이 언론인을 통해 얻게 된 홍보 노하우를 위스콘신 남동부에 위치한 기업들의 홍보 담당자를 대상으로 알리는 것이었다. 어떻게 기삿거리를 신문사에 알릴지, 어떻게 기자들과 좋은 관계를 유지할 수 있는지, 안 좋은 뉴스를 어떻게 숨겨야 할지, 어떻게 더 많은 신문에 자신들의 뉴스를 채울 수 있는지 등을 직접 찾아가 알려주고 교육했다. 이 같은 내용들에 홍보 담당자들은 열광했고 그녀는 자신의 가치를 확신했다.

조안은 인터넷과 온라인이 가지고 있는 확장성과 유연성을 경험하면서 사업에 대한 선을 좀 더 큰 시장으로 돌렸다. 그녀는 '퍼블리

시티 하운드^{Publicity Hound}'라는 인터넷 웹사이트를 구축하고 사이트 가입자들을 대상으로 주간 단위 뉴스레터 서비스를 시작했다. 그 순간 그녀의 고객은 더 이상 위스콘신 구석에 자리 잡고 있는 중소기업이 아닌 전 세계 기업들이 되었고, 이후 10권의 홍보 및 자기 PR 관련 전자책을 제작할 수 있는 원동력이 되었다. 오랜 기간 신문사에서 근무했던 경험에서 얻은 자신만의 지식, 즉 언론을 통해 홍보하고 PR하기 위해 필요한 지식을 활용해 다양한 홍보 관련 자료와 동영상 강의를 제작했다. 여기에 더해 이를 자신의 웹사이트에 서비스하면서 홍보 전문가로 성공적인 지식 창업자의 입지를 다지게 된다.

조안은 지금까지도 홍보나 PR을 위한 예산이 충분하지 않은 스타

뉴스레터를 적극적으로 활용하고 있는 조안 스튜어트[*]의 웹사이트

---

* http://publicityhound.com/

트업이나 소규모 회사들에게 자신이 했던 이메일 마케팅 방식을 제안한다. 그들이 팔고자 하는 것이 무엇이고 이를 고객이 어떻게 사용해야 하는지를 이메일을 통해 끊임없이 홍보할 것을 권한다. 단, 고객이 웹사이트에 자신의 이메일 정보를 직접 입력하는 수고로움을 기꺼이 감수할 만한 매력적인 제안이나 가치 있는 상품을 무료로 제공하는 노력이 필요하다. 조안은 여기서 80대 20의 비율로 뉴스레터를 구성하도록 설명한다. 80%는 고객에게 도움이 될 만한 가치 있는 정보를, 나머지 20%는 자신의 상품을 광고하기 위한 내용으로 뉴스레터를 채우는 것이 효과적이라는 것이다. 또한 고객의 피드백이나 직접 의견을 내고 참여할 수 있도록 구성해야 하고, 이를 통해 고객이 원하는 방향을 확인하고 이후 홍보 전략에 반영해야 한다고 말한다.

조안은 자신의 방법이 여전히 유효하다고 말한다.

"인터넷이 기업 홍보를 위한 여건을 더욱 나쁘게 변화시킬 거라고 말하는 홍보 전문가는 본 적이 없습니다. 기업은 웹사이트, 유튜브, 팟캐스트 등 새로운 미디어를 통해 고객과 직접 만날 수 있기 때문에, 더 이상 신문기자를 상대로 굽신거릴 필요가 없어졌으니까요. 충분한 시간과 관심을 통해 고객에게 스스로의 가치를 직접 증명할 기회가 많아진 거죠."*

---

* http://www.webpagefx.com/blog/marketing/interview-joan-stewart-publicity-expert/

전략적 프로모션, 결국엔 브랜딩이다 _ 프로모션 전략

그녀는 강의와 컨설팅 그리고 멘토링 프로그램 등을 통해 다양한 고객들에게 신문의 기삿거리를 제공하는 방법과 이를 다양한 언론에 노출시키는 방법 등을 가이드하고, 또한 인터넷을 통한 새로운 홍보 전략을 제안하고 있다. 여전히 뉴스레터를 통해 새로운 고객에게 끊임없이 찾아가는 일을 멈추지 않고 있다.

최근 조안은 웨비나^{webinar}를 통한 홍보 관련 온라인 교육을 하고 있다. 웨비나는 온라인 교육이 가진 일방향성과 시공간의 한계를 극복하고, 직접 온라인을 통해 질문도 하고 강의도 들을 수 있는 새로운 교육 플랫폼으로 각광받고 있다. 조안은 웨비나를 활용한 새로운 홍보 전략을 발굴해 뉴스레터를 통해 고객을 찾아갈 것이다.

지식 창업자들이 성공할 수 있었던 것은 탁월한 홍보 전략과 더불어 그 바탕에 고객의 니즈를 정확히 이해하고 해결책을 제시한다는 데 있다. 2000년 초, 멜 깁슨^{Mel Gibson} 주연의 영화 '왓 위민 원트^{What women want}'에서 주인공의 대사 중에 이런 말이 있다. "여자가 원하는 것, 만약 이걸 안다면 세상은 당신의 것이다." 이 영화에서 광고 기획 일을 하는 주인공은 우연한 사고로 인해 여성의 속마음을 들을 수 있는 능력을 지니게 된다. 물론 줄거리는 이런 능력을 바탕으로 일에서 성공하고 사랑도 얻는 흔한 로맨틱 코미디의 공식을 충실히 따르기는 하지만, 주인공이 처한 설정만큼은 상품을 홍보하거나 광고를 기획하는 사람들에게 꿈만 같은 내용이라고 할 수 있다.

최근 소비 시장에서 여풍이 거세다. 어떤 사업을 하든, 어떤 제품을 팔든 여성의 관심 없이는 성공을 꿈을 꿀 수 없는 사회가 되었다. 남성과 달리 여성은 다양한 분야에서 소비 흐름을 새롭게 만들고 있다. 작은 것은 큰 것을 제압하고, 부드러운 것이 강한 것을 휘두른다는 말처럼 이미지와 디테일이 강조되는 디지털 세상에서 여성의 영향력을 조금씩 넓혀간 결과다. 교육, 의류, 식품 등 전통적인 여성 소비 영역을 벗어나 주택, 자동차, 금융상품 등 기존의 남성의 소비 영역이라고 생각했던 것까지 장악하고 있다.

신한카드가 2015년 1월 빅데이터를 이용해 전체 회원의 업종별 카드 결제 현황에 대한 분석 내용을 보면, 전체 결제는 남성의 비중이 여성보다 11% 높았지만, 2012년 1월과 비교했을 때 대부분 업종에서 여성 고객의 소비 지출이 늘었다. 이 기간 동안 여성은 여행/교통(33.9%), 전자상거래(27.5%), 외식(24.6%), 문화(15.4%) 등의 업종에서 남성의 소비증가율을 크게 앞지른 것으로 나타났다. 단적인 예로, 아웃도어 캠핑 열풍도 실제로 여성들에 의해 주도됐다. 방송 TV 프로그램 등의 영향도 있었지만, 가족과 함께 보내는 시간을 중요시하는 여성들의 동의가 적극적인 형태로 반영되면서, 주말 레저의 새로운 트렌드로 자리매김할 수 있었다.

이러한 흐름에 발맞춰 산업계도 여성 고객을 위한 마케팅에 집중하고 있다. 여성 고객에겐 배타적이었던 금융권 역시 여성 전용 상품들을 선보이며 주거래 고객 확보에 나서고 있고, 자동차 업계에서

전략적 프로모션, 결국엔 브랜딩이다 _ 프로모션 전략

는 차종 색상마다 특별한 이름을 붙여 색상에 민감한 여성 고객을 겨냥한 '이름 마케팅'이 한창이다. 또한 상품 기획 단계부터 여성 인력을 투입해 시장 공략에 공들이는 업체들도 늘고 있다. 모 건설 업체는 주택 계약 시 90%는 아내가 구매를 결정한다는 통계를 바탕으로 2008년부터 주부 평가단을 도입해 실생활과 밀접한 아이디어를 주택 설계에 반영하기도 했다.

　여성의 마음을 먼저 읽고 붙들어라. 여기서 여성을 고객으로 바꾸어 말하면, 고객 중심으로 생각하고 고객에 대한 이해와 필요를 파악하고 예측해야 한다는 말이다. 현재 두 아이의 어머니이자 리틀 미즈 키트Little Mizz Kit를 만든 지식 창업자, 니콜 글리슨Nicole Gleeson의 성공은 좋은 예다. 니콜은 딸을 가진 어머니로서 자신의 어린 딸에게 창의성과 자신감을 가질 수 있도록 도와주기 위한 키트를 개발해 웹을 통해 판매하고 있다. 이를 리틀 미즈 키트라고 부르는데, 크게 다섯 가지 항목으로 나누어 직접 체험하고 만들 수 있는 방법과 재료를 제공한다. 다섯 가지 항목은 삶의 교훈, 운동, 영양분, 예술과 공예이며, 예절에 대한 교훈적인 글이나 재미있는 율동부터 영양 만점의 간식 요리법과 스스로 장신구를 만드는 재료들까지 관련된 모든 것을 포함하고 있다. 니콜이 특별한 이유는 복벽이 닫히지 않는 선천적 결함을 갖고 태어난 딸의 어머니로서, 장애를 가진 어린 딸의 자존감을 높이고 부모의 사랑을 더 가까이 느끼게 하기 위해 리틀 미즈 키트를 개발했다는 데 있다. 또한 수익금의 일부를 '마치 오브 다임스March of Dimes'라는 자선 단체에 기부해 선천적으로 결함을 가지고 있는 미숙아나 신생아에 대한 연구를 위해 도움을 주고 있다. 그녀는 많은 부모들이 딸에게 주고 싶은 것을, 장애를 지켜봐야 하는 어머니로서 얻은 지식과 경험을 바탕으로 키트 형태로 제작해 다른 이들에게 공유하고 있다.

니콜은 캘리포니아 주 오렌지카운티에서 태어나고 자랐다. 그녀가 처음 사업을 시작한 때는 고등학교를 다닐 무렵으로 어머니의 친구 중에 어린 딸을 가진 부모를 대상으로 어린 딸들을 위한 여름 캠프를 조직하면서부터다. 그녀는 여름 캠프에서 춤을 추는 방법이나 멋진 머리 모양을 내는 방법 등을 어린 소녀들에게 가르치며 자신만의 사업 아이템을 구상했다. 대학 졸업 후 일반 회사에 입사해 10년 가까이 판매 관리 업무를 담당했다. 하지만 결혼을 하고 임신을 하면서 앞으로 태어날 딸을 위해 리틀 미즈 키트를 준비하기 시작한다.

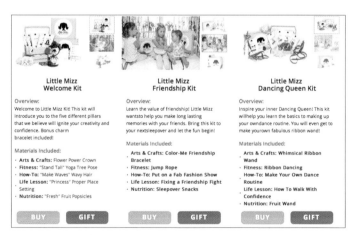

다양한 형태로 제작, 홈페이지에서 판매되는 리틀 미즈 키트 시리즈

이후 출산과 함께 좌절을 겪게 되지만 자신의 딸과 어린 소녀들에게 긍정적인 영향을 주기 위해 자신의 모든 에너지를 쏟아 현재의 리틀 미즈 키트를 만들게 됐다. 리틀 미즈 키트는 니콜의 홈페이지에서 주문할 수 있으며, 뉴스레터를 통해 다양한 소식과 새로운 키트에 대한 정보를 공유하고 있다. 니콜에게 홍보란 비록 아픈 경험이지만 이 경험 속에서 고객이 원하는 것을 누구보다 직접적으로 이해하고 이를 위한 해결책을 알리는 것이었다.

언론에 이름을 올리는 방법

미국 정치의 중심 워싱턴 D.C에서 발간되는 가장 큰 신문이자 1877년 창간된 가장 오래된 신문인 〈워싱턴 포스트〉Washington Post는 〈뉴욕 타임스〉와 〈월스트리트 저널Wall Street Journal〉과 함께 대표적인 일간지로 알려져 있다. 2013년 아마존Amazon의 최고 경영자인 제프 베조스Jeff Bezos는 2억 5,000만 달러에 〈워싱턴 포스트〉를 인수했다. 당시 〈워싱턴 포스트〉는 전통적인 종이 신문을 고수하며 변화하는 환경에 적응하지 못하고 판매 부수 급감에 따라 경영난을 겪던 시기였다. 〈워싱턴 포스트〉는 아마존에 인수된 후 과거 전통적인 프레임을 버리고 인터넷 기반의 미디어 혁신을 단행하며, 2015년 6월 기준 신문 홈페이지 방문자 수가 전년 대비 68% 증가한 5,440만 명을 기록했다.*

〈워싱턴 포스트〉가 전면에 내건 혁신적인 사고는 신문 독자라는 단어를 지우는 것에서 시작했다. 인터넷 웹사이트를 통해 제공되는 다양한 뉴스 콘텐츠를 소비하고 경험하는 고객을 위해 더욱 쉽고 빠르게, 그리고 매력적인 정보를 제공하는 방식으로 신문사를 운영했다. 최근에는 세계 프리랜서 저널리스트 연결망을 구성하여 다양한 디지털 기기를 통해 콘텐츠를 생산할 수 있도록 하는 계획을 발표한 바 있다.

이처럼 인터넷 발전과 함께 언론의 경로가 다원화되었으며, 더 이상 미디어의 경계가 사라지고 있다. 뉴스의 생산자와 소비자가 공존하는 형태로 변화하고 있는 것이다. 매일 새로운 뉴스가 다양한 매체를 통해 쏟아지고 소셜 네트워크를 통해 실시간으로 공유되고 있다. 다양한 형태의 1인 미디어 및 대안 언론이 네트워크를 기반으로 활성화되면서 새로운 시각의 콘텐츠가 만들어지고 있다. 일반 전문가에 의한 더욱 전문화된 형태의 심층 취재 기사도 선보이고 있다. 최근 통과된 5인 미만의 인터넷 언론사 등록을 제한하는 신문법 시행령 개정안이 사회적 이슈가 될 만큼 우리 사회의 인터넷 언론이 차지하는 비중이 커졌으며, 주류 언론사는 이를 심각한 위기로 느끼고 있다.

전통적인 오프라인 중심의 언론사들의 살아남기 위한 몸부림과 새로운 형태의 온라인 언론의 활성화는 지식 창업자에게 기회다. 다양

---

* http://news.chosun.com/site/data/html_dir/2015/07/17/2015071703176.html

---

한 지식 유통채널에 쉽게 접근할 수 있게 된 것이다. 언론사에 소속된 전문적인 기자가 아니더라도 다양한 미디어를 통해 자신의 지식을 뉴스 콘텐츠로 만들어 기고하고 기사화가 될 수 있게 되었다. 〈오마이뉴스〉와 같은 인터넷 언론사의 경우 일반 시민을 대상으로 명예 기자라는 타이틀을 부여하고, 그들이 작성한 칼럼이나 뉴스를 기사화하고 이를 펀딩하는 형태로 언론의 문턱을 개방하고 있다. 또한 개인이 작성한 보도자료를 각 신문사의 관련 분야 기자들에게 메일링해 주는 서비스 역시 인터넷을 통해 활성화되고 있다.

소규모 비즈니스와 인터넷 마케팅 및 소셜 미디어 전문가로서 창업 전문 작가이자 컨설턴트로 활동하는 스테파니 챈들러Stephanie Chandler는 자신의 지식과 아이디어를 알리기 위해 언론을 적극적으로 활용한 지식 창업자다. 스테파니는 실리콘밸리에서 소프트웨어 영업 및 기술 교육 등의 업무를 담당했으며, 2003년 직장을 떠나 자신만의 사업을 시작했다. 새크라멘토에 작은 서점을 오픈한 것이 그녀의 첫 번째 사업이었다. 그리고 중소 비즈니스 성공 전략과 마케팅을 주제로 하는 책을 쓰면서 비즈니스 '인포 가이드Info Guide'라는 웹사이트를 통해 기업을 대상으로 하는 컨설팅 업무도 병행했다. 그녀가 2005년 처음 출간한 책《스타트업을 위한 점검표와 사업계획 가이드The Business Startup Checklist and Planning Guide》는 포워드 매거진의 올해의 비즈니스 책 2위에 올랐으며, 2012년 출간한《당신만의 틈새 시장을 소유하라Own Your Niche》는 글로벌 전자책 어워드에서 올해 최고의 비즈니스상을 수상했다.*

　스테파니는 비즈니스 전략가로서 자신을 알리기 위해 〈LA 타임스 LA Times〉, 〈비즈니스 위크 Business Week〉, 〈뉴욕 타임스〉, 〈포브스〉 등 주요 신문사 및 잡지에 스타트업 및 중소 규모 기업들의 마케팅 전략 및 비즈니스 성장에 관한 자신의 생각을 기고했다. 또한 〈포브스〉에는 소셜 미디어 마케팅 관련 기사를 직접 기고하면서 블로거로서 활동하게 된다. 최근 스테파니는 논픽션 작가 협회의 CEO로 있으며, 관련 출판 관련 마케팅 및 프로모션 전략에 대해 끊임없이 자신의 지식을 전달하고 있다. 스테파니는 인터뷰를 통해 "자신에게 맞지 않은 일을 붙들고 있다면, 우리는 많은 기회들을 놓칠 수 있다."고 말한다. 스테파니는 자신이 가장 잘할 수 있는 영역을 계속 넓히며 기회를 만들고 있다.

---

* http://stephaniechandler.com/

！5 어떻게 알릴 것인가?
신문 기사를 통해 홍보하기

공짜로 서비스를 알릴 수 있다면, 꼭 해야 한다. 그것도 신문에 알릴 수 있다면, 꼭 해야 한다. 방법이 있다. 지식 창업자로서 강점을 살리고 빠른 홍보 효과를 거둘 수 있는 가장 좋은 방법은 내 글을 신문에 기고하는 것이다. 미국 광고 대행사 오길비 앤 매더Ogilvy&mather의 보고서에 따르면 신상품을 기사화할 경우 광고에 비해 6배의 효과가 있다고 한다.

아침 조간신문을 채우는 뉴스 가운데 60% 이상이 기업 또는 정부가 발표한 보도자료로 채워지는 것으로 알려져 있다. 전문성을 가지고 서비스하는 영역을 적극적으로 공략하자. 예를 들면 HR 전문가라면 임금 협상이나 인터뷰 기술 등 그동안 자신의 경험과 지식을 바탕으로 충분히 어필할 만한 주제를 선정할 수 있다. 기사를 쓰는 것이 쉬운 일은 아니다. 하지만 일정한 가이드라인에 맞춰 독자가 필요로 하는 정보를 자신만의 전문 지식을 가지고 다양한 관점에서 전달할 수만 있다면 가능한 일이다.

보도자료 잘 쓰는 요령*

1. 보도자료와 관련된 사건을 찾아 제시하고 그 의미와 중요성을 강조하라.
2. 구체적인 근거와 통계 등을 통해 신뢰감을 주고 깊은 인상을 주어라.
3. 내용을 바로 알 수 있도록 간명하고 함축적인 제목을 찾아라.
4. 보도자료는 제목만 보고 이 글이 무엇인지 알 수 있어야 한다.
5. 딱딱한 문어체보다 구어체로 말하듯이 써라.
6. 뉴스의 첫 문장에서 전체 내용이 드러나도록 윤곽을 잡아라.
7. 본문은 중요한 정보 먼저 서술하고 그 후에 덜 중요한 내용을 나열하여 작성하라.
8. 독자의 입장에서 무엇을 궁금해하는지 핵심을 쉬운 용어로 작성하라.
9. 뉴스 보도의 기본인 6하 원칙에 따라 핵심내용 요약 정리하라.

---

* Newswire 보도자료 작성법 참고(http://www.newswire.co.kr/?ed=4)

10. 핵심이 분명하게, 논리적으로 일관성 있게 작성하라.

11. 문장은 60자 이내로 한 개의 아이디어 내에서 짧고 명료하게 써라.

12. 긴 보도자료의 경우 본문은 A4용지 2페이지 이내에 작성하고 해설이나 참고자료는 별도로 분리하라.

13. 사진과 동영상, 그래프와 도표 등은 뉴스의 주목도를 크게 높여준다.

14. 문의처, 회사 소개, 웹 주소를 기재하여 언론인이 궁금한 것을 물어볼 수 있게 하라.

15. 대형 포털에 검색 가능하도록 대중이 사용하는 키워드를 찾아 보도자료에 삽입하라.

보도자료 배포

보도자료를 배포하는 것은 어떤 매체/기자가 내 전문 영역과 연관이 있는지 동향을 파악하는 것으로 시작한다. 기자들 명단을 작성하고 관심을 가질 만한 정보를 메일로 보내서 신문 기사화를 제안하는 것이 일반적이다. 아니면 신문사 홈페이지의 기고 관련 메뉴를 활용하는 방법이 있다. 마지막으로 금전적 여유가 있다면 보도자료 배포서비스를 활용하는 것도 좋다.

일간지 독자투고 영역

1) 조선일보: http://membership.chosun.com/etc/jebo/write.html

2) 중앙일보: http://news.joins.com/jebo

3) 동아일보: https://secure.donga.com/faq/index.php?jebo=1

4) 경향신문: http://smile.khan.co.kr/news/?category=08

5) 연합뉴스: https://app.yonhapnews.co.kr/YNA/Basic/ArticleOffer/YIBW_addArticleOffer2.aspx

보도자료 배포 서비스

1) 뉴스와이어: https://www.newswire.co.kr

2) 뉴스케스트: http://www.newscast.co.kr

중앙 일간지는 경쟁이 치열하기 때문에 원고가 채택될 확률이 아무래도 낮다. 최근에 늘어나는 인터넷 신문이나 소규모 미디어를 포함한 중소 주간지나 잡지, 지방지에 기고하면서 시작하는 것도 좋은 방법이다.

CHAPTER 7

IT, 무엇을 어디까지
알아야 하는가
−IT 전략−

"성공한 지식 창업자 댄 포인터Dan Poynter는 130권 이상의 책과 800개 이상의 잡지 기사를 썼으며 그의 기사가 CNN, 〈뉴욕 타임스〉 등에 소개될 만큼 유명 작가이다. 그런 그도 원래 낙하산 만드는 회사에서 근무한 평범한 직장인이었다. 그런 그가 지식 창업자로서 첫발을 내딛을 수 있었던 것도 직장에서의 경험을 활용했기 때문이다. 그는 자신의 경험과 지식을 바탕으로 스카이다이빙과 낙하산을 주제로 한 책을 출판했으며, 또 그 과정에서 얻은 출판 경험을 다시 책으로 출간하고, 이를 웹을 통해 사업화하면서 현재의 사업 모델을 구축할 수 있었다."

———————————————

지식 창업자가 알아야 할 필수 IT 기술

새로운 사업을 시작하는 사람에게는 다양한 목표가 있다. 돈을 많이 벌고 싶어서 시작하는 경우, 꼭 해보고 싶은 일에 도전하는 경우, 새로운 가치를 사람들에게 전파하고 싶은 경우, 공공의 이익을 위해 새로운 도전을 하는 경우처럼 각양각색이다. 이 모든 사람들에게 성공이라는 단어를 사용할 수 있다면, 그것은 수익을 만들어내고 새로운 투자를 지속해갈 수 있는 선순환 구조가 만들졌다는 것을 의미한다. 정보와 지식을 기반으로 수익을 창출하는 지식 창업자들에게 이러한 선순환 구조를 만드는 노력이 가장 중요하다. 디지털 기기와 인터넷이 우리 생활 깊숙이 들어와 있는 세상에선 IT 기술과 트렌드에 대한 이해력이 경쟁력 그 자체가 될 수밖에 없다. 우리가 이런 디지털 혁명이 진행된 세상에 살게 된 지 겨우 10년도 되지 않았다.

인터넷이 보편화되기 이전까지만 해도 인류는 하루도 빠짐없이 매스미디어를 통해 생활에 필요한 지식, 그리고 이슈들을 공유했다. TV의 영향력은 그 자체만으로도 엄청났지만, TV 역시 한계는 존재했다. 매스미디어는 폐쇄적 일방향 커뮤니케이션만 가능한 구조를 가져, 알고 싶은 정보를 제한적으로 접해야 했다. 일방향으로 전달되는 정보는 다양성보다는 획일성으로 인해 비판과 토론의 어려움이 존재했다. 1993년 모자이크라는 웹브라우저의 탄생과 더불어 미디어의 단방향은 양방향으로 발전되어갔고, 누구나 웹페이지를 가지게 되면서 획일성은 급격한 다양성으로 발전하게 되었다. 정보의 폭발적인 유입은 지속적인 정보의 생산과 발전을 가능하게 만들기 때문이다.

지적 자본은 제한된 자원이 아니기 때문에 기존의 지식과 경험 등에 의해 지속적으로 새로 개발될 수 있다. 기업의 직원이 한 분야의 업무를 처리하면서 얻은 지식이나 노하우는 그것을 쓸수록 더 발전하고 새로운 노하우를 발견하는 토대가 되기도 한다. 수확체증의 법칙increasing returns of scale처럼 인터넷에서 무한히 얻은 지식이 다시 새로운 지식을 가공 생산해 무한대의 새로운 부를 축적하는 것을 말하며, 이는 IT 체증의 법칙으로 불린다. 개인이 정보의 생산자로서 기능함으로써 지식을 대중에 판매하는 개인이 주체된 비즈니스 환경이 더욱 촉진된 것이다.

위키피디아와 네이버 지식iN의 출현, 오픈소스에 의한 무료 소프트웨어의 확산과 같은 다양한 이슈는 대중이 생산하는 '집단지성 collective intelligence'에 대한 관심을 집중시키고 있다. 집단지성의 출현은 근본적으로 지식을 생산하는 패러다임이 IT 발전이라는 사회적 맥락 속에서 변화한 데 따른 것이다. 지식 패러다임의 전환은 지식 생산의 주체가 일부 전문가에서 평범한 아마추어로 확대되었다는 점에서 놀라운 현상이다. 지식은 전통적으로 소수의 전문가들에 의해서만 생산되는 것으로 여겨져왔기 때문이다.

개방과 공유, 협력을 표방하는 이른바 'Web 2.0' 시대를 맞이하면서 평범했던 개인들은 함께 만들고 공유하는 집단지성을 통해 수동적인 지식 소비자에서 능동적인 지식 생산의 주체로 탈바꿈하게 되었다. 개인들은 온라인 공간에서 상호 간에 수평적인 방식으로 지식을 공유하고, 대규모 협력을 통해서 사회 문제까지도 해결할 수 있게 되었다. 이전까지 엄격한 통제에 따라 독점되어온 정보의 생산과 유통 영역에 개인이 적극적으로 개입할 수 있는 구조가 된 것이다. 이제 마음만 먹는다면, 높은 수준의 정보와 지식을 웹에 상주하는 집단지성으로부터 얻을 수 있다.

IT 기술은 정보의 축적, 저장, 생산과 소비에 막대한 영향력을 행사하고 있다. 네트워크로 연결된 세상에서 개인이 축적하는 지식은 누군가의 정보가 되고, 서로가 상호 협력하여 집단지성의 형태로 지식이 발전하게 되고, 또다시 새로운 지식을 창출하는 선순환 구조가 만들어진다. 이 모든 것은 IT 기술의 발전으로 가능하게 되었다. IT

기술을 얼마나 이해하는가는 디지털 시대에서 살아남기 위한 경쟁력이고, 지식 창업자에게는 사업을 위한 기본 조건이다.

출판 플랫폼으로서 IT

지식을 보유한 개인에게 가장 중요한 활동은 지식을 활용해 부가가치를 창출하는 것이다. 인류 역사 속에서 지배계층만 문자를 쓰고 읽었던 것은 그들이 지식을 독점하고 있었기 때문이다. 본격적인 문자가 나타나기 전까지 사람들의 지식과 정보는 기억력에 의존했다. 따라서 그 양은 일부에 불과했다. 파피루스, 석판, 점토판, 목판 등에 새겨서 기록했던 책은 대중들이 접할 수 있는 물건이 아니었다. 그러나 2세기 중국에서 발명된 제지 기술이 유럽으로 확산되고, 15세기 활판인쇄 기술과 결합하게 되면서 더욱 다양한 계층이 책을 접할 수 있는 기회를 얻게 되었다. 중세시대 역시 귀족층들만 교신^{letter}을 전달해서 자신들의 지식을 공유했고, 18세기에도 대부분 지식층들은 논문이나 책을 통해서 자신들의 지식을 남겼다. 우리 시대 고대의 지식은 대부분 책을 통해서 남겨진 것들이다. 동양철학의 정수라 할 수 있는 사서삼경四書三經, 역사서인 사마천司馬遷의 《사기史記》, 《삼국사기三國史記》나 《삼국유사 三國遺事》부터 《성경》, 불교의 여러 경전들까지 책을 통해서 지식은 전달되었다.

과거 지식인과 마찬가지로 현대의 지식 창업자도 끊임없이 글을 통해 지식을 전달하고 정보를 습득한다. 전문적인 지식을 체계화하고 많은 사람들에게 전달하기 위해서 출판을 활용하는 것은 매우 자연스러운 현상이다. 명실상부하게 현 경제 시스템에서의 경제적인 부를 창출하는 주요 요소는 산업혁명 시대의 분업에 적합한 단순 노동력과 자본력보다, 지식과 정보력이라 할 수 있다. 이러한 지식과 정보력을 획득하고 확산하는 주요 매체가 바로 '책'이다.

사람들은 궁금증을 해결하기 위해 전문가를 찾는다. 아이를 양육하기 위한 조언을 듣기 위해 전문 교육을 받은 사람의 강좌를 듣길 원한다. 카약이나 수영을 배울 때도 전문 강사를 찾아다니기 마련이다. 영어를 배울 때도 영어를 잘하는 원어민이든, 다양한 어학 자격을 가진 사람에게서 교습을 받기 마련이다. 이렇듯 전문 지식이나 경험을 가진 사람만 고객에게 믿음을 줄 수 있다. 전문가를 직접 찾지 못할 때 필요한 정보를 빠르게 얻는 방법은 책을 통하는 것이다. 책의 저자라고 한다면 일반적으로 전문가로 인정받게 마련이다.

지식 창업자들은 자신의 지식을 알리는 활동을 하는데 있어서, 대부분 책을 활용한다. 바로 책을 내는 것이다. 하지만 지식을 보유하고 있는 전문가라 할지라도 출판을 한다는 것은 복잡하고, 비용도 많이 들며, 인지도가 낮은 상황에서 출판을 한다는 게 쉬운 일은 아니다. 일반적으로는 책을 출판하기 위해서 출판사를 통해야 한다. 출판사 입장에서 책은 중요한 상품이고 투자의 대상이기 때문에 팔릴 수 있는 콘텐츠를 대상으로 책을 만들어야 한다. 그러나 지식 창업자들의 지식은 그들의 전문 분야를 기반으로 하기 때문에 소수를 위한 책인 경우가 많다. 따라서 출판사를 통하는 경우에도 어려움은 존재한다. 한편 개인이 직접 출판을 하려고 해도, 출판을 위한 지식도 부족하고, 소매상에게 전달하는 유통까지 신경 쓰기에는 만만치 않은 비용과 노력을 부담해야 한다.

몬테소리Montessori 이사이며 기술 컨설턴트인 데이비드 게트맨David Gettman은 오프라인 출판 비용이 왜 과도해야 하는가에 대한 문제점을 지적했다. 게트맨은 보르도 대학교University of Bordeaux 철학 교수인 크리스토퍼 맥캔Christopher Macann과 함께 1995년 팀을 만들어 출판 방식의 혁신을 주도했다. 그들은 몇만 장의 종이와 프린트 설비가 필요 없는 온라인 출판을 만들어냈다. 그들은 약 1만 달러 자금을 투자해 전자책을 휴대기기(휴대폰, PMP, PDA 등)나 컴퓨터로 볼 수 있는 특수한 파일로 변환하고 텍스트 파일과 같은 범용 파일 포맷이 아니라 저작권 보호를 위해 DRM 기능을 탑재할 수 있는 전자책을 개발했다. 출판사로부터 외면받던 작가들에게 50%의 로열티를 제공받는 방식으로 출판의 틀을 바꿔어놓았다.

2013년 말 기준으로 전 세계 전자책 시장 규모는 115억 5,900만 달러로 전년 말 대비 33.6%의 높은 성장률을 기록했다. 전자책 시장의 성장률은 다소 주춤한 상황이지만, 여전히 높은 수치를 보이며 종이책 시장을 빠르게 추격하고 있다. 2008년 전 세계 출판 시장의 대부분(98.8%)을 차지했던 종이책(오디오북 포함)의 시장점유율은 계속 하락세를 보이는 가운데, 당시 1.2%에 불과했던 전자책 시장 점유율은 2012년 8.5%로 약 7배 가까이 성장했다. 이러한 성장세는 계속되어 2017년에는 전체 출판시장의 21.8%를 차지하며, 연평균 (2013~2017년) 성장률이 18.4%로 227억 900만 달러를 기록할 것으로 전망되고 있다.

한국은 2012년 기준으로 신문, 잡지, 모바일 및 인터넷 전자출판, 서적, 인쇄 및 유통을 포함한 국내 도서출판 전체 시장 규모가 21조 원에 이른다. 여기에서 전자출판 관련 규모는 3천억 원인 1.5%에 불과한 것으로 나타났다. 그러나 전자출판 제작 및 서비스업의 2009~2012년 연평균 증감률은 각각 20% 이상 높은 성장세를 기록하고 있어 앞으로 더욱 발전할 것으로 예상된다.

전자책의 등장은 2000년대에 이르러 초고속인터넷 및 모바일 인터넷 기술의 고도화와 이동성을 높여주는 기기들의 확산과 맞물려 보편적 접근성을 더하게 되었다. IT로 인한 출판 환경의 변화는 지식 창업자의 부담을 줄여주었을 뿐만 아니라 엄청난 기회를 제공하고 있다. 전자책 시장의 가치사슬 구조는 '콘텐츠 제작 〉 전자책 출판 〉 유통 플랫폼 〉 단말기 〉 독자'가 된다. 기존의 콘텐츠 제작에서 유통의 오프라인 과정에 존재하던 인쇄, 배급, 오프라인 유통이 사라지게 되는 것이다. IT의 발전으로 디지털화된 콘텐츠는 유무선 통신을 통해 다운로드 받아 이용하는 형태이기 때문에 SK텔레콤, KT, U

플러스와 같은 통신사업자도 가치사슬에 있어 중요한 위치를 차지하게 된다.

　콘텐츠 제작은 베스트셀러 중심에서 1인 출판self-publishing과 같은 다품종 소량생산 방식으로 변화하고 있다. 물론 전자책 콘텐츠 제작 분야도 주로 출판사가 담당하여 유통을 진행하고 있다. 아직은 기획력을 보유한 출판사에 의해서 종이책과 전자책을 동시에 진행하고 있는 것이 대부분이다. 그러나 디지털 영역에 들어서면서 개방된 플랫폼을 통해 누구나 콘텐츠를 구성, 배열, 배치할 수 있게 됨에 따라 그 권력이 출판사의 소수 편집자나 전문가에게서 일반 대중에게로 이양되는 추세다.

　현재 IDPFInternational Digital Publishing Forum에서 제정한 국제표준으로 국내외 다양한 유통사를 이용해서 출판사에서 발행한 책을 유통하는 것이 가능해졌다. 물론 책을 어떻게 만드느냐에 따라서 다양한 비용과 시간이 들지만, 여전히 종이책에 비하면 쉽게 출판할 수 있다. 이 장점 덕분에 수많은 저자들이 출판사의 도움 없이도 저렴한 비용으로 전자책을 출판하고 있으며, 적지 않은 사람들이 성공을 거두고 있다. 특히 전자책은 등록과 판매가 매우 간편하다. 아마존 킨들에서 전자책을 등록하는 데 5분 정도 밖에 소요되지 않는다.

　2011년에는 아마존 전자책 매출이 종이책 매출을 앞지르는 등 미국의 전자책 시장 점유율은 전체 출판 시장의 30%에 육박하고 있다. 자비 출판으로 유명한 작가 존 로크John Locke는 아마존 킨들 베스트셀러 10위 안에 자신의 책 10권 중에 6권을 올려놓았고, 인디 작가 아만다 호킹Amanda Hocking은 아마존의 킨들을 포함한 전자책으로 2010년부터 약 1년 동안 8권의 소설책을 냈고, 200만 달러 수입을 얻었다. 또한 세 아이의 엄마인 캐런 매퀘스천Karen McQuestion은 3만 6,000카피의 전자책을 판매했다.

성공한 지식 창업자 댄 포인터Dan Poynter의 온라인 출판은 대표적인 예라고 할 수 있다. 댄은 130권 이상의 책과 800개 이상의 잡지 기사를 썼으며 그의 세미나가 CNN과 〈뉴욕 타임스〉 등에 소개될 만큼 유명 작가이자 출판 발행인으로 인정받고 있다. 현재는 셀프 출판과 글쓰기 분야 책을 출판하고 컨설팅과 강의를 주로 하는 대표적인 지식 창업자이지만, 댄이 처음 시작했던 일은 캘리포니아 오클랜드 지역의 낙하산 만드는 회사를 관리하는 것이었다. 그곳에서 그는 낙하

자비 출판이 용이한 아마존 킨들

산 디자인과 스카이다이버에 대한 전문적 지식을 쌓았고 이를 〈패러 슈티스트 매거진^{Parachutist magazine}〉에 기고하면서 글쓰기와 인연을 맺었다. 1977년 댄이 스카이다이버에 관심을 가질 무렵에는 관련된 책이 거의 없었기 때문에 자신의 경험과 지식을 바탕으로 낙하산을 주제로 한 첫 번째 책을 출판할 수 있었다. 이후 댄은 스스로 책을 만들고 게시하면서 겪었던 글쓰기와 출판에 대한 노하우를 다시 책으로 출간하고 자신의 웹을 통해 관련된 정보를 판매하면서 현재의 사업모델을 구축하게 된다.

댄의 작업은 단지 1인 출판과 글쓰기에 한정된 것은 아니었다. 각종 경량 비행이나 항공 여행 가이드부터 2013년 골수성 백혈병을 진단받고 줄기세포를 이식받으며 환자로서 겪었던 경험을 바탕으로 작성한 줄기세포 이식을 위한 핸드북에 이르기까지, 자신이 가지고 있는 지식을 책이라는 매체를 통해 대중에게 전달했다. 댄은 자신이 출판 시장에서 성공할 수 있었던 강점은 "고객을 대상으로 직접 책을 판매하는 데 있었다."고 설명한다. 자신의 웹을 통해 발행하는 무료 웹진을 받아보는 2만 5,000명 이상의 구독자가 댄의 고객이며 인터넷을 통해 자신을 홍보해주는 지원자인 셈이다. 댄은 인터뷰에서 "책을 쓰는 것은 비즈니스이며 무엇보다 비즈니스에 대한 이해가 필요하다."라고 말한다. 인터넷의 발달과 전자책 시장의 성장은 댄에게는 소중한 사업 기회가 되었으며, 이를 적극 활용함으로써 현재의 성공의 발판을 만들었다.

버추얼 워크플레이스^{Virtual Workplace}

인터넷이 등장하기 전에는 원격 주문을 통해 지식과 정보를 유통했다. 자기계발의 시조라고 할 수 있는 미국의 유명 작가 데일 카네기^{Dale Carnegie}는 교사, 세일즈맨 등으로 사회생활을 시작해, 자신의 경험으로 바탕으로 1912년 YMCA에서 성인을 대상으로 하는 대화 및 연설 기술을 강연하면서 이름이 알려지게 되었다.

"처음에 나는 화술에 관한 강의만을 했다. 이 코스는 성인을 위한 것이었는데, 그들이 비즈니스 인터뷰를 할 때나 청중 앞에서 스스로 생각하고 더 명확하게 표현하고 더욱더 안정감을 갖고 말하기 위한 훈련 프로그램이었다. 시간이 지나면서 나는 성인들에게 효과적인 연설에 대한 훈련처럼 매일 직장과 사회생활에서 접촉해야 하는 사람들과 잘 지내는 훈련도 필요하다는 것을 깨달았다."

카네기는 직접 경험한 것을 사람들에게 알려갔다. 또한 자신의 경험을 정리해서 책으로 출간했다. 이 책은 유명해져서 향후 카네기 연구소를 설립하게 만든 원동력이 되었다.

데일 카네기가 활동하던 때는 대부분의 사람들이 오프라인 강연이나 책을 통해서만 지식을 유통할 수 있었다. 그가 생전에 집필했던 《데일 카네기 인간관계론》, 《데일 카네기 성공대화론》, 《데일 카네기 자기관리론》 등의 책들은 오늘날 더욱 다양한 콘텐츠로 활용되고 있다. 마찬가지로 인터넷 등장 이전의 지식 창업자들은 오디오테이프, CD, CD-ROM, 비디오, 토크쇼, 컨퍼런스나 종이 메일 주문 등을 통한 방식으로 지식을 유통할 수밖에 없었지만 이제는 책뿐만 아니라 전자도서, 스페셜 리포트, 워크북 같은 기타 다양한 콘텐츠를 판매함으로써 원소스 멀티유즈^{one source multi use}가 가능하게 되었다.

온라인은 지식 창업자들의 새로운 작업 터가 되었다. 인터넷은 콘텐츠를 만들기 위한 다양한 IT 도구를 제공해주고 있다. 10여 년 전에만 해도 글이나 기획 문서를 쓰려면 마이크로소프트의 오피스를 열거나 아래한글을 활용해야 글을 쓰고 정리할 수 있었다. 그뿐만 아니라 다양한 자료를 정리하기 위해 따로 엑셀을 활용해야 했다. 또한 써놓은 파일을 이메일이나 USB 같은 장치에 넣어서 가지고 다녀야 했다. 그러나 이제는 스마트폰이든 노트북이든 어떤 정보처리 장치에서 작업 중인 파일도 공유가 가능하다. 구글에서는 구글 드라이브에 구글 닥스^{Google Docs}, 구글 시트^{Google Sheets}, 구글 슬라이드^{Google Slides}를 통해 오피스 작업이 가능하고, 모든 파일을 다른 사람과 공유할 수 있다. 실시간으로 온라인에서 작업이 가능한 협업 시스템을 무료로 제공해준다. 에버노트^{Evernote}는 한술 더 떠 거의 모든 종류의 노트와 온라인 캡처, 이미지를 공유하고 작업이 가능하도록 무료로 제공해주고 있다.

이뿐만 아니라 온라인에는 디고^{Diggo}, 포켓^{Pocket}과 같은 서지정보를 정리해주는 다양한 어플리케이션을 쉽게 찾을 수 있다. 콘텐츠를 만들고 공유하고 정리할 수 있는 모든 IT 도구를 지식 창업자들은 무료로 활용하고 있다.

콘텐츠를 유통하는 공간으로서 온라인 IT 기술들은 큰 도움을 준다. 지식 창업자라면 보유한 콘텐츠를 유통하는 데 필요한 웹사이트를 직접 운영할 수 있어야 한다. 웹을 통해 방문객 데이터베이스를 구축하고 뉴스레터나 잡지 등을 발행함으로써 대중들과 발전적인 커뮤니케이션을 진행하거나 제품이나 서비스에 대해 알릴 수 있다. 잘 구성된 홈페이지는 다양한 콘텐츠를 위한 유통 채널이 될 수 있다. 어떤 형태의 상품을 팔 것인가는 각자의 몫이지만 일반적으로 지식 창업자들은 디지털화된 콘텐츠를 제공한다.

Evernote.com

2010년 'Top 100 Multiple Income Streams Women'에 선정된 언론홍보 전문가 조안 스튜어트^{Joan Stewart}. 그녀는 홍보^{promotion} 멘토로서 무료로 홍보가 필요한 중소기업 소유주, 개인과 고객에게 신뢰를 얻고자 하는 실무자, 전문성을 높이고자 하는 현장기사 등을 대상으로 컨설팅하는 지식 창업자다. 조안의 주요 수익원은 매주 화요일, 토요일 정기적으로 〈위클리 E-매거진^{Weekly E-Zine}〉을 유료화(7달러)해 자신의 고객들에게 제공하고 있다. 전 세계적으로 약 3만 명의 유료 구독자를 보유하고 있다. 그뿐만 아니라 저널, 리포터, 논문 등 약 100개 이상의 콘텐츠를 판매하고 있다.

온라인 공간이 갖는 대표적인 특징 중에 하나가 접근성이다. 사무실이나 작업실과 같은 한정된 공간이 아닌 언제 어디서든 네트워크가 연결된 공간이며 자신만의 작업을 할 수 있도록 해준다. 남매 사이인 앨러드^{Elad}와 타마^{Tamar}는 기발한 사업 아이디어를 바탕으로 자유롭게 이동하면서 언제 어디서든 자신이 직접 만든 정보 콘텐츠를 웹사이트에 올리고 판매하고 있는 지식 창업자다. 이스라엘 출신의 앨러드는 하이테크 기업에서 마케팅 매니저로 일을 시작했다. 하지만 자신의 딸 마야가 태어난 후, 딸이 원할 때 언제든 같이 놀아주고 아내와 오후에 카페에서 시간을 보낼 수 있다면 어떨까 하는 꿈을 갖게 되고 퇴사를 결심한다. 디자인을 전공한 여동생 타마와 함께 아이의 생일파티를 위한 아이디어를 소개하는 웹을 제작하고, 파티에 필요한 다양한 장식물과 게임, 디자인 출력물 등을 제공했다. 수익은 관련된 상품 판매 사이트를 연결해 수수료를 받거나 광고를 노출시켜서 수익을 내는 방식이었다. 앨러드와 타마는 이 사이트를 오픈한 후 4개월 만에 1,000 달러의 순이익을 얻었다. 현재는 아이의 생일파티 사이트뿐만 아니라 생일 케이크, 주말 파티, 프린팅 가능한 다양한 디자인, 집에서 만들 수 있는 의상 등을 소개하는 사이트를 같이 운영하고 있으며, 월 200만 명이 이 사이트를 방문하여 정보를 얻어 가고 있다.[*]

잘 다니던 회사를 그만두었던 앨러드의 첫 번째 고민은 이른바 재택근무를 하면서 수익을 가져올 수 있는 플랫폼이었다. 그래서 생각해낸 것이 인터넷 웹사이트였다. 그는 온라인 비즈니스 모델을 익히기 위해 이메일 교육 코스에 등록해 본격적으로 실행에 옮겼다. 그가 처음 만든 사이트는 배낭여행을 소개하는 사이트였지만, 여행 정보에 대한 테마가 수요보다 공급이 많은 시장 구조상 실패로 끝났다. 그러나 이후 수많은 아이디어를 검토하던 중 사랑하는 사람을 위해 준비하는 파티라는 주제로 사이트를 오픈했고 지금의 성공을 만들어냈다.

---

[*] http://www.coolest-kid-birthday-parties.com/

IT 플랫폼, 사업구조를 이해하라

플랫폼의 사전적인 의미는 역에서 기차를 타고 내리는 승강장을 말한다. 정확하게 말하면 기차가 들어올 수 있는 공간을 의미하며, 무언가를 담아낼 수 있는 틀로서 의미하기도 한다. 플랫폼을 IT 측면으로 국한한다면 어플리케이션을 구동하기 위한 프레임워크를 지칭하기도 하지만 비즈니스 측면에서 본다면 다양한 형태의 사업 분야로 확장 가능한 환경으로 설명할 수 있다. PC 운영체제의 대다수를 차지하고 있는 마이크로소프트의 윈도우나 애플의 아이튠즈^{iTunes}가 대표적인 예다.

윈도우 플랫폼은 윈도우 프로그램을 개발하거나 인터넷 익스플로러^{Explorer} 기반의 웹페이지를 만들어 새로운 부가가치를 창출하고 비즈니스 모델을 만들 수 있으며, 아이튠즈 플랫폼은 여러 문화 콘텐츠를 만들어 올리고 이를 소비함으로써 새로운 가치 사슬을 만들 수 있는 공간이다. 빠르게 변화하는 비즈니스 환경에 맞춰 플랫폼을 활용한 사업 모델과 전략에 대한 연구가 각광받고 있으며, 경쟁은 더욱 치열해지고 있다. 하지만 플랫폼의 개념은 이미 고대 로마의 수로에서부터 아시아의 허브라고 불리는 인천공항에 이르기까지 우리 생활 속에 오래 전부터 자리 잡고 있었다. 단지 정보화 네트워크와 다자간 통신이 활성화되고 스마트 디바이스를 통한 쌍방향 접근성이 강화되면서, IT 기술을 기반으로 한 무형의 플랫폼이 새로운 형태의 사업 모델로 만들어지고 있는 것뿐이다.

IT 플랫폼은 다양한 형태의 비즈니스 모델들과 생태계를 이루며 끊임없이 발전하고 있다. 사업 영역의 혁신은 새로운 플랫폼을 만들 수도 있지만, 이미 만들어진 플랫폼 생태계의 한 축을 담당할 수도 있고, 이를 바탕으로 진일보한 플랫폼을 새롭게 구성할 수도 있다. 지식 창업자들에게 IT 플랫폼은 지식을 유통하고 서비스하며 수익을 올릴 수 있는 사업구조를 제공한다.

온라인 플랫폼으로는 인터넷 매거진, 뉴스페이퍼와 같은 공공적 성격의 플랫폼이 있으며, 주로 콘텐츠를 확대하는 방법이다. 일반적으로 포털이나 매거진을 활용해 프로모션을 전개하는 것이 대부분이다. 유튜브의 경우에는 미디어 콘텐츠가 제품 프로모션의 한 가지 방법이 되기도 하지만, 미디어 콘텐츠 그 자체가 수익 창출의 모델이 되기도 한다. 유튜브는 조회 수 1,000건당 2달러가 지급되는 수익 분배 모델을 유지하고 있다. 가수 싸이는 '강남스타일' VOD 하나만으로 유튜브에서만 순수하게 42억 원을 벌어들인 것으로 파악된다.[*]

지식 창업자들은 이러한 온라인 플랫폼의 강점을 잘 이해하고 활용한다. 그들은 유튜브 등에 호소력 짙은 다양한 콘텐츠를 제공함으로써 새로운 매출을 창출하고 있다. 지금도 온라인 유통 플랫폼

---

[*] http://www.venturesquare.net/39440

은 매우 다양한 방식으로 발전하고 있다. 영화나 음악의 경우 다운로드와 스트리밍 서비스로 발전되고 있으며, 거의 모든 통신 사업자와 포털 사업자가 서비스를 진행하고 있다. 구글과 애플에서는 이미 자체 앱 서비스를 활용해 콘텐츠 제공자들이 사업을 진행할 수 있는 완벽한 환경을 만들어내고 있으며, 국내의 아프리카TV 또한 이미 1인 방송 시스템을 성공적으로 안착시켰다. 디지털 플랫폼의 확대는 지식 창업자에게 무한한 기회를 제공하고 있는 것이다.

IT 기술은 고객과의 끊임없는 소통을 위한 공간을 만들어준다. 온라인 콘텐츠는 빠른 소비와 다양한 사람들의 폭넓은 만남이 가능하며, 더불어 콘텐츠에 대한 고객의 반응이 즉각적인 장점을 갖는다. 지식 창업자들에게 고객과의 소통은 생존의 필수 요소다. IT와 통신 기술의 발전은 사람들 간의 접촉을 빠르게 증가시켰다. 과거에는 얼굴을 직접 보는 대면 접촉이나 유선전화, 팩스와 같은 도구를 활용했다면, 지금은 누구나 가지고 있는 스마트폰으로 어디서든 연락을 하고 접촉할 수 있다.

실시간으로 이루어지는 메시지 서비스는 사회연결망을 이루어내어 내가 지금 어디서 무엇을 하는지를 알 수 있는 수준으로 발전하고 있다. 페이스북과 포스퀘어^{Foursquare} 같은 IT 서비스는 다양한 사람과 정보뿐만 아니라 감정을 교감하는 수준으로 발전하고 있다. 지식 창업자들은 트위터와 페이스북, 구글플러스, 인스타그램과 같은 다양한 사회연결망 IT 기술을 활용해서 고객에게 대응한다. 라이프스타일 코치로 활동하는 베일리 리처트^{Bailey Richert}는 고객과 소통을 하기 위해 거의 모든 종류의 사회연결망 IT 서비스를 사용하고 있다.

지식 창업자들은 수익을 창출하기 위해서 다양한 외부 자원과 협력한다. 외부의 훌륭한 조력가들과의 네트워킹은 지식 창업자들에게 가장 중요한 활동이다. IT 서비스들은 네트워킹을 지원해줄 뿐만 아니라 다양한 플랫폼을 제공해준다. 인도의 소시오비츠^{Sociobits}는 몇몇의 지식 창업자들로 구성된 온라인 매거진^{sociobits.org}을 2013년부터 운영하고 있다. 이들은 소셜 미디어의 등장과 함께 변화하는 비즈니스 환경들과 사회 전반에 걸쳐 영향을 미치는 내용들을 기사화하여 전 세계 사람들과 공유하고 있다. 또한 소셜 미디어를 활용하는 방법과 팁 등을 제공하며, 소셜 네트워크를 통해 일어나는 최신 정보들에 대해 소통하고 있다. 그들의 사이트는 소셜 미디어의 미래에

다양한 소통장치를 연결해놓은 베일리 리처트*

* http://baileyrichert.com/

대한 동향 보고서에서부터 소셜 미디어에서 동영상이 자동 재생되는 것을 해제하는 방법에 이르기까지 소셜 미디어 관련 내용으로 채워져 있다. 소시오비츠는 현재까지 10만 명 이상의 월간 순 방문자와 30만 건 이상의 월간 페이지 뷰를 보유하고 있다. 이들의 주 수익모델은 온라인 배너를 통한 광고이며, 각종 정보 매체를 판매함으로써 매출을 확보하고 있다.

유사한 형태의 온라인 매거진은 우리나라에서도 찾아볼 수 있다. 〈뉴스 토마토〉에서 선후배로 만난 기자 2명이 의기투합해 2015년 1월 설립한 IT 전문 뉴스 미디어 〈아웃스탠딩〉이 대표적인 예다. 이들은 친구와 대화하듯 쉽게 읽히는 문장으로 기존의 정통 뉴스 미디어 시장에서 볼 수 없던 다양한 형태의 기사를 전달하고 있다. 실제 IT 스타트업들을 취재하기도 하고 소셜 네트워크 마케팅의 대한 교육 기사를 연재하는 한편, 실시간 피드백을 통해 독자와 소통한다. 이들의 기사는 주로 페이스북과 홈페이지를 통해 유통되며, 모바일 디바이스 등을 통해 접속된다.

〈아웃스탠딩〉은 소시오비츠와 다르게 주된 수입원이 광고 수익이 아니다. 이들은 뉴스 펀딩이나 유료 컨퍼런스, 콘텐츠 공급 등을 통해 돈을 벌고 있으며, 새로운 형태의 수익 모델을 찾아나가고 있다.*다양한 주제들을 단일 플랫폼에 담아 독자에게 전달하는 것이 기존

---

* http://www.mediatoday.co.kr/news/articleView.html?idxno=123706

의 미디어 영역이었다면, 소시오비즈와 아웃스탠딩은 특정 분야의 지식 전문가들이 모여 사회 이슈를 기사화하고, 이를 독자에게 공유하고 소통하는 방식으로 새로운 미디어 비즈니스 모델을 만들었다. 여기서 이들이 콘텐츠를 제작하고 유통하고 실제 수익을 내는 데 활용했던 것이 IT 플랫폼이다.

지식 창업자들은 적극적으로 온라인 광고 플랫폼을 활용한다. 광고 서비스 대행업체인 야후 컴퍼니 오버추어www.overture.com가 대표적이다. 이 서비스는 실제로 사이트에 등록된 링크당 클릭 수에 따라 정해진 금액이 지불되는 구조다. 좋은 키워드나 사이트의 경우에는 경매를 통해서 구매해야 한다. 이를 보통 키워드 광고 혹은 스폰서 광고라고 한다.

검색엔진 광고 전략에 구글 애드워즈Adwords도 많이 사용된다. 광고를 작성하고 비즈니스와 관련된 단어 또는 구문으로 된 키워드를 선택하고 구글에 광고를 올린다. 사용자가 선택한 키워드로 검색하면 광고가 검색 결과 옆에 게재되는 방식이다. 상품을 구매하거나 정보를 얻고자 하는 사용자는 광고를 클릭하기만 하면 된다. 최소 비용은 없고 얼마의 금액이 되었든 클릭당 비용으로 지출되도록 비용이 책정되어 있다. 구글 애드센스AdSense라는 것도 있다. 애드센스는 콘텐츠를 자동으로 크롤링crawling해, 사이트의 방문객이나 콘텐츠에 맞는 광고(이미지 광고나 텍스트 광고 선택 가능)를 게재해준다. 이런 방식으로 웹사이트 소유자에게 광고 수익을 분배하는 방식이다.

IT 플랫폼을 활용하면 부족한 마케팅 능력을 다른 파트너와의 제휴를 통해 보완할 수 있다. 예를 들어 고객이 다른 인터넷 쇼핑몰에 접속했다 하더라도, 이미 제휴된 인터넷 서점의 배너를 통해 들어가 책을 구매할 경우 양쪽 사이트가 각각 포인트를 지급함으로써 동시에 고객을 확보하는 효과를 볼 수 있다. 조금 귀찮더라도 고객은 양쪽에서 포인트를 쌓을 수 있어서 이득이 되며, 인터넷 쇼핑몰이나 서점 역시 자신의 인지도를 넓히고 고객을 유치한다는 측면에서 도움이 된다. 혜택을 공유할 수 있는 방식인 것이다. 모바일 환경이 확대되면서 어플리케이션을 통한 제휴 마케팅이 급증하고 있다. 배달음식 정보를 제공하는 앱과 요식업체 간의 협력 관계는 이를 잘 보여준다. 요식업체는 광고효과를 얻을 수 있고, 배달음식 앱은 수수료를 통해 함께 수익을 창출할 수 있다.

매월 1만 달러의 수익을 올리고 있는 지식 창업자 마이크 토머스 Mike Thomas는 제휴 마케팅과 관련한 강의, 컨설팅 등으로 수익을 창출하고 있다. 그는 31피트 캠핑 트레일러를 타고 미국 전역을 여행하며, 동시에 IT 플랫폼과 웹서비스를 통해 업무를 수행하는 괴짜다.* 마이크는 웨스턴 일리노이 대학교Western Illinois University에서 커뮤니케이션을 전공하고 관련 회사에서 일을 시작했다. 하지만 2008년 금융위기 때 해고되고 트럭 운전을 시작하면서 새로운 사업을 구상하게 된

---

* http://www.affiliatemarketertraining.com/

다. 처음에 그는 '트러킹 트루스^{Trucking Truth}'라는 트럭 기사를 위한 블로그를 만들고 트럭 운전과 관련된 내용 그리고 자신의 여행 경로를 포스팅했다. 마이크는 '트러킹 트루스'가 별도 상품이나 서비스 판매 없이 트럭 운전자들에게 플랫폼을 제공하는 것만으로 수익을 냈던 것에 착안해 플랫폼을 활용한 제휴 마케팅으로 사업 영역을 확장했다. 마이크는 자신이 가장 잘 알고 있는 트럭과 운전 관련 팁을 제공하는 사이트^{http://www.drive-safely.net/}를 만들고, 트럭 운전면허 학원과 교육 프로그램, 보험사 등과 배너나 기사 광고에 대한 협약을 통해 제휴 마케팅을 시작했다. 마이크는 사이트 오픈 후 6개월 만에 제휴업체를 통해 수수료 7.8달러 벌어들이며 성공 가능성을 확인했다.

이후 2011년 트럭 운전을 그만두고 온라인 플랫폼 사업에 전념하면서 블로그와 사이트 간의 연계 및 제휴를 통해 추가 수익을 지속적으로 올렸다. 결국 사업을 시작한 이래 인터넷만으로 25만 달러 이상을 벌어들였다. 마이크는 더 나아가 온라인 플랫폼 기반의 제휴 마케팅 성공 사례를 바탕으로 어떻게 하면 자신과 동일하게 사업을 진행할 수 있는지 교육 사업을 시작했다. 그는 제휴 마케팅 사업을 다음과 같이 말한다.

"수익 올리기를 고민하기 전에 다른 누군가에게 가치를 제공해야 하는 것이 우선이다. 제휴 마케팅은 단지 웹사이트를 만드는 것이 아니라 진입 장벽을 넘지 못하는 비즈니스를 또 다른 비즈니스로 치료하는 과정이다."

새로운 세상, 무크^{MOOC}

칸 아카데미^{Khan Academy}의 설립자 살만 칸^{Salman Khan}은 2011년 TED 강연에서 비디오로 진행되는 교육의 필요성을 역설했다. 인터넷을 활용해 세상 모든 사람들이 교육받을 수 있는 세상을 만들 수 있으며, 집에서도 학습^{homework}이 가능한 세상이 되었다고 주장한 것이다. 〈뉴욕 타임스〉는 2012년 '올해의 온라인 공개 수업'이라는 기사에서 온라인 공개 수업을 교육계의 가장 혁명적인 사건으로 꼽았다. 신문은 "온라인 공개 수업이 대중들을 위한 아이비리그를 열었다."고 평가했다. 이러한 평가 뒤에는 재정이 탄탄한 서비스 제공자들과 대학들의 연계가 있었기에 가능했다.

무크^{MOOC, Massive Open Online Course}란 웹 서비스를 기반으로 이루어지는 상호 참여적, 거대 규모의 교육을 의미한다. 비디오나 유인물, 문제집이 보충 자료가 되는 기존의 수업들과는 달리, 온라인 공개수업은 인터넷 토론 게시판을 중심으로 학생과 교수 그리고 조교들 사이의 커뮤니티를 만들어 수업을 진행하는 것이 특징이다. 온라인 공개 수업은 원격교육이 진화한 형태다.* 무크의 강의들은 기존의 온라인 강의와는 차별적으로 평균 15분 정도로 짧게 나눠진 방식이 기본이

---

* https://ko.wikipedia.org/wiki/MOOC

며, 학생 개인의 스케줄에 따라 수강신청을 할 수 있는 유동적인 시스템을 가지고 있다. 그뿐만 아니라 같은 강의를 수강하는 학생들끼리 서로를 평가하거나, 도움이 필요한 경우 서로의 질문에 답할 수도 있다. 모든 강좌를 수강한 경우 인증서가 발급되어, 나중에 취업 지원서를 낼 때 스펙 삼아 인증서를 제출할 수도 있고, 학점으로 인정받을 수도 있다.

대다수 무크의 비즈니스 모델은 '프리미엄freemium' 비즈니스 모델이다. 이 모델의 기본적인 원칙은 강좌를 무료로 제공하는 것이다. 코세라Coursera는 프리미엄premium 서비스(증명서나 부정 채점 방지 시스템 사

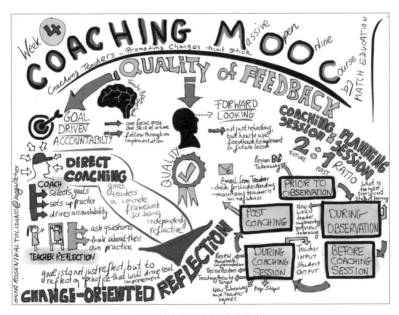

대표적인 무크 서비스 운영 원리

용)를 이용하는 이용자에게는 50달러의 이용료를 과금한다. 코세라는 자체 제공 강좌나 몇몇 협력 강좌에 대해서 저작권료를 받기 시작했다. 이를 통해 개론 강좌와 몇몇 실용적인 강좌들은 적지 않은 수익으로 연결된다. 대학들은 코세라에 무료/유료 강좌(무료/유료 강좌는 일대일 멘토와 같은 서비스에 차이를 둔다)를 섞어서 제공함으로써 수강료를 벌기도 한다.

코세라와 유다시티Udacity는 협력 교수와 직원들에게 급여를 주기 시작했다. 또한 몇몇 강좌에 대해서 학생들은 채용 서비스를 받기도 하며, 학점을 인정받거나 대학으로부터 학위를 받을 수 있도록 하는 방향도 추진 중이다. 코세라의 경우, 고유의 증명서를 지급하는 방식으로 건당 20~40달러의 수익을 낸다.

무크에 강의를 제공하는 것도 이제 지식 창업자에게 새로운 수익원이 되고 있다. 현재는 대학이 중심이 되어서 서비스가 진행되고 있지만, 적절한 능력을 보유하고 실력을 가진 지식 창업자들이라면 무크를 주목할 필요가 있다. 대표적인 무크인 유데미Udemy만 해도 전 세계에 걸쳐 200만 명의 수강생과 1만 3,000개의 과정을 보유하고 있을 만큼 규모가 크다. 데이브 에스피노Dave Espino는 유데미를 잘 활용하는 지식 창업자로 손꼽힌다.* 처음만 하더라도 그는 '유데미에서 수익을 얻는 법' 같은 강좌를 등록하고 주로 전문 강사를 키워내

---

* http://daveespino.com/

238

CHAPTER 7

는 데 주력했다. 그러다 점차 강좌에 대한 좋은 반응이 일반인들에게까지 확산되면서, 지금은 일반인을 대상으로 한 온라인 마케팅, 사업전략 등 40여 개 강좌를 업데이트하고 있다. 또한 그의 강의에 대한 신뢰도가 높아지면서 상당수의 콘텐츠가 유료로 전환되었다. 현재 그의 강의는 67~257달러를 결제해야만 볼 수 있는 강좌로 전환되었음에도, 평균 2,500명 이상이 그의 강의를 수강하고 있다.

데이브 에스피노Dave Espino는 남부 캘리포니아 출신으로 사립 기독교 학교를 졸업하고, 로스앤젤레스 도시공학국에서 토목 기술자로 일을 시작했다. 그러나 그는 필요한 것이 무엇이든 판매할 수 있는 이베이eBay 웹사이트를 경험하면서, 전업 인터넷 마케터로 변신하게 됐다. 그리고 이베이에서 성공할 수 있는 전략을 담은 《이베이 너머Beyond eBay》라는 전자책과 비디오 코스를 출판했다. 이후 무크 시장의 성장과 함께 생생하고 열정적인 강의를 통해 현재의 인기 강사 자리에 올랐다. 데이브는 이베이나 아마존에서 구매자의 이메일 목록을 작성하고 이후 이들에게 무엇이든 재판매할 수 있는 전략을 설명했다. 실제 데이브 자신이 이 전략을 통해 전체 재고를 팔아치웠던 사례를 소개함으로써 강좌의 신뢰도를 높였다.

2013년 유데미의 상위 10명의 강사가 강의를 통해 벌어들인 수입이 무려 5백만 달러에 달할 정도로 무크 시장은 커졌으며, 자신이 가진 전략과 지식을 수익화하기 위한 지식 창업자들에게 최상의 시장이 되었다.

6 어디에서 시작할 것인가?
플랫폼 서비스 활용법

과거에는 사업을 시작하게 되면 사무실 임대부터 전화, 팩스, 복사기 등 사무기기 그리고 PC나 서버까지 직접 알아보고 구입하여 설치하거나 임대를 해야 했다. 한마디로 모든 것을 갖춰야 시작할 수 있었다. 하지만 IT 발달과 함께 클라우드 환경과 O2O 서비스가 확대되면서 조금만 주위를 둘러보면 초기 사업을 시작하는 창업자들이 활용할 만한 서비스를 쉽게 찾을 수 있다.

1_ 클라우드 컴퓨팅 서비스 – 나만의 웹서버는 여기서

클라우드 서비스는 쉽게 말해서 인터넷을 통해 서버를 포함한 IT 리소스와 그 위에 설치되는 어플리케이션을 온 디멘드on demand 형태로 사용하고, 사용한 만큼의 비용을 지불하는 것을 말한다. 몇 분 만에 새로운 서버 환경을 구성할 수도 있고, 클릭 몇 번으로 서비스를 시작할 수 있다. 대표적인 서비스는 아마존 웹 서비스Amazon Web Service 와 마이크로소프트 에저 서비스Microsoft Azure Service다.

– 아마존 웹 서비스

인터넷 전자상거래 업체인 아마존닷컴이 2006년 서버 인프라를 빌려주는 서비스를 선보이면서 IT 시장의 패러다임을 바꾸기 시작했다. 현재는 서버나 스토리지 공간 임대부터 고성능 컴퓨팅이나 비즈니스 어플리케이션, 빅데이터 등까지 서비스를 확대하고 있다. 처음에는 프리 티어Free Tier

아마존 웹서비스 프리티어 가입*

---

* https://aws.amazon.com/ko/free/?nc2=h_l2_cc

로 계정을 생성하면 일정 한도 내에서 1년 동안 무료로 사용할 수 있다.

2_ 공동 사무 공간 활용 - 모두의 사무실

우리 주변에는 사무실 비용 절감을 위해서 소규모 조직을 위한 공간 인프라를 제공하는 협업 또는 공용 사무공간 서비스들이 많다.

1) 협업 사무 공간 활용

- 서울시 청년 일자리 허브http://youthhub.kr: 1년에 한 번 선발, 사무실 무상 임대.
- 디캠프http://dcamp.kr: 비영리 은행권 청년 창업 재단이 설립한 공간으로 창업 활동에 대한 증명을 심사하여 회원 가입 승인 후 협업 공간 무료 사용.
- 스페이스 노아http://www.spacenoah.net: 저렴한 비용의 사무기기를 사용할 수 있는 협업 공간 제공.

2) 사무실 공유

- 셰어 오피스http://www.shareoffice.co.kr 또는 오피스 공유http://www.office0u.com를 참고하면 좋다.

3_ 모임 문화 플랫폼 - 온라인 만남을 오프라인으로

지식 강연이나 세미나를 사람들에게 전달하거나 홍보할 때 사용하는 것이 모임 문화 플랫폼이다. 현재 가장 대표적인 플랫폼이 온오프믹스OnOffMix 서비스다.

온오프믹스는 모임을 등록하고 참석자 신청을 받고 대기자 관리를 온라인으로 할 수 있는 서비스다. 유료 모임을 개최할 경우 온오프믹스 사이트에서 대신 처리할 수도 있다. 특히 사이트 가입자들에게 정기적으로 발송되는 뉴스레터 형태의 모임 안내 메일을 통해 자신이 만든 모임 정보를 홍보할 수도 있다. 여기에 모임을 나눌 수 있는 장소나 물품 구매처까지 연결하여 서비스를 받을 수도 있다.

온오프믹스

CHAPTER 8

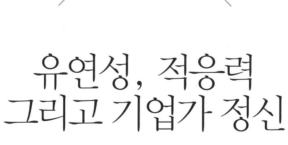

유연성, 적응력
그리고 기업가 정신

"'이 세상에 더는 새로운 것이 없다.' '창조는 편집이다.' 라는 말이 있는 것처럼 완전한 창조는 이 세상에 존재하지 않는다. 지식 창업자 셰인 도슨 Shane Dawson 은 새로운 것이 없는 세상에서 혁신적 사고로 자신만의 서비스를 만들어 냈다. 그는 자신이 겪은 일상의 불편함 따위를 있는 그대로 유튜브에 올려, 유튜브에서만 400만 명의 구독자를 보유하고 있다. 그는 남들이 미처 생각지 못했던 자신의 일상 자체를 있는 그대로 보여주고 자신의 생각을 표현하는 것만으로 새로운 수익원을 창조했다."

———————————

지식 창업자와 기업가 정신

2015년 여름, 1월부터 5월까지 수출이 연속적으로 줄어들었다. 수출 동향은 대략 작년 대비 10.9%가 감소했다. 한국 경제가 활력을 잃고 돈이 돌지 않고, 수출은 계속 감소했다. 2010년 반등했던 기업의 장기 설비투자 추세는 다시 하락한 것으로 파악되고 있고, 국내 총투자율 역시 금융 위기 이후 지속적인 하락세를 보이고 있다. 제조업의 경쟁력 저하, 장기 투자 부진, 노동 공급 능력 저하, 서비스업 생산성 향상 지연 등의 악재가 맞물리면서 2040년께에는 한국이 OECD 국가 중 가장 낮은 경제성장률을 보일 것이란 관측까지 나왔다.

한국은 그동안 조선, 가전, 통신기기 등 제조업 중심의 구조로 성장해왔으나, 이젠 중국의 거센 도전에 직면하고 있다. 과거 제조업은 대기업 중심의 정부 주도 정책에 따라 수출을 위주로 성장했다. 그러나 시대의 변화에 따라 과거의 화려한 실적은 오히려 한계 및 장애가 되고 있다. 앞으로는 다양한 산업이 함께 성장하는 시스템이 중요하다. 이러한 상황에서 기업에게 지금 가장 필요한 것은 '기업가 정신'이다.

피터 드러커가 1996년 《나의 이력서My personal history》라는 책에서 한국을 '세계에서 기업가 정신이 가장 높은 국가'라고 꼽았던 것과 비교하면 최근 한국의 기업가 정신은 놀라울 정도로 낮은 평가를 받고 있다. 세계기업가정신발전기구GEDI의 조사에 따르면 한국의 기업가 정신 순위는 2014년을 기준으로 120개국 중 32위 수준인 것으로 평가됐다. 우리는 지금 기업가 정신에 목말라 있다.

우리의 비즈니스 환경은 그 어느 때보다 빠른 변화를 거치고 있다. 수요 트렌드가 개인 중심으로 변화하고 있고, 서비스와 제품은 모듈화와 스마트 기술에 의해서 빠르게 진화하고 있다. 3D 프린팅 기술로 소규모 맞춤 생산이 더 가능해졌고, 디지털 기술은 지식과 정보를 광범위하게 퍼지게 하고 있다. 네트워크에 의해 창조적 파괴가 끊임없이 이루어지는 현실이 기회와 위기를 만들어내고 있다. 이 순간에도 수많은 신생 기업이 탄생하고 있으며 이 중에는 네이버, 다음카카오처럼 성장할 회사도 존재할 것이다. 새로운 기업의 성장과 발전의 핵심은 기업가 정신의 발현에 있다.

1912년, 29세의 젊은 경제학자 조지프 슘페터^{Joseph Schumpeter}는 자본주의를 연구하면서 단순한 사업가와 기업가의 차이를 '혁신'이라고 했다. 그는, 기업가란 단순한 제조업자나 상인이 아닌 혁신을 일으키는 개인이라고 정의했고, 가장 명쾌한 예로 1850년대 영국 기술자이자 발명가인 헨리 베서머^{Henry Bessemer}를 꼽았다. 그는 연료 공급이 불필요한 제강법을 발명하여 값비싼 철강제품 시대의 막을 내리고 값싼 강철에 대한 뚜렷한 비전을 제시했다. 단순히 부자가 되고 싶다거나 돈벌이가 목적이 아닌 "무언가를 창조해내고 자신의 에너지와 재능을 발휘하는 데에서 즐거움"을 느끼며 "어려움을 피하지 않고 변화를 모색"하는 행동과 태도가 곧 기업가 정신이라는 점을 슘페터는 강조했다.

　　현대 경영학의 거장인 피터 드러커는 "기업가 정신은 위험을 감수하고 포착한 새로운 기회를 사업화하려는 모험과 도전정신"이라고 설명했다. 그는 기업가 정신이 기업 단위에 국한되는 것이 아니라 한 사회의 모든 구성원이 본질적으로 지녀야 할 자기혁신의 토대라고 강조했다. 건강한 사회는 기업가 정신을 바탕으로 끊임없는 혁신을 추구해야 사회가 더 진보해나갈 것이라는 믿음이 있어야 한다. 저명한 기업가 정신 교육자인 제프리 티몬스^{Jeffry Timmons} 교수는 "기업가 정신은 아무것도 아닌 것에서 가치 있는 것을 이루어내는 인간적이고 창조적인 행동"이라고 강조했다. 기업가 정신을 가진 기업가는 현재 자원의 부족에 연연하지 않고 새로운 가치를 추구하며, 대중 혹은 직원을 이끌어갈 열정을 발휘한다고 보았다.

유연성, 적응력 그리고 기업가 정신

칼 베스퍼Karl Vesper 워싱턴대 교수는 "다른 사람이 발견하지 못한 기회를 찾아내는 사람, 사회의 상식이나 권위에 사로잡히지 않고 새로운 사업을 추진할 수 있는 사람, 행복을 추구하는 사람이야말로 기업가 정신을 가진 것이다."라고 설명하고 있다. 즉 기업가 정신에서 '기업가'가 단순히 경영자를 뜻하는 것이 아님을 알 수 있다. 조금 더 정리해보면, 기업에 자본을 대고 경영을 담당하는 기업가企業家, Businessman라기보다 기존에 없었던 새로운 가치나 일자리를 만들기 위해 도전하고 노력하는 기업가起業家, Entrepreneur, 업을 일으키는 사람을 지칭한다. 따라서 기업가 정신은 실천적인 행동이 포함되어 있다. 기업가 정신으로 만들어진 제품과 서비스 중에 우리가 쉽게 접할 수 있는 건 매우 많다. 스마트폰과 페이스북은 모든 것이 인터넷과 네트워크 연결에 따라 만들어진 새로운 서비스이며 상품이다. 이런 서비스는 사람들에게 새로운 가치와 새로운 기회를 제공해준다.

지식 창업자는 지식information or knowledge 기반의 기업가entrepreneur이다. 따라서 슘페터가 생각했던 혁신을 행동하고 향유하는 기업가로서 지식을 도구로 활용한다. 그들의 특성은 놀랍게도 기업가 정신이 핵심인 '혁신'을 발현하고 있고, 실제적인 실행execution을 하고 있다. 우리가 발견한 지식 창업자의 기업가 정신의 카테고리는 4가지로 구분된다. '기업가 마인드, 유연한 사고, 네트워크의 이해력, 브랜드화'가 그것이다.

기업가 정신이 사업 성패를 지배한다

지식 창업자들은 기업가다. 그들은 혁신하고 있다. 자신들이 가진 지식을 바탕으로 새로운 가치를 제공하는 데 주저하지 않는다. 지식은 학교에서 배워 쌓아갈 수도 있고, 다양한 사회 경험을 통해 얻을 수도 있다. 하지만 대부분의 경우 직장 생활에서 지식을 배우고 새롭게 만들어간다. 하지만 우리 사회는 지금 일자리 불안과 과도한 노동에 부딪치며 매우 스트레스가 높은 '피로 사회'다. 일반적인 직장인들은 직장에서 자신의 존재 가치를 증명하기 위해 노력하지만 동시에 피로하며 소진되어간다. 상시적인 구조조정과 앞당겨진 퇴직 시기는 불안감을 증폭시키고 끝없이 열정과 에너지를 쏟게 한다. 불안정성은 자신의 행동을 한쪽으로만 집중하게 만든다.

지식 창업자들은 어려움을 그대로 놔두지 않고 극복하고 있다. 그들은 끊임없이 새로운 가치를 찾아서 전진한다. 그들에게는 개척자 정신이 있다. 남들과 똑같은 삶을 살아야 한다는 고정관념에서 벗어나 성실하고 치열하게 살되, 획일화된 직업을 버리고 자기만의 길을 열어가는 공통점을 갖는다. 미국의 한 지식 창업자는 삶의 중심을 '가족'과 '자유'로 정하고, 자신이 가진 마케팅 지식을 활용한 사업을 구상했다. 자신의 마케팅 노하우를 정리해 전자책과 CD 등을 온라인에서 판매했는데, 매월 1,000달러 남짓을 벌었다. 여기에 마케팅 컨설팅 일을 함께해도, 과거에 다니던 회사에서의 수입에 비하면 75% 수준에 불과하다고 말한다. 그럼에도 그는 지금 이 순간이 행복하다고 말한다. 수입만 본다면 어쩌면 그는 성공한 것이 아니었을 것이다. 그러나 분명한 것은 새롭고 젊은 아이디어로 무장한 사람들에게 지식 창업은 새로운 기회가 된다는 점이다. 남들이 주목하지 않은 저평가된 분야를 새롭게 발굴, 재탄생시키면서 또 다른 블루오션을 만들어내겠다는 의지야말로 지식 창업자가 갖춰야 할 기업가 정신이다.

대표적인 지식 창업자 중 한 명인 우버Uber의 트래비스 캘러닉Travis Kalanick은 기업가 정신의 단면을 명확하게 보여준다. 트래비스 캘러닉은 1976년 미국 LA에서 태어났다.[*] 그는 20살이 되기 전 '뉴웨이 아카데미'라는 회사를 시작하면서 지식 창업자로서의 면모를 드러냈다. 뉴웨이 아카데미는 대학입학시험SAT을 준비하는 고등학생들에게 과외 서비스를 제공하는 회사였다. 그가 겪었던 대학입시 경험을 바탕으로 기업을 일으킨 것이다. 이후 캘러닉은 캘리포니아 주립대학에서 컴퓨터공학을 전공하다가 1998년 친구들이 '스카워Skawar'라는 파일 공유 P2P 서비스 회사를 차리자 학교를 그만두고 사업에 합류했다. 훗날 우버 서비스의 성공은 이 과정에서 겪었던 P2P 사업 경험과 노하우가 있었기에 가능했다. 현재 캘러닉의 자산은 5조 원이

---

[*] https://en.wikipedia.org/wiki/Travis_Kalanick

250
CHAPTER 8

넘는다.

우버는 일반 차량을 택시처럼 사용하는 공유경제형 서비스 모델이다. 이 서비스의 핵심은 P2P에 기반을 둔 것이다. 그가 본격적으로 창업한 스카워는 닷컴버블 기간 동안 엄청난 투자를 받고 사업을 시작했으나 끝내 2,500억 달러나 되는 법적 배상금으로 파산하고 말았다. 그러나 캘러닉은 2001년에 스카워 창업 멤버였던 마이클 토드Michael Todd와 레드 스우시Red Swoosh라는 회사를 설립해 다시 도전했다. 레드 스우시 역시 P2P 서비스를 제공하는 회사였다. 이 회사를 매각한 돈으로 시작한 회사가 바로 우버다. 그의 기업가 정신은 우버라는 새롭고 혁신적인 서비스를 만들어냈고, 그는 자신이 가진 경

우버의 창업자 트래비스 캘러닉

험과 지식으로 서비스를 만들어낸 매우 성공한 지식 창업자가 되었다. 그리고 우리가 잘 알고 있는 것처럼 우버는 5년 만에 세계 1위의 스타트업이 되었다.*

남들과 다르게, 그리고 차별화된 사고를 가진 지식 창업자들은 창의적 사고로 뭉쳐 있다. 2014년 12억 인구의 인도 신임 총리로 나렌드라 모디Narendra Modi가 선출되었을 때, 아직까지 카스트 제도가 남아 있는 인도에서 하층 계급인 간치(상인) 출신의 총리가 나왔다는 것은 놀라움 그 자체였다. 모디는 2001년부터 구자라트 주의 주지사를 3번 연속 연임하면서 엄청난 능력을 발휘했다. 구자라트 주는 그의 재임 기간 중 연평균 13.4%라는 놀라운 경제성장률을 기록했다. 모디는 각종 규제와 관료주의를 철폐해 친 기업 환경을 조성하고 국내 굴지의 기업들을 유치했다. 구자라트 주는 인도 28개 주 중에서 하루 24시간 안정적으로 전기가 공급되는 유일한 곳이며, 산업 인프라가 가장 좋은 지역이 됐다.

어찌 보면 인도에서 모디가 총리가 되는 건 시대의 소명일지 모른다. 그러나 모디 총리에게는 더 놀라운 것이 있었다. 그것은 요가였다. 그는 오전 5시에 기상해 매일 요가와 호흡 수련으로 건강을 관리하는데, 요가 부활을 위해 요가 장관직을 신설, 임명했다. 요가 장관은 60만 개 학교, 수천 개 병원, 경찰 훈련원 등에서 요가를 생활화하

---

* http://www.statista.com

도록 하는 프로젝트였다. 그리고 지식 창업자들은 이 기회를 놓치지 않았다.

　요가가 이렇게 주목받기 얼마 전에 지식 창업자 조지 워츠^{George Watts}는 요가와 관련한 새로운 사업을 시작했다.* 조지의 가족은 요가를 생활화했다. 그의 할머니는 50년간 요가를 했고, 그의 어머니도 15년 동안 요가를 가르쳐왔다. 그의 사촌 또한 요가 선생이었다. 그가 처음 요가를 배운 2001년에만 해도 요가는 서양인들에게 생소한 운동이고 명상법이었다. 오랜 시간 동안 요가를 해오면서 요가를 어떻게 하면 쉽게 사람들에게 알릴 수 있을지 고민했다. 요가라는 운동은 충분한 훈련을 통해 배워야 하는 운동이며 명상이다. 모든 운동이 그렇듯이 선생님이 옆에서 지도해주고 독려해줘야 빠르게 습득할 수 있다. 대부분의 요가 프로그램은 오프라인 교육 중심이었고, 또한 한 사람 한 사람 교육을 통해야만 습득할 수 있었다.

　그러나 조지는 조금은 다르게 생각했다. 조지는 2010년도부터 본격적으로 요가 교육 시디와 프로그램을 개발했다. 요가를 대중에게 쉽게 전달하는 방법을 비디오가 아닌 온라인으로 제공하면 어떨까 하는 생각으로 따라하기에 좋은 소프트웨어를 개발했다. 그는 사람들이 쉽게 요가를 접하려면 일종의 스토리라인이 필요하다고 생각했다. 요가는 단순히 운동이 아니라, 명상을 동반한 훈련이고, 일상

---

* http://georgewatts.org/

중에 요가 수련이 함께 포함되어야 하기 때문이다.

최근에는 스마트폰 앱을 개발해 제공하고 있다. 조지는 그의 웹사이트를 통해서 명상을 위한 팁과 훈련 방법도 제공한다. 더 나아가 요가를 생활화할 수 있는 다양한 프로그램을 개발해서 여러 요가 강사들에게 보급하고 있다. 이 모든 것은 그의 경험과 지식에서 나온 것이었다. 그는 요가와 관련된 정보를 모으고 자신이 실제로 가르쳤던 교재들을 정리해서 디지털 매체에 탑재해 사업을 시작했고, 더욱이 인도의 사회적 분위기와 맞물려 큰 성공을 이루었다.

이스라엘의 성공적인 벤처를 이끌어온 벤처 투자의 대명사인 요즈마Yozma 그룹의 이갈 에를리히Yigal Erlich 회장의 성공에는 '후츠파(용기, 당돌함을 뜻하는 히브리어) 정신'이 있다. 그는 "지리적, 역사적으로 불리한 조건에도 이스라엘이 성장할 수 있었던 건 자생적인 창업 생태계를 창조하기 위한 도전을 계속했기 때문"이라고 설명한다. 이어 "이스라엘에서 창업에 성공한 기업은 전체 2.5%에 불과하다."며 "실패는 부끄러운 것이 아니라 성공으로 가는 과정이므로 실패를 인정하고 당당히 다시 도전하라."고 조언한다. 성공적인 사업을 하는 지식 창업자에게 개척자 정신과 창의적 사고로 무장한 기업가 정신은 가장 기본 중에 기본이다.

| 유연한 사고 |
기회에 민감하고 상황에 민첩하라

세계 최대 온라인 신발 쇼핑몰 자포스의 성공은 고객 서비스가 곧 마케팅이라는 생각으로 사후 서비스에 앞장선 덕분이다. 그 바탕에는 '셀프 디렉션self direction'이라는 문화가 있기에 가능했다. 윗사람의 지시 없이도 각자 일을 알아서 진행하는, 이른바 개인 경영 방식이다. 시켜서 하기보다는 스스로 일하는 편이 되레 동기 부여에 도움이 된다는 것이 토니 셰이 CEO의 경영 전략이자 철학이다. 자포스 직원 1,500여 명이 '무간섭' 원칙에 따라 움직이고 1,500여 개의 창의적인 결과물이 나온다. 리더가 없는 그룹은 어수선해질 수 있다는 비판도 있지만 자포스는 여전히 〈포춘Fortune〉 선정 500대 기업 목록에 당당히 이름을 올리며 승승장구하고 있다.

유연한 사고란 '틀에 얽매이지 않은, 다양하고 자유로운 생각'이다. 유연한 사고를 하려면 기본적으로 고정관념에서 벗어나야 한다. 영하 30~40도를 넘나드는 북극의 에스키모에게 냉장고를 판다고 하면 미친 짓이라 할지 모르지만, 실제로 에스키모 대부분은 냉장고를 가지고 있다. 냉장고의 핵심은 '음식을 얼지 않고 신선하게 유지하는 것'이기 때문에 오히려 모든 것을 얼리는 북극에서는 생활 필수품인 것이다. 누구나 당연하게 생각했던 것을 조금만 돌려보거나,

유연성, 적응력 그리고 기업가 정신

다른 관점에서 접근해보는 것이 유연한 사고다.

신소재 개발 업체 고어앤어소시에이츠 W. L. Gore & Associates(이하 고어)에는 직급이 없다. 맡고 있는 업무에 따라 직군이 구분될 뿐이다. 주변에는 관리자 대신 조력자가 있다. 도움이 필요하면 그때그때 직접 의견을 교환하고 반영한다. 유연한 사고가 가능한 이유다. 자연스레 구성원 개개인의 주인 의식도 커진다. 유일한 단점은 수직적인 의사 결정보다는 시간이 더 걸린다는 것. 그러나 아이디어 결과물의 질은 차원이 다르다. 수평적인 문화가 개인의 잠재력을 최대화하고 창의력을 자극한다는 것이 고어의 경영방식이다. 고어는 본래 케이블과 기타줄, 치실 등을 전문으로 제작하던 업체였다. 그러나 '고어텍스 Gore-tex'로 더 유명해졌다. 창의적인 사고가 모여 기업을 대표하는 브랜드까지 바꿔놓았다.

'이 세상에 더는 새로운 것이 없다.' '창조는 편집이다.'라는 말이 있는 것처럼 완전한 창조는 이 세상에 존재하지 않는다. 창조는 새로운 것을 만들어내는 것이지만, 기존의 것을 깨부수고 다른 것을 만들어내는 데서 탄생하기도 한다. 그 과정에서 제품과 프로세스 혁신이 이루어진다. 특히 기업가에게 창조와 혁신은 필수 불가결하다. 지식 창업자 셰인 도슨 Shane Dawson도 혁신적 사고로 자신만의 서비스를 만들어냈다.

셰인 도슨은 캘리포니아 주 롱비치 출신 유튜브 스타다. 'Shane DawsonTV' 'ShaneDawsonTV2' 'ShaneDawsonTV3' 3개의 채널을 가지고 있으며, 구독자의 합계는 400만 명을 넘어 단독 채널 중 1위다. 비디오의 내용은 인기 뮤지션과 TV 드라마의 패러디, 다른 유튜브 스타에 대해 논평하거나 일상생활을 말하는 것 등 다채롭다. 2010년 2월 2일, 〈포브스〉는 도슨을 인터넷에서 25번째로 유명한 인물로 게재했다.

그는 자신이 겪은 일상의 불편함 따위를 있는 그대로 유튜브를 통해서 전달하고 있다. 그의 일상생활 자체가 새로운 서비스가 되었고, 남들이 미처 생각지 못했던 혁신적인 생각들이 콘텐츠가 되었다. 자신의 일상생활을 그대로 보여주고 자신의 생각을 공유하는 것으로

구독자만 400만 명에 달하는 유튜브 스타 셰인 도슨

유연성, 적응력 그리고 기업가 정신

새로운 수익원을 창조한 것이다. 그의 작업 공간인 유튜브는 떼어놓을 수 없는 파트너다. 새로운 가치를 창출하는 지식 창업자에게 유연한 사고는 무엇보다 중요하다. 지식이 유통되는 온라인 환경은 그 변화의 속도가 매우 빠르고 어디로 진화해나갈지 예측이 어렵기 때문이다. 빌 게이츠와 같은 천재도 안드로이드가 윈도우를 밀어낼 것이라고 예상하지 못했다. 변화된 환경에 맞게 끊임없이 대응할 줄 아는 것, 그것이 유연한 사고다.

| 네트워크 이해력 |
새로운 가치 창조의 원동력

한국전쟁 시절 이승만 전 대통령이 즐겨 쓰던 말이 있다. "뭉치면 살고 흩어지면 죽는다." 사분오열되면 죽을 수밖에 없던 전쟁터에서 뭉치자는 의미로 했던 말이다. 2015년 현재는 더더욱 독불장군식으로 혼자해서는 죽을 수밖에 없는 네트워크 시대에 살고 있다. 네트워크의 확장성은 기하급수적으로 증가하는 '멧커프의 법칙Metcalfe's Law'에서 더 명확해진다. 이 법칙은 네트워크 규모가 커질수록 비용의 증가폭은 점점 작아지지만 네트워크의 가치는 참여자 수의 제곱에 비례한다는 것을 말한다. 나와 협력하는 곳이 많아질수록 거기에 참여하는 사람 혹은 조직은 폭발적으로 늘어나고, 이를 통해서 상호 간의 이익을 도모하기 쉬워진다. 즉 네트워크가 가진 특성을 어떻게 활용할 것인가는 지식 창업자에게 중요한 능력이 된다.

네트워크를 활용한 전략은 인터넷 산업에서 가장 활발하게 이루어진다. 각종 사이트들은 자신의 제휴사들과 배너를 공유하고 광고비를 받거나, 가입자 수를 늘리는 활동을 전개한다. 여기서 발생한 서비스가 구글이나 네이버 같은 검색 사이트다. 이들은 사람들의 방문을 통해서 어마어마한 광고 수익을 올리고 있다. 지금의 인터넷 산업이 커진 것도 네트워크가 가진 특성을 제대로 이해한 데서 시작한 것이다.

지식 창업자들에게 네트워크는 기업가로서 제대로 발돋움하는 데 초석이 되는 인프라이자, 환경이다.

지식 창업자들에게 새로운 네트워크 채널인 유튜브는 정보를 유통시키는 데 매우 효과적인 공간이다. 리얼 어노잉 오렌지Real annoying orange 같은 단발성 스토리 프로그램은 대박이 났다. 리얼 어노잉은 2013년 말 기준으로 19억 뷰를 돌파했고, 1,300만 달러를 벌어들였다. 어노잉 오렌지 시리즈는 2009년에 댄 보이드헤이머Dane Boedigheimer가 시작한 동영상 시리즈다. 댄은 10대 때부터 8mm 캠코더를 가지고 다니면서 영화를 찍는 취미를 가지고 있었다. 그는 미네소타 주립대학에서 스피치 커뮤니케이션을 전공하고 MTV에서 제작 관련 업무를 하면서 영상에 대한 경험을 쌓아갔다.

2005년에 개그필름즈Gagfilms라는 자신만의 회사를 설립하면서 독립했다. 그는 MTV에서 네트워크의 가능성과 폭발적 확산에 대한 경험을 하게 된다. MTV는 미국의 전형적인 네트워크 방송국으로 음악 방송으로 시작했지만, 전국적인 네트워크를 가지게 되면서 영향력이 엄청난 연예 방송국으로 성장했다. 네트워크를 통해서 벌어질 미래의 현상은 댄에게 매우 흥미로운 사실이었다. 또한 유튜브의 등장은 댄 스스로 가지고 있던 동영상 제작에 대한 확신과 자신이 잘할 수 있는 콘텐츠에 집중해서 승부를 볼 수 있다는 믿음을 안겨주었다. 네트워크를 통한 동영상 유통의 힘을 경험한 댄은 어노잉 오렌지 시리즈에 더해 선더 맥와일드^{Thunder McWylde}라는 만화 시리즈를 공개했다.

그의 성공 요인은 어렸을 적부터 쌓아온 동영상 제작과 관련된 취

개그 소재로 유튜브 10억 뷰를 기록한 어노잉 오렌지*

---

* https://www.youtube.com/user/realannoyingorange

미에서 비롯된 경험과 대학에서 전공한 스피치 커뮤니케이션이라는 학문적 바탕에 더해 여러 방송 관련 업무를 통한 지식에서 비롯되었지만, 역시 네트워크에 의해서 만들어지는 부의 창출 방식에 대한 이해력이 없었다면 불가능했을 것이다.

———

| 브랜드 |

정체성을 명확하게 드러내라

브랜드 그리고 정체성, 상품이나 서비스에 브랜드 정체성이란 말은 널리 쓰인다. 기본적으로 정체성identity이란 심리학에서 한 인간 혹은 집단(혹은 사회)이 가지는 독자적인 특성이면서 살아가는 기준이 되는 자기 준거self-reference를 의미한다. 독자적인 특성이기 때문에 다른 것과는 구별된다. 내부적으로는 공통된 특성이면서 외부적으로는 차별적이다. 흔히들 '정체성이 없다.'라고 했을 때, 한 인간(혹은 집단)이 무엇을 하고, 무엇을 위하고, 앞으로 어떻게 살아야 할 것인가를 모르는 경우를 의미한다. 개인의 독특한 모습은 개성personality으로 표현되고, 국가라는 집단에서 나타나면 국민성nationalty이라는 형태로 정의될 수 있을 것이다.

정체성은 자신을 정의하는 무엇임과 동시에 다른 무엇과 차별적인 개성을 함께 동반한다는 개념으로 요약될 수 있다. 따라서 브랜드에는 나 혹은 우리 집단의 정체성이 드러나야 한다. 유명한 브랜드 학자인 데이비드 아커^{David Aker}는 "브랜드는 브랜드와 관련된 영상이 나타나고 상징화되며 이를 통해 고객과의 약속을 하게 되는 과정이다."라고 정의하고 있다. 즉 브랜드와 관련해서 사람들이 떠올리게 되는 여러 이미지들이 브랜드가 가지는 정체성이 되고, 그것이 고객이 느끼는 이미지 자체인 것이다.

우리가 주변에서 쉽게 접할 수 있는 브랜드 사례로는 세계인이 인정하는 독일 명차 BMW다. '드라이빙의 즐거움'이라는 타이틀을 가지고 유사한 디자인의 시리즈 차종을 내놓음으로써 그들만의 정체성을 지켜나가고 있는 대표적인 브랜드라고 할 수 있다. 특히 남자들의 BMW에 대한 소유 욕망은 대단하다. BMW에 대한 정체성은 '꾸미지 않은 독점적 가치'라고 요약할 정도로 다른 브랜드와는 독특함과 일관성을 가지고 있다.

공적인 브랜드 전략을 실행하기 위해서는 다음과 같은 단계를 거치는 것이 일반적이다. 먼저 브랜드의 이름을 짓고, 브랜드의 콘셉트와 개념을 정립한 후, 이를 고객의 마음속에 차별화된 것으로 자리잡게 만들고, 이에 대한 고객의 지속적인 애정과 충성도를 이끌어낸다. 여기에 더해 그 브랜드 이름에 파워가 생겨 소비자의 마음속에 굳혀진 브랜드 이미지가 다른 제품으로까지 확장될 수 있도록 발전하는 단계로 크게 4단계가 있다.

첫 번째 단계는 브랜드 네이밍^{Naming} 단계다. 브랜드 네이밍은 상품에 좋은 이름을 짓는 전략으로, 상품의 이미지를 소비자들에게 가장 잘 어필할 수 있도록 작명하는 것이 방법이다.

두 번째는 브랜드 아이덴티티Identity 수립 단계다. 상품이 내재하고 있는 개념 또는 추구하는 성격으로 브랜드 이름을 지은 후, 브랜드가 가진 이미지나 앞으로 부여할 이미지를 더욱 구체화하는 단계를 거치게 된다. 여기서 브랜드 아이덴티티란 고객들이 브랜드에 대한 전반적인 지각을 형성하는 데 영향을 주는 브랜드 명, 이미지, 바람직한 연상이 결합된 것으로, 기업이 목표 고객의 마음속에 심어주기를 원하는 이미지다.

세 번째는 브랜드 포지셔닝Positioning이다. 앞서 수립한 브랜드 아이덴티티를 실현하기 위한 실천 전략으로, 경쟁 제품과 비교해 소비자의 마음속에 차별화되게 자리 잡도록 전략을 수립하는 단계다. 즉 직접적인 브랜드 정책성 확립이 이루어지면, 대개 브랜드와 상품, 가격, 유통 등이 포함되어 연상 작용이 발생하는 경우가 많다. 콘텐츠(날씨 채널), 전송 방식(스카이라이프), 로고(디즈니) 등이 그 예다. 그러나 이 과정을 넘어서 소비자가 해당 미디어 상품에서 느꼈던 혜택을 연상할 수 있어야 한다. 바로 포지셔닝 단계다. 회사가 활용할 수 있는 수단으로는 브랜드 전략, 상품 원산지 표시, 채널 전략, 공동 상표, 등장인물, 대변인, 이벤트, 제3자 등을 들 수 있다. 예를 들어 픽사Pixar의 영화는 회사 이름을 연상하도록 제작돼 있다. 브랜드 요소, 연상 그리고 마케팅 커뮤니케이션 전략의 수립과 실행은 조직 차원의 자원 동원이 필요한 지속적 과정이다.

마지막 단계는 브랜드 로열티[Loyalty] 단계다. 특정 브랜드의 구매와 사용만을 고집하는 소비자들의 독특한 성향을 말한다. 이러한 브랜드 로열티는 해당 브랜드의 성장과 수명을 연장시킬 수 있는 가장 중요한 요소이며, 고객의 재구매 요인이 되기도 한다. 또한 다른 브랜드로의 구매 전환인 브랜드 스위칭[brand switching]을 어렵게 만드는 확실한 요소이기도 하다. 이외에도, 브랜드 로열티가 높은 고객은 그 브랜드를 주변 사람들에게 자진해서 구매하도록 추천하고 홍보해주는 홍보대사의 역할도 톡톡히 하고 있다.

마키 레몬스[Marki Lemons]는 자신의 이름을 효과적인 홍보 수단으로 만들어낸 성공한 지식 창업자다. 그녀는 자기 자신을 브랜드화하는

자신의 이름을 효과적으로 브랜딩한 마키 레몬스*

* http://www.markilemons.com/

데 자기 이름을 사용하는 것이 매우 효과적이라는 것을 정확하게 인식했다. 자신의 이름으로 회사명을 지어 성공한 경우는 매우 많다. HP로 잘 알려진 휴렛패커드Hewlett-Packard는 1939년 캘리포니아 주 팰로앨토Palo Alto에서 스탠퍼드 대학교와 MIT 출신의 엔지니어 빌 휴렛Bill Hewlett과 대학 동문인 데이비드 패커드David Packard가 차고를 빌려 음향 발진기를 생산해낸 데서부터 시작되었다. 또한 안철수연구소는 정치인 안철수가 세운 국내 대표적인 보안회사로 성공적인 브랜드 네이밍 사례로 꼽힌다.

마키는 자신의 이름에 브랜드 정체성을 부여하기 위해서 처음부터 인터넷에 집중했다. 자신의 이름을 기반으로 한 웹사이트를 개설하고 자신의 이름을 통해서 사람들이 각인할 수 있는 키워드를 구성했다. 그 키워드는 소셜Social, 마케팅Marketing, 미디어Media 그리고 에듀케이션Education이다. 마키는 이 단어들을 브랜드의 핵심 키워드로 정하고 블로그, 어바웃미About me, 링크드인, 페이스북, 트위터까지 다양한 미디어와 채널들을 활용해서 홍보하고 널리 알리는 활동을 했다. 그녀는 더 나아가 다양한 미디어(CBS, 시카고에인전트CicagoAgent, 시카고Chicago, 시카고 트리뷰트Chicago Tribute, 포브스 등)에서도 동일한 메시지와 키워드를 전달하는 데 집중했다. 여기서 중요한 점은 그녀가 시카고라는 지역에 집중했다는 사실이다. 전국적인 활동을 하면서도 실제로 수익을 창출하는 지역을 시카고로 좁혀 브랜드 연상력을 높이는 활동을 했다. 그녀의 이런 활동은 성공적인 로열티를 형성하는 데 큰 기여를 했다.

CHAPTER 9

반드시 성공하는
지식 창업자의 길

"공무원으로 25년간 근무했던 숀 포셋. 숀에게 공무원으로 생활한 25년은 자신이 가진 무한한 가능성을 포기하고 안정성이라는 덫에 걸려 매일매일 같은 일상으로 영혼과 생각을 소멸시키는 시간이었다. 숀은 공무원으로 일했던 25년간 대내외 지원 및 공공사업을 수행하면서 수많은 공식, 비공식 문서를 작성하고 검토했다. 그는 여기서 쌓아온 자신만의 스킬과 노하우를 활용해 글을 잘 쓰고 싶어 하는 전 세계 수많은 사람들을 대상으로 전자책과 웹사이트에 독점적 지식을 판매하기 시작했다."

지식 창업자의 성공 습관

누구나 지식 창업으로 성공할 수 있다. 모든 사업이 그렇듯이 철저한 비즈니스 모델 분석과 자신에 대한 역량 분석이 되어 있다면 충분한 준비가 되어 있다고 봐도 좋다. 그럼에도 왜 실패하게 되는 것일까? 지식 창업자는 본질적으로 스타트업과 유사한 성격을 가졌기 때문이다. 스타트업은 시장에 민감하고 스피드하게 사업을 전개해나가며, 시장에 지속적인 파괴적 혁신을 만들어낸다. 이러한 특성은 기존 사업을 영위해나가는 대다수의 전통적인 산업의 틀에서 혁신이 이루어지기 어려운 이유이기도 하다. 따라서 전통적인 마케팅 기법과 비즈니스 접근 방식을 따라가는 것은 효과적이지 않다.

우리의 고객들은 매우 똑똑하다. 고객이 정보를 취득해서 구매하는 전 과정에 놀라울 정도로 많은 의사결정 요인들이 존재하고, 다양해 졌다. 과거 고객과 같이 대량 생산된 제품을 한두 가지 요인만으로 고르려 하지 않는다. 이제 그들은 제품의 수요자이자 정보의 수용자 위치를 넘어서서 제품의 제공자이자 지식을 만들어내는 창조자의 위치에 있다. 이러한 변화는 고객을 진화시키고 있다.

그렇다면, 성공한 지식 창업자들은 어떤 방법과 활동으로 고객을 확보하고 지속적인 성과를 만들어내는가? 그들에게는 다양한 습관이 있지 않을까? 놀랍게도 우리가 분석한 지식 창업자들에게는 공통분모가 존재했다. 그들의 국적은 미국, 인도, 영국, 뉴질랜드 등 서로 다르고 사업의 형태도 전혀 다르게 창업했지만 비슷한 습관이 존재했다.

지식 창업자들의 성공 습관은 크게 6가지로 요약됐다. 6가지 습관은 누구나 쉽게 이해되는 것들이었다. 특별한 기술이나 엄청난 자금을 필요로 하지 않는다. 지금 당장 실천하기만 하면 성공적인 지식 창업자가 될 수 있는 것들이다.

성공 습관 1 - 내 지식에 대한 확신을 가져라.

성공 습관 2 - 간결한 것이 힘이다.

성공 습관 3 - 연결을 통해서 권력을 만들어라.

성공 습관 4 - 기술의 변화를 기회로 인식하라.

성공 습관 5 - 부를 자동화하라.

성공 습관 6 - 전 세계를 대상으로 하라.

대표적인 지식 창업자들

대표 지식 창업자	주요 활동 내용
로엔 센버그	- 웨딩 데코레이션 전문 회사 CEO - 인터넷 쇼핑몰과 연계
호프 클라크	- 유명 미스터리 소설 작가 - 초보 작가 지원/가이드 회사 CEO
숀 포셋	- 글 쓰는 법에 대한 전자책(12권) 제작 - 글쓰기에 대한 노하우, 스킬을 웹사이트에서 공유
짐 넬슨	- 저글링 입문서 출판, 노하우 및 기구 추천 - 저글링 기구 판매 회사 CEO
크리스탈 말레스키	- 저녁식사 메뉴 및 조리법 뉴스레터 발행 - 소셜 미디어 활용법 교육 강사
레지나 안네지오누	- 블로그 운영하는 방법 컨설팅 및 강사 활동 - 블로그 관련 전자책 제작
마이크 톰슨	- 무한 성공 사고 코칭법 개발 및 트레이닝 - 성공 주제로 DVD 및 오디오 제작
줄리 에이너 클락	- 유아교육용 베스트셀러 DVD(베이비 아인슈타인) 제작 - 자녀 안전 교육을 위한 스마트폰 앱 개발
캐럴 로스	- 경영서적 베스트셀러(창업가 방정식) 저자 - 라디오 진행자 및 중소기업 컨설팅
조안 스튜어트	- 기업 홍보 전략 및 마케팅 기업 CEO - 홍보 및 자기 PR 주제로 전자책 제작, 컨설팅
니콜 글리슨	- 리틀 미즈 킷(여자아이용 교육 툴킷) CEO
댄 포인터	- 낙하산 및 스카이다이빙 관련 책 저자, 잡지 기고 - 1인 출판과 글쓰기 분야 컨설팅 및 강의
앨러드 앤 타마	- 자녀 생일파티, 케이크 아이디어 제공 회사 CEO
소시오비츠	- 소셜미디어 관련 뉴스 사이트 운영팀
마이크 토머스	- 트럭과 운전관련 웹 운영 CEO - 제휴 마케팅 관련 교육 콘텐츠 제작 판매
데이브 에스피노	- Udemy(MOOC)의 대표 강사
조지 워츠	- 요가 강사, 요가 교육용 프로그램 제작사 CEO
셰인 도슨	- 유튜브 인기 스타
어노잉 오렌지	- 유튜브를 통해 리얼 어노잉 오렌지 시리즈물 제작
마키 레몬스	- 마케팅/브랜딩 교육 및 트레이닝 기업 CEO

반드시 성공하는 지식 창업자의 길

내 지식에 대한 확신을 가져라

자신이 소중하고 가치 있고 가능성과 능력 있다고 믿는 태도를 자기
존중감이라고 한다. 일반적으로 자존감이라고 부르는데, 타인의 눈
치를 보지 않고 자신을 외부로 드러내는 능동적인 감정이다. 적극적
이고 긍정적인 자존감은 디지털시대에 매우 다양하게 발현된다. 우
리 시대에 자존감은 상당히 왜곡된 형태로 표현된다. 예를 들면 자
신의 존재가 타인의 반응을 통해서 정의되기 때문이다. 즉 인터넷에
서 다른 사람들이 나에 대해 어떻게 반응해주는가에 따라 나의 존재
감이 포장되기도 하고 반대로 열등감으로 전환되기도 한다. 즉 스스
로에 대한 믿음과 자신감 없이 타인과의 관계를 통해서 나를 인식하
는 태도는 자존감이 낮을 때 나타나는 현상이다.

　내가 축적한 경험과 지식에 대한 자존감은 중요하다. 중고등학교
를 다니며 익숙해진 학교 등수로 결정되어버린 나의 수준, 어떤 대
학을 나왔는지에 따라 내가 가진 경험을 매도하거나 당연시 여기는
것을 그대로 받아들이기도 한다. 다른 사람들의 눈을 통해서 내가
가진 것을 평가하는 데 너무 익숙해져버린 것이다. 내가 가진 경험
과 지식은 누구나 알고 있는 것이고 조금만 노력하면 알 수 있다고
매우 자신을 과소평가한다. 어쩌다 운이 좋아 알게 되었다고 과도하

게 겸손을 떤다. 누군가의 칭찬도 곧이곧대로 받아들이지 않고 속내를 의심한다면, 또는 이미 성공적으로 적용된 내 지식과 경험을 의심한다면 내 지식에 자존감이 너무 낮은 것이다.

반면에 과도하게 뭔가를 해서 경험과 지식을 축적하려고 하는 경우도 자신에 대한 자존감이 낮은 경우다. 자신의 위치가 높아지기 위해선 다른 사람들의 평가에 민감하게 반응하게 되고, 뛰어나야 한다는 불안함이 생기며, 생산적인 활동을 계속하려고 자신을 다그친다. 이런 상황이 반복되고 오랜 시간이 흐르면 번아웃burnout 증후군에 노출되게 된다.

지금까지 축적한 경험과 지식에 대해 확신을 가져라. 주입식으로 가르친 교육조차도 받아들이는 사람에 따라 0점에서 100점까지 차이가 나고, 같은 내용이라도 응용하는 것에는 차이가 존재한다. 인간에게는 놀랍게도 '뇌'라는 훌륭한 신체기관이 있다. 내가 쌓은 경험은 세상 누구와도 다른 '나만의 경험'이다. 따라서 내가 가진 지식은 가장 독특한 것이다. 실제로 그렇다. 교보문고나 알라딘 같은 서점을 뒤져보면 비슷한 듯 다른 책들이 왜 그렇게 많은지 보면 알 수 있다. 똑같은 책은 단 한 권도 없다. 내 경험은 유일한 것이다.

처음 사업을 시작할 때, 내가 가진 것이 '다른 사람보다 경쟁 우위에 있는 것은 없을까?'라고 물어보는 것과 '이거 정말 재미있겠는데.'라고 물어보는 것 중에 어디에 가까운가? 경쟁 우위가 근본적인 경쟁력은 아니다. 나와 경쟁해야 할 것들과 비교해서 내가 가진 강점과 약점을 잘 조화해내기 위한 방법에 불과하다. 또한 새로운 경쟁 상대가 나타나면 끊임없이 변화할 수밖에 없는 것이 경쟁 우위라는 개념이다. 처음 시작할 때는 경쟁이 먼저가 아니라 내가 좋아할 수 있는 것인지 아닌지가 먼저다. 내가 가진 경험과 지식은 누구와 경쟁 우위를 가지기 위해서 존재하는 것이 아니다. 그 자체가 독특하고 전혀 다른 것이다. 그렇기 때문에 내가 좋아 하는 것에 활용하면 된다. 거의 모든 지식 창업자들은 그렇게 시작했다.

글쓰기 전문가인 숀 포셋은 누구보다 글쓰기에 대한 강의를 좋아하고 다양한 글쓰기 책을 출판했지만, 베스트셀러 작가는 아니다. 하지만 그는 단 한 번도 그렇게 놀랄 만한 글을 못 썼다고 힘들어한 적이 없다. 자신이 잘하고 경험해왔던 글쓰기에서 더 많은 가치를 만들어내고 싶었기 때문이다. 저글링을 좋아하는 짐 넬슨은 자신의 경험이 누구와도 다르게 독특하다는 것에 대해 확신을 가지고 있었다. 저글링을 배우고 그것으로 행복을 느꼈기 때문에 저글링 기구를 판매하는 회사까지 설립해서 운영하고 있다. 시카고에서 마케팅과 브랜드를 주제로 교육 및 트레이닝 기업을 마크 레이몬드^{Mark Raymond}는 명문대를 졸업한 사람이 아님에도 불구하고 자신이 경험한 25년의 마케팅 관련 업무 경험을 교육 사업에 활용하고 있다. 그녀는 다섯 번의 사업과 늦은 나이에 경험한 소셜 네트워크 마케팅을 적극적으로 확산하고 있다. 그녀는 자신이 축적한 경험과 지식이 그 누구와도 바꿀 수 없는 자신만의 자산이라는 확신을 가지고 있다.

| 성공 습관 2 |
간결한 것이 힘이다

드롭박스^{Dropbox}를 크게 히트시킨 폴 그레이엄$^{Paul\ Graham}$은 창업자들이 성공을 위해서 작지만 단순하고 명확한 아이디로 시작해야 한다고 조언하고 있다. 페이스북의 전신이 대학생들의 신상 명세를 공유하는 성적 호기심을 자극하던 커뮤니티 사이트였다는 것을 기억해야 한다. 간단명료한 간결함이 내가 무엇을 하고 있는가에 대한 설명이 되고, 누군가를 설득시키기도 쉽다.

간결함이라는 것이 유창한 커뮤니케이션과 거리가 먼 단어라고 생각될 수 있다. 하지만 간결함만큼 강력한 힘을 가진 단어는 찾기가 쉽지 않다. 인간의 기억은 크게 단기 기억과 장기 기억으로 나뉜다. 이 중 단기 기억은 매우 짧은 시간 유지되는 것으로 쉽게 잊어버리게 되어 있다. 놀랍게도 우리의 단기 기억은 정보가 기억되어 있는 시간이 겨우 18초에 불과하다. 반복적으로 이야기하거나 단기 기억을 장기 기억화하지 않으면 사라진다. 더 놀라운 사실은 단기 기억에 존재할 수 있는 양이 겨우 5~9개의 정보 뭉치^{chunks}라는 점이다. 이것을 밀러$^{George\ Miller}$의 '매직 넘버$^{magic\ number}$'라고 한다. 그래서 대부분의 전화번호가 7~8자리 정도로 되어 있는 것이다. 따라서 상대방이

기억해주지 못하는 정보를 전달해줘봐야 아무런 소용이 없게 된다.

우리에게 익숙한 광고 카피들은 그래서 매우 짧다.

Just do it - 나이키

침대는 가구가 아닙니다, 과학입니다 - 에이스 침대

달라진 것은 단 하나, 전부입니다 - 애플, 아이폰6S

너구리 한 마리 몰고 가세요 - 농심, 너구리

진짜 맛있는 김치 - LG, 디오스 김치 톡톡

역사적으로 많은 선각자들은 간결함의 힘을 강조해왔다. 레오나르도 다 빈치는 "간결함은 궁극의 정교함이다."라고 했다. 또한 미국의 시인 헨리 워즈워스 롱펠로Henry Wadsworth Longfellow는 "성격에서도, 방법에서도, 스타일에서도, 그 어디에서도, 탁월함의 최고는 간결함이다."라고 적었다. 아인슈타인은 "과학의 가장 기본이 되는 아이디어는 절대 단순해야 하고, 모두가 이해할 수 있는 표현이 가능해야 한다."라고 주장했다.

고객은 자신의 삶을 복잡하게 만드는 것을 좋아하지 않는다. 고객이 원하는 가치에 맞는 것을 있는 그대로 전달해줘야 한다. 그럼에도 간단하고 명확한 설명은 뭔가 부족한 것 같다는 오해를 가지게 된다. 내가 알고 있는 것을 전부 전달하지 못한 것은 아닐까? 고객을 설득하지 못한 것은 아닐까? 하는 두려움이 밀려오기 때문이다. 전문 헬스 트레이너에게 다이어트 비법을 물어보면, "식단을 조절하고 운동하라."가 전부다. 하지만 어느 누구도 이렇게만 이야기하면 만족해하지 않는다. 뭔가 특별한 방법이 있을 거라 생각하게 되고, 비타민과 영양제와 같은 다른 해결책을 찾는 경우가 있다. 하지만 결국 식단을 조절하고 운동을 하게 된다.

강한 힘을 가진 커뮤니케이션은 간결함에서 시작하게 되는 것이다. 결국 핵심 메시지로 고객은 돌아오게 되어 있다. 간결하다는 것은 시간이 실제로 얼마나 걸리는가의 문제가 아니라 듣는 사람이 얼마나 길다고 느끼는가가 중요하다. 따라서 짧다는 것이 중요한 것이 아니라 주어진 시간을 효율적으로 활용하는 것이 중요하다.

충분한 사전 준비와 전문성을 가져야 간결해진다. 지식 창업자 캐럴 로스는 간결한 커뮤니케이션을 지향하고 있다. 그녀는 자신의 책 《당신은 사업가입니까?The Entrepreneur Equation》에서 아무나 사업을 해서는 안 된다는 간결하고 강력한 메시지로 더 많은 고객들이 찾아오게 만들었다. 그녀는 책에서 냉혹한 창업의 현실과 사업가로서 어려움을 간결하게 제시하고 있다. 준비되지 않은 사람은 절대 창업하지 말라고 강한 메시지를 전한다. 그녀를 찾는 대다수 고객들은 오히려 사업을 하고 있는 사람들이다. 그녀의 충고에 공감하고 같은 생각을 가진 사업가들이 그녀에게 일을 의뢰하게 된다.

간결한 커뮤니케이션은 훈련을 통해 가능하다. 조셉 맥코맥^{Joseph} McCormack의 《브리프^{Brief}》에서는 효과적인 습관을 4가지로 정리해서 제시하고 있다.

1. 그려라

모든 커뮤니케이션에서 개요는 정제된 표현이다. 한번에 내가 원하는 것을 상대방에게 인식시키기 위해서 개요를 그리는 것은 매우 효과적이다.

2. 이야기하라

스티브 잡스는 내러티브를 활용한 화법에 능했다. 내러티브는 단순 명료하고 설득력 있는 설명 방법이다. 내러티브는 뚜렷한 주제의식을 풀어가는 방식이다. 그는 아이폰의 모든 것을 이야기하지 않고, 오직 아이폰이 가진 카메라에 집중했다. 좋은 내러티브는 상대에게 말을 걸고 핵심 메시지를 전달한다. 쉽게 잊히지 않고 가지고 싶은 욕구를 만든다.

3. 대화하라

훈련된 대화는 절제를 만든다. 경청하는 힘을 키우면 공감하게 되고, 효과적으로 질문하게 된다.

4. 보여줘라

시각적 커뮤니케이션은 복잡한 정보를 압축하고 흥미롭게 보여줄 수 있는 도구다. 쉽게 커뮤니케이션하기 위해 동영상과 슬라이드를 활용하면

많은 사람에게 쉽고 강력하게 영향력을 준다.

| 성공 습관 3 |
연결을 통해서 권력을 만들어라

갑자기 피곤함을 느끼거나 만사가 귀찮다고 느끼는 경우가 많다. 그래서 병원에 가거나 잠만 자거나, 뭔가를 먹고 있기만 한다. 왜 이렇게 무기력한 걸까? 그 원인 중 하나가 주위와의 연결이 단절된 채 주어진 일만 하며 한정된 생활을 하다 보니, 시간이 지날수록 주변과의 연결이 계속 끊어져 새로운 것을 접하지 않게 되는 것이 원인이 될 수 있다. 뇌에 자극이 단절되면 더 이상 뇌는 진화하지 않고 죽어간다. 새로운 자극은 다양한 연결을 통해서만 유발되기 때문에 무기력함이 생겼다면 연결을 통한 자극을 통해서 떨쳐버릴 수 있다.

창업가의 사업에 있어서도 연결은 가장 중요한 활동이다. 내 사업을 위한 든든한 후원자를 찾을 때도, 좋은 조력자와 팀원을 구하려할 때도 누군가의 도움이 필요하다. 내가 처한 문제를 해결하기 위해서는 누군가와 연결된 힘과 조력이 필요하다. 잘 연결된 환경을 가진 사람에게는 나를 도와줄 동료들이 자연스럽게 네트워크를 만들어준다. 같은 고민을 가지고 있고 같은 생각을 가진 사람들에 의해서 힘을 쌓아갈 수 있고, 서로의 에너지를 향상시켜줄 수 있다.

가까운 미래는 스마트 사회smart society다. 스마트라는 단어는 곧 모든 것이 연결되어 지능적으로 움직인다는 의미로 구체화될 수 있다. 따라서 커넥티드 사회connected society에 잘 적응해야만 스마트해질 수 있다. 우리가 지금 경험하듯이 정보통신 기술이 이것을 가능하게 만들었다. 사람과 사람Person to Person, 기계와 기계Machine to Machine 뿐만 아니라 모든 것이 연결Everything to Everything될 수밖에 없는 사회가 왔다. 모든 상황에 연결되어야 경쟁력을 가지게 되었다. 정보와 지식은 연결을 통해서 그 권력을 얻어왔다.

19세기 후반 찰스 다윈의 《종의 기원On the Origin of Species》이 출간될 즈음, 그는 이 책의 출현으로 야기될 혼란을 예상했다. 그 당시 유럽의 지식인들과 주요 정치인들이 가진 기본 가치관은 기독교적 관점이 지배하고 있었다. 새롭게 창조된 생물은 오직 신에 의해서만 가능하다는 생각을 가진 사람들에게 진화라는 개념은 매우 불경스럽기 때문이다. 그러나 1859년 그의 책이 출간된 후, 공교롭게도 그의 책에 문제를 제기했던 기독교계의 강력한 반발로 오히려 《종의 기원》은 많은 사람들에게 알려지게 되었다. 그가 주장했던 매우 불경스러운 지식인 진화론은 10년 만에 자리를 잡게 되었다.

사람 간의 연결은 더 강력한 권력을 만들어낸다. 우리가 알고 있는 대부분의 정치 유형과 활동은 사람들의 연결에 기반을 두고 있다. 2002년 대통령 선거 때만큼 연결이라는 단어가 실질적인 권력(대통령 탄생)을 만들어낸 사건은 없을 것이다. 당내 경선 당시 초기 10%

에도 미치지 못했던 노무현 후보의 지지율이 노사모를 필두로 한 참여와 연대를 통해서 이회창 후보를 57만 표로 극적인 역전극을 펼친 것이다. 이 당시 정치에 관심 없던 많은 사람들을 투표장으로 끌어내기 위해 전화 메시지를 하고 온라인을 활동을 자발적으로 하며 서로가 서로를 연결시키려 했던 현상은 사회학적 연구 주제로 많이 다루어졌을 정도다. 사람 간 연결을 강화했던 정치 현상으로 주목할 만한 것이 팟캐스트 '나는 꼼수다'에서 벌어진 사회풍자 활동이다. 전 세계적으로 관심을 끌었던 이 현상은 지식을 가진 대중도 온라인 권력이 될 수 있음을 보여주었다.

대다수 지식 창업자들은 온라인 세상에서 다양한 사람들과 연결 관계를 맺고 있다. 페이스북과 링크드인 그리고 트위터와 같은 네트워크 서비스를 활용하고 있고 공식 웹사이트를 가지고 있다. 이건 시작에 불과하다. 지속적으로 '연결을 관리'해야 한다. 이를 가능하게 하는 것은 서비스하는 제품과 콘텐츠가 흥미롭고 새로운 것이어야 한다. 또한 내가 제공하는 서비스를 알리려는 끊임없는 노력이 필요하다. 에어비앤비AirBnB의 창업자인 브라이언 제스키Brian Chesky는 연결을 관리하는 데 있어 중요한 두 가지 방법을 제시하고 있다.

첫 번째는 매일 100명에게 내가 서비스하는 것에 대해서 설명하라는 것이다. 연결의 힘은 '나'에게서 시작된다. 대중에게 대량으로 마케팅을 할 수 없는 대다수에게 주변의 연결점contact point은 매우 중요한 마케팅 도구가 된다. 두 번째는 초기 1,000명의 고객은 단지 고객이 아니라, 내 서비스의 열광적인 팬이라고 생각하고 그들에게 최상의 서비스를 제공해야 한다는 것이다. 그렇게 해서 에어비앤비는 현재 240억 달러(한화 27조 원)에 이르는 가치로 평가받는 기업으로 성장했다.

| 성공 습관 4 |

기술의 변화를 기회로 인식하라

조지프 슘페터는 '창조적 파괴creative destruction'를 언급하며 기술이 경제 성장 및 사회 변화의 원동력이 된다고 설명하고 있다. 우리 주변에서 쉽게 이런 현상을 마주하게 된다. 예를 들어 인터넷과 모바일 기술의 발달은 경제적 부의 창출뿐만 아니라 우리 삶의 모습을 완전히 바꾸었다. 전 세계적으로 불황의 그늘이 깊게 드리워져 있다. 21세기가 이른바 혁신 정체기innovation pessimism라고 주장하는 사람들이 많아지고 있다. 그래서 더 많은 전문가들은 기술을 통한 새로운 혁신 체계가 중요해졌다고 주장하고 있다.

1970년부터 경제 성장을 견인해온 것은 정보 기술이다. 컴퓨터와 인터넷의 등장뿐만 아니라 통신 환경의 변화는 다양한 산업을 만들어냈다. 앞으로 기술혁신 체제 전환에서도 IT는 핵심 역할을 할 것이다. 모바일이 기반이 되는 디지털 기술은 다양한 형태의 콘텐츠를 서로 소통 가능하게 만들었고, 무엇보다도 권력과 시민과의 관계를 변화시켰다. 일방향으로 흐르던 정보가 이제는 양방향으로 변화된 것에서 벗어나 사람과 사람 간의 정보 유통으로 변화되었고, 그것은 기계와 사람, 사람과 기계 간의 유통으로 변화할 것이다.

정보와 지식을 통해서 가치를 창출한다는 관점에서는 기술의 출현은 기회가 될 수밖에 없다. 혁명적 기술의 변화가 있을 때마다 엄청난 기회를 얻은 사업들이 등장했다. 1960년대 퍼스널 컴퓨터 시장에 뛰어든 IBM과 1970년대 애플, 1980년대 소프트웨어 시장을 평정한 마이크로소프트, 오라클, 1990년대 인터넷 시장의 가장 빅 브라더로 존재했던 야후, 2000년에는 새로운 기술에 기반을 둔 페이스북과 구글, 2010년대에는 우버, 에어비앤비Airbnb 등 온라인에 기반한 혁신기업들이 계속 등장하고 있다.

새로운 기술을 배우는 데 적극적이어야 한다. 배운다는 표현보다 '이해하려는 노력'이라는 문장이 더 잘 어울릴 것이다. 새로운 기술을 써보고, 실제 어떤 곳에서 활용될 수 있을지 경험해봐야 한다. 특히 매일 다양한 종류의 서비스가 만들어지는 IT 분야는 더욱더 기술과 서비스를 써보려는 노력을 아끼지 말아야 한다.

그중에 경제 사회적 파급효과가 큰 기술은 몇 가지 특징이 있다. 이런 기술은 지식을 더욱 폭발적으로 증대시켜주거나 패러다임을

반드시 성공하는 지식 창업자의 길

전환시켜줄 수 있는 것이기 때문에 관심을 더 가져야 한다. 기본적으로 기존 기술을 대체하거나 또는 전혀 다른 방법을 통해서든 해당 제품의 가격 경쟁력이나 성능에 급격한 변화를 촉진하게 만드는 기술이다. 즉 혁신 강도가 커서 기술이 실제로 만들어질 수 있을까 싶은 것들이다. 예를 들면 인간형 로봇 기술, 원격진료 기술과 같은 것이다.

두 번째로 신기술의 파급효과가 산업 전반에 걸쳐 활용 범위가 넓어야 한다. 예를 들어 모바일 인터넷은 최소한 통신시설을 경험하고 있는 인구인 50억 명 정도가 경험을 하게 되는 기술이다.

세 번째로 새로운 기술이 가지는 경제적 파급효과가 지대해야 한다. 이익을 창출하거나 국가의 부를 성장시키는 기여가 매우 커야 한다. 이런 기술 중 하나가 전기차 기술에 사용되는 다양한 화학 배터리다. 마지막으로 일상생활 전반에 영향을 줘야 한다. 차세대 에너지 저장 기술은 IT뿐만 아니라 우리가 생활하는 모든 종류의 전자제품에 영향을 주게 된다. 또한 전기를 생산하고 소비하는 방식도 완전히 변화시킬 것이다.

기술을 이해하는 힘을 키우는 것이 기회를 만드는 원동력이 된다. 전자책에 대한 가능성을 확인한 레지나 안네지오누는 자신의 글을 전자책으로 출판해 더 많은 사람들에게 자신의 콘텐츠를 제공하고 있다. 지식 창업자 줄리 에이너 클락은 스마트폰을 통해 자신의 서비스를 널리 사용하게 할 목적으로 스마트폰 앱을 직접 개발해서 제공하고 있다. 또한 데이브 에스피노는 누구보다도 교육 시장에서 무크의 가능성을 먼저 알아보고 먼저 강의 서비스를 개발했다.

| 성공 습관 5 |
부를 자동화하라

사람들이 사업을 시작하는 이유는 다양하다. 새로운 가치를 찾기 위해서 사업을 하는 사람도 있을 것이고, 먹고사는 문제를 해결하기 위해서 뛰어든 사람도 있다. 하지만 사업을 하려는 사람들에게 부자가 되기를 원하냐고 물어본다면 그건 하나마나한 질문일 것이다. 지식 창업자들에게 핵심적인 부의 원천은 지식이다. 디지털 시대에는 콘텐츠의 복제에 따른 비용이 제로에 가깝다. 또한 복제가 매우 쉽게 이루어지기 때문에 부를 자동화할 수 있다.

1994년, 로버트 기요사키^{Robert Kiyosaki}와 샤론 레흐트^{Sharon Lechter}가 정리한 《부자 아빠 가난한 아빠^{Rich Dad, Poor Dad}》라는 책은 아직까지도 부에 대한 일반화 오류와 사회 구조적 문제에 대한 논란이 존재하지만, 부자에 대한 생각을 바꾸고 개인에게 금융 교육과 전략에 대한 생각을 바꿔냈다. 기요사키는 자산을 잘 관리해서 더 큰 자산으로 만들 수 있도록 관리해야 한다고 말한다. 그는 부자들의 습성에 대해 몇 가지 흥미로운 현상을 제시해주고 있다.

첫째, 부자들은 절대 돈을 위해서 일하지 않는다.

둘째, 부자들은 자녀들에게 돈에 관한 지식을 가르친다.

셋째, 부자들은 남을 위해 일하지 않고 자신을 위해 일한다.

넷째, 부자들은 세금의 원리와 기업의 힘을 안다.

다섯째, 부자들은 돈을 만든다.

여섯째, 부자들은 돈을 위해 일하지 않고 배움을 위해 일한다.

그는 부자가 되는 중요한 원리 중에 가장 핵심적인 것으로 금융 IQ를 제시한다. 그 핵심은 부자일수록 자산과 부채를 정확하게 구분하고 자산을 늘리고 부채는 줄여간다는 것이다. 자산이란 수입을 창출하는 부동산이나 지적 재산권, 채권, 주식 등을 말한다. 부자들은 투자한 자산인 주식과 채권 같은 것들이 자신들을 위해서 24시간 365일 일하게 만들고 그것들이 더 큰 자산으로 돌아오게 만든다. 자산을 심는 것은 나무를 심는 것과 같다.

지식과 정보는 그 어느 때보다 자산으로서 큰 역할을 하고 있다. 잘 만들어놓은 콘텐츠는 무한대로 부를 창출한다. 부를 자동화시키기 위해서 지식 창업자들은 지식을 콘텐츠화하는 습관을 내재화하고 있다. 대표적인 활동을 몇 가지로 요약하면 다음과 같다. 첫 번째로 경험과 지식을 출판해서 많은 사람과 공유한다. 이를 통해서 그들이 가진 지식 자산이 판매되도록 한다. 특히 숀 포셋의 경우 전자책을 12권이 만들어 판매하고 있다. 숀 포셋은 잠을 자는 새벽에도 끊임없이 그의 책이 판매되고 판매 가격의 50%가 그의 통장으로 들어오도록 해놨다. 마이크 톰슨은 무한 성공 사고 코칭법을 DVD로 개발해서 판매하고 있다. 자신의 경험을 통해서 부가가치를 만들어 내고 있다. 캐릴 로스는 창업 서적 하나로 아마존 베스트셀러 작가로 등극했다. 셰인 도슨과 어노잉 오렌지는 수백만 달러를 유튜브로만 벌고 있다. 그들의 비디오클립을 보는 사람들을 통해서 발생되는 광고 수익을 그들은 그대로 자신의 수입으로 바꾸고 있는 것이다. 지식 자산에 지속적으로 투자하는 것은 가장 적은 돈으로 큰 수익을 올릴 수 있는 방법이다.

| 성공 습관 6 |

전 세계를 대상으로 하라

새로운 시장에 진입하려고 할 때는 처음부터 세계 시장을 염두에 두고 사업을 시작하는 것이 중요하다. 하지만 대다수 창업 기업은 그렇게 하지 못하는 경우가 대부분이다.

대표적인 메신저 서비스인 카카오톡과 라인Line을 봐도 차이점은 드러난다. 카카오톡은 한국 내 스마트폰 사용자의 90% 이상이 사용하고 있다. 사용자만 5,000만 명이 넘어섰다. 하지만 카카오톡의 서비스는 한국에만 머물고 있어 성장 전략에 대한 고민이 많은 상황이다. 반면에 라인의 경우 2015년 5월 현재 전 세계 2억 명 이상이 사용하고 있고 일본에서 1위, 동남아에서만 1억 명 이상이 사용하고 있다. 비슷한 서비스 형태지만 성장 속도는 전 세계를 대상으로 진행 중인 라인의 성장세가 훨씬 빠르다.

디지털 세계에서 우리는 평평하다. 가장 많은 디지털 벤처를 탄생시킨 이스라엘의 기업들은 좋은 예가 된다. 이스라엘의 언어인 히브리어가 한국어와 마찬가지로 한 국가에서 사용된다. 이스라엘은 800만 명이 안 되는 인구로 국내 시장의 규모가 한국보다도 작고, 이웃국가들과 적대적 관계다. 이스라엘에서 창업은 처음부터 세계를 대상으로 한다. 이런 성향은 이스라엘의 창업가들이 기술을 개발해 세계 시장에서 그 인지도를 높이고 이에 맞게 마케팅 전략을 변경하게끔 유도한다.

처음부터 세계를 하나의 시장으로 바라보는 것은 신생 기업이 향후 세계 시장의 지도자로서 우뚝 설 수 있게 한다. 2000년대 초반 인스턴트 메시지의 원조 격인 ICQ는 이스라엘의 회사다. ICQ가 미국 AOL에 팔린 사건은 이후 이스라엘의 창업자들에게는 그들이 가야할 주요한 모범사례였다. 이를 계기로 나스닥으로 곧장 상장하는 회사들이 쏟아져 나왔다. 물론, 이스라엘은 한국보다 미국 진출 조건이 유리하다. 이미 월스트리트는 유태인이 장악하고 있고, 변호사도 유태인이 상당히 많다. 일단 기술이 좋고 미국 시장에 나서겠다고 마음먹으면 투자부터 법적인 문제 해결, 비즈니스적으로 서로 도와주는 커뮤니티가 끈끈하게 잘 이루어져 있다. 하지만 처음부터 어디를 목표로 두는가는 사업의 규모와 가치관을 전혀 다른 방향으로 이끌어간다.

일반적으로 글로벌 시장을 겨냥한 지식 창업자들은 영어권 국가에서 사업을 한다. 모국어가 영어인 사람들에게는 영어를 사용하는 전 세계 20억 명의 시장이 당연할 수도 있다. 그러나 지식 창업자라면 자신들의 모국뿐만 아니라 더 넓은 시장을 적극적으로 개척해야 한다. 이처럼 전 세계를 겨냥한 글로벌 지식 창업자들의 전략을 살펴보면 다음과 같다.

첫 번째, 여러 국가 멤버들과 협력하는 모델로 발전시킨다. 미국에서 거주하는 미국인들조차 미국만을 대상으로 사업을 하는 것이 아니라 전 세계를 대상으로 서비스를 진행하고 있다. 레지나 안네지오누는 미국에서의 서비스를 바탕으로 유럽에서도 협업을 진행하고 있다. 프로젝트를 기반으로 사업이 진행되는 지식 창업자들에게 미국, 호주, 벨기에, 일본, 인도의 멤버들과의 협업을 할 수 있도록 협력하는 것은 시장을 확대하는 데 효과적이다. 따라서 베일리 리처트는 세계 곳곳을 다니며 자신의 컨설팅 프로젝트에 참여하고 있는 사람들을 만나서 국가별 조력자들을 확보하는 활동을 계속하고 있다.

두 번째, 서비스와 제품을 다양화한다. 조지 워츠의 요가 서비스의 경우도 영국에서 시작한 서비스를 전 세계를 대상으로 확대하기 위해서 제공하는 서비스를 다양화했다. 소셜 미디어를 제공하는 소시오비츠는 사업은 인도에서 시작되었으나, 현재는 뉴질랜드로 서비스를 확대하고 있다. 초기 서비스는 인도와 동남아시아와 관련된 내용으로 콘텐츠를 구성했으나 현재는 전 세계를 대상으로 콘텐츠 제공 사업을 진행 중에 있다.

또 다른 전략은 서비스를 다양한 국가에서 제공하는 것보다 다양한 국가에 서비스를 제공할 수 있는 플랫폼을 선택하는 것이다. 데이브 에스피노는 다양한 국가에서 강의 서비스를 제공하기 위해서 전 세계 서비스를 가장 활발하게 하고 있는 플랫폼인 유데미를 선택했다. 한편 유튜브를 활용해서 전 세계 유명 인사가 된 셰인 도슨이나 어노잉 오렌지의 경우는 의도하지 않게 전 세계를 대상으로 서비스하게 된 경우다.

전 세계를 대상으로 지식을 제공하는 것은 단순히 언어 차원의 문제만 극복한다고 해결되는 것은 아니다. 문화적인 차이나 지식과 서비스를 소비하는 국가의 차이를 충분히 고려해야 한다. 하지만 한국어를 사용하는 5,000만 명의 인구에게 서비스하는 것과 영어권 20억 명의 인구에게 서비스하려는 목표를 어떻게 수립하는가에 따라 성공의 크기는 다를 것이다.

사소해 보이지만
세상에 하나밖에 없는 것

사람들은 누구나 한평생 살아가면서 막연한 성공을 꿈꾸며 산다. 적어도 그런 기대마저 없다면 지금까지 살아오고, 살아갈 날이 너무 슬플 거 같다. 비록 지금 당장 점심 값을 아끼려고 '혼밥족'을 하고 있다 해도 조만간 성공해서 보상받고 말리라는 기대감을 품고 오늘도 열심히 살고 있다.

살아오면서 특별하게 말썽부린 적도 없고, 학교도 열심히 다녔고, 공부도 남들 한 만큼은 했다. 남들에게 당당히 명함을 돌릴 수 있는 대기업에 입사해 야근과 특근을 오가며 열심히 일도 했다. 하지만 재미있는 일을 해봤냐고 묻는다면 쉽게 답하기 어려울 것 같다. 혹시 어릴 적 꿈꾸던 모습과 지금이 달라서 그런 건 아닐까? 기억이 가

물가물하지만 초등학교 다닐 무렵에는 분명 세상을 바꿀 만한 수많은 꿈을 꾸었던 것 같다. 하지만 시간은 꿈을 현실이라는 이름으로 희석시키고, 세상에 맞도록 재단해 현실감 있는 미래로 만들어버렸다. 결국 남아 있는 것은 현재 위치에서 하고 싶은 일과 할 수 있는 일, 가고 싶은 방향 정도다. 이건 아니다 싶었다. 조금 더 재미있는 것을 하기 위한 방법을 찾아보자. 더 가치 있는 것을 찾아보자.

우리는 연구를 진행하면서 많은 사람들을 만났다. 현재 지식 창업자로 활동하는 사람, 새롭게 창업을 고민하는 사람, 다양한 사업에 투자하는 투자자 그리고 대기업과 중소기업의 CEO…. 그들은 개인이 가진 가능성에 대해 이구동성으로 동의했다. 결국 그들에게는 자신이 가진 지식과 경험에서 비롯된 전문성이 창업의 열쇠가 되었고, 사업 투자의 성공 요건이었으며, 투자자가 돈을 지불하도록 만든 요인이었다.

우리 주변에는 너무나 많은 능력자들이 있다. 대학교육은 기본이며 석·박사에 여러 자격증까지, 그리고 어학, IT 등 엄청난 양의 지식을 배우고 익힌다. 또한 수많은 경험과 관심, 노력으로 다양한 분야에서 자신만의 노하우를 가진 능력자도 있다. 텔레비전 방송을 보면 보통사람인 '덕후'들이 전문가로 대접받는다. 우리는 알게 모르게 이들의 지식에 기꺼이 돈을 지불하고 있다. 세상은 이렇게 변했다.

우리는 지식 창업자야말로 이 세상에 새로운 가치를 줄 수 있다고 확신했다. 기존에 창업이라고 하면 프랜차이즈를 열거나, 술과 커피를 파는 것이거나, 제품을 만들거나, 온라인으로 옷을 팔아야 하는 것을 쉽게 떠올렸다. 하지만 지식 창업은 내가 그동안 쌓아온 독점적 지식이나 경험에 나만의 아이디어를 더해, 지식을 상품화해 판매하는 것이다. 일종의 플랫폼 서비스와도 유사하다. 이미 해외에는 영어권 국가를 중심으로 오래 전부터 수많은 지식 창업자들이 활약하고 있다. 우리는 절박함으로 해외의 성공 사례를 분석하고 그 방법들을 모색했다.

성공한 지식 창업자들의 공통점은 그들이 가진 지식과 경험에서 시작했다는 것이다. 자신이 가진 것이 아무리 작아도 그걸 그냥 무시하지 않았다. 그렇게 도전은 자신의 것에서 시작되었다. 놀랍지 않은가? 우리는 세상 모든 사람들이 지식 창업자가 될 수 있다고 감히 이야기하고 있다. 경험해보지 않아서, 시작하기 두려워서, 내 보잘것없는 지식이 아이템이 될 수 있는지 확신할 수 없어 망설이는 우리 자신이 참으로 어리석었다.

지금 학교를 다니거나, 회사를 다닌다면 당신은 반쯤 준비가 된 것이다. 이미 지식 창업을 위한 지식을 축적하고 있는 셈이다. 자, 이제 지금까지 만들어놓은 지식을 간결하게 정리하고 기술과 연결해서 부로 이끌어내면 된다. 창업을 준비하고 있다면, 지식 창업자의 길만이 성공 가능성을 높여줄 것이다. 왜 해보지도 않은 것에 두려움을 느끼는가? 당신은 누구보다도 독점적인 지식을 가진 전문가라는 점을 잊지 말라.

박준기

창의적 조직과 지식 전략 전문가. 연세대학교에서 정보시스템으로 박사학위를 취득했다. 인터넷 비즈니스와 게임 기반의 스타트업을 경영했던 대학 시절의 경험이 세상을 다시 보는 계기가 되었다. 스타트업, 중소기업, 컨설팅 기업 그리고 대기업까지 다양한 조직 경험을 통해 지식의 전략적 활용만이 가장 높은 생산성을 가진다는 점을 확인했다. 조직의 지식 전략과 소프트웨어 프로젝트팀에 관한 연구로 국제 저널과 국내 학회에 40여 편의 논문을 썼다. 연세대, 배화여대, 청강문화산업대, 목원대 등에서 전자상거래, 벤처 창업, 스타트업 그리고 프로젝트 관련 강의를 했다. 현재 LG 그룹에서 IT 전략 업무를 수행하고 있으며, 전 세계 지식 창업자들을 연구하고 있다.

김도욱

IT 전문가이자 미래 지식 사업가. 홍익대학교 컴퓨터공학과 졸업 후 3년 동안 소프트웨어 개발자로 첫 직장 생활을 했다. 증권사 가치투자 분석과 관련한 시스템 개발 업무를 하며 밤을 낮 삼아 '월화수목금금금'의 생활을 경험했다. 이후 글로벌 대기업에 입사해 IT 기획 업무를 맡게 되면서, 새로운 IT와 지식 트렌드에 대해 끊임없이 고민하게 되었다. 현재는 스마트 IT 팩토리 업무를 하고 있으며, 여유 시간을 잘게 쪼개서 미래 먹을거리와 지식 사업을 연구하고 있다.

박용범

지식 창업 전문가. 미시간 주립대에서 IT 전략을 공부했다. 대기업에서 IT 기획, 운영 업무 등 다양한 IT 프로젝트에 참여하고 있다. 대학 시절 미국의 IT 성공 사례를 경험했다. 특히 다양한 디지털 기업들의 초창기 모습을 옆에서 직접 목격했으며, 지식 창업자들의 다양한 삶을 미국 현장에서 생생히 경험할 수 있었다. 현재 IT 혁신 업무를 수행하고 있으며, 한국의 지식 창업자들의 부흥을 위해 다양한 연구를 진행하고 있다.

infopreneur